めちゃカワ!!

うらないパーフェクトBOOK《ブック》

スペシャルコレクション

プロローグ
ステキなうらないのお話

どうしたの
順奈《じゅんな》ちゃん？
元気ないけど
絵真《えま》～？
聞いてよ～
よしよし
…なるほどね
夢《ゆめ》が本当になったら
どうしよ～！
うわーん
ニコッ
ほんと～？
しっとする
夢《ゆめ》はね
『カレとの関係《かんけい》が
順調《じゅんちょう》に進《すす》む』ことを
表《あらわ》しているの
何読んでんの？
ギッ

へぇー
うらない？
王我《おうが》くん！
パラパラ
オレは８月生まれ
だから…
目立ち好《ず》き
当たってる！
キャハハ
順奈《じゅんな》は何月
生まれなんだよ
わたしは
6月だよ
ニヤニヤ
よーし
いっぱい
話せちゃった♪
うらないって
当たるんだ！

あ
王我《おうが》くん
おはよう!
ステキな毎日に
なりそう!
その夜
わたしはリンゴを
食べる夢《ゆめ》をみたの
しゃくしゃく
この夢《ゆめ》はどんな
意味《いみ》があるんだろ?
木の実《み》
スキなカレと
りょうおもいに

もくじ

PART 3 恋愛運《れんあいうん》がわかる！ 人相《にんそう》うらない

PART 4 運《うん》を開《ひら》くオシャレ術《じゅつ》&一生の運命《うんめい》がわかる！ 運命数《うんめいすう》うらない

PART 5 才能《さいのう》や職業《しょくぎょう》がわかる！ 名前うらない

PART 6 未来《みらい》がわかる！ 星座《せいざ》うらない

PART 7 迷《まよ》ったときにどうすればいい？ 易《えき》うらない

PART 8 “今”の私《わたし》がわかる！ 手相《てそう》うらない

PART 9 “今”の私《わたし》と“ちょっと先”の私《わたし》がわかる！ 夢《ゆめ》うらない

PART 10 カレとトモとの相性《あいしょう》がわかる！ 月干支《つきえと》うらない

Part.
1

カレ・トモ・自分の本音がわかる!

タロットうらない

タロットうらないとは…

ヨーロッパで生まれた、22枚《まい》の絵が描《えが》かれたカードを使《つか》ったうらないで、うらないで出たカードには、未来《みらい》やあなたのことなどについて、神《かみ》さまからのメッセージがこめられているんだ。タロットうらないで、自分やカレ、友だちのことをうらなってみよう。

この本の最後《さいご》についているカードを切り取《と》って使《つか》ってね

タロットうらないをする前に

★できるだけ人がいない静《しず》かな場所《ばしょ》を選《えら》ぼう。

★カードをよごさないように手をきれいに洗《あら》おう。

★うらなう前に深呼吸《しんこきゅう》をして心を落《お》ち着《つ》けよう。

★同じ質問《しつもん》をうらなえるのは1日に1回だけだよ。

タロットカードの準備《じゅんび》

1

22枚《まい》のカードをまとめて裏《うら》向《む》きにして、うらなうことを念《ねん》じながら、両手《りょうて》で時計回りにまぜてね。

2

カードを1つにまとめて、それから3つの山に分けてね。

3

分けたときとちがう順番《じゅんばん》で、1つの山にもどして準備《じゅんび》OK！　さぁ、うらないを始《はじ》めましょう。

1枚《まい》引いてすぐにわかる！

今の自分をうらなう

やり方

1

カードの山を裏《うら》向《む》きのまま手でくずして、同じかんかくで横《よこ》一列《れつ》にならべるよ。

2

うらなうことを念《ねん》じながら、ピンときたカードを1枚《まい》引いて。そのカードが、質問《しつもん》の答えを示《しめ》しているよ。診断《しんだん》は14〜19ページを見てね。

22枚《まい》のタロットカードの意味《いみ》は？

タロットカードには、それぞれ0～21までのアラビア数字がふってあり、その名前にふさわしいイラストが描《えが》かれているよ。カードが本来持《も》っている意《い》味《み》や、うらないごとに関《かん》する基《き》本的《ほんてき》な意味《いみ》をしょうかいするよ。

0 愚者《くしゃ》

本来の意味《いみ》

自由《じゆう》に旅《たび》する若者《わかもの》が描《えが》かれ、自由《じゆう》気ままやぼうけんという意味《いみ》があるよ。

恋愛運《れんあいうん》

理想《りそう》の恋《こい》を求《もと》めるけど、変化《へんか》はないかも。思いつきで動《うご》くのはさけて。

友情運《ゆうじょううん》

友だちに合わせるより、自由《じゆう》気ままに動《うご》きがち。1人のほうがいいかも。

自分のこと

計画しないで自由《じゆう》に動《うご》きたくなるよ。わくにはまるのがイヤなんだね。

お告《つ》げ

周《まわ》りの意見《いけん》を気にしないで、思い切ってぼうけんしてみよう。

I 魔術師《まじゅつし》

本来の意味《いみ》

自信《じしん》あふれる若《わか》い魔術師《まじゅつし》。何かを生むことや新しいスタートを意味《いみ》するよ。

恋愛運《れんあいうん》

ステキな男の子を発《はっ》見《けん》して、恋《こい》がスタート。積極的《せっきょくてき》に声をかけると◎。

友情運《ゆうじょううん》

友だちに意見《いけん》をハッキリと言えるよ。グループより､1人で動《うご》いたほうがいいかも。

自分のこと

何かを始《はじ》めるパワーがあるよ。人にたよらずに成功《せいこう》できそうだね。

お告《つ》げ

だれもやっていないことに、積極的《せっきょくてき》にチャレンジしてみよう。

II 女教皇《きょうこう》

本来の意味《いみ》

知性《ちせい》があり冷静《れいせい》な女教皇《きょうこう》。頭が良《よ》くて物事《ものごと》を冷《れい》静《せい》に判断《はんだん》できることを示《しめ》すよ。

恋愛運《れんあいうん》

恋愛《れんあい》を頭で考えてしまいがち。素直《すなお》な恋《れん》愛感情《あいかんじょう》を持《も》ちにくいみたい。

友情運《ゆうじょううん》

おしゃべりを通して、いろいろな情報《じょうほう》を知ったり学んだりできるよ。

自分のこと

頭がさえているから、いい案《あん》が浮《う》かんだり、勉強《べんきょう》がはかどったりしそう。

お告《つ》げ

冷静《れいせい》な考えを持《も》てるように、しっかり勉《べん》強《きょう》をしたり本を読んだりしよう。

Ⅲ 女帝《じょてい》

本来の意味《いみ》

愛情《あいじょう》あふれる女《じょ》性《せい》や母親。愛《あい》もお金も豊《ゆた》かで、心から満足《まんぞく》できる状態《じょうたい》だよ。

恋愛運《れんあいうん》

魅力的《みりょくてき》なので、モテモテ！　いろいろな男の子から気にされているよ。

友情運《ゆうじょううん》

優《やさ》しいあなたは、みんなの人気者《もの》。仲間《なかま》と幸《しあわ》せな時間を過《す》ごせるはず。

自分のこと

女の子らしさが高まり、とっても魅力的《みりょくてき》。オシャレが成功《せいこう》するね。

お告《つ》げ

しっかりオシャレをして、女子力をアップさせよう。

Ⅳ 皇帝《こうてい》

本来の意味《いみ》

責任感《せきにんかん》の強い、権力者《けんりょくしゃ》の皇帝《こうてい》。やるべきことを責任《せきにん》を持《も》ってこなせるよ。

恋愛運《れんあいうん》

1人の男の子を、しっかりと愛《あい》しぬくタイプ。恋《こい》にマジメに向《む》き合えるんだね。

友情運《ゆうじょううん》

みんなのまとめ役《やく》として、がんばれそう。せんぱいとも仲良《なかよ》くなれるよ。

自分のこと

係《かかり》の役割《やくわり》や勉強《べんきょう》などをマジメにこなして、尊敬《そんけい》されそうだね。

お告《つ》げ

遊《あそ》ぶことより先に、勉《べん》強《きょう》など自分の役割《やくわり》に取《と》り組むようにして。

Ⅴ 法王《ほうおう》

本来の意味《いみ》

人々《ひとびと》に教えを広める優《やさ》しい法《ほう》王《おう》。守《まも》られて安《あん》心《しん》できることを意味《いみ》するよ。

恋愛運《れんあいうん》

年上の男の子に恋《こい》をするかも。友だちからのしょうかいも期《き》待《たい》できるね。

友情運《ゆうじょううん》

友だちが親切だったり、あなたが親切にしたりと、温《あたた》かいムードだよ。

自分のこと

心がおだやかでよゆうがあるよ。だれにでも親切にして、感《かん》謝《しゃ》されそう。

お告《つ》げ

困《こま》っている人や立場が弱い人がいたら、できるだけ助《たす》けてあげてね。

Ⅵ 恋人《こいびと》

本来の意味《いみ》

幸《しあわ》せそうなカップル。恋愛《れんあい》のようなトキメキや、ワクワクと楽しいことを示《しめ》すよ。

恋愛運《れんあいうん》

ステキな男の子に、ドキドキしそう。デートもハッピーなものになるね。

友情運《ゆうじょううん》

ワイワイとおしゃべりやレジャーが楽しめそう。趣味《しゅみ》を楽しむのもいいね。

自分のこと

明るくユーモアセンスがあるので、人気者《もの》だよ。でも遊《あそ》びすぎには注意《ちゅうい》。

お告《つ》げ

なるべく楽しいことをしたり考えたりして、気分をアップさせよう。

VII 戦車《せんしゃ》

本来の意味《いみ》

戦車《せんしゃ》に乗《の》ってグングンと進《すす》む若者《わかもの》。物事《ものごと》がスピーディーに進《すす》むことを意味《いみ》するよ。

恋愛運《れんあいうん》

スピーディーに恋《こい》が進《すす》むよ。男の子から急《きゅう》にデートにさそわれるかも。

友情運《ゆうじょううん》

友だちに自分の考えをわかってもらえそう。意外《いがい》な子かられんらくがくる予感《よかん》も。

自分のこと

どんどんと先へ進《すす》むいきおいがあるね。勝負《しょうぶ》ごとでは、勝《か》てるはずだよ。

お告《つ》げ

あまり考えすぎずに、思い立ったらすぐに行動《こうどう》してみよう。

VIII 力

本来の意味《いみ》

強い獅子《しし》をおさえる女性《じょせい》。自分の考えや力で、難《むずか》しいことをやりとげられるよ。

恋愛運《れんあいうん》

自信《じしん》が恋《こい》の成功《せいこう》を呼《よ》びこむよ。自分から動《うご》いて、両想《りょうおも》いになれそうだね。

友情運《ゆうじょううん》

自分の意見《いけん》を、みんなが認《みと》めてくれるよ。まとめ役《やく》としても成功《せいこう》するはず。

自分のこと

自分で決《き》めたことを自分の力でトコトンがんばり、良《よ》い結果《けっか》を出せるよ。

お告《つ》げ

だれかにあまえようとしちゃダメ。自分の力でいっしょうけんめいにがんばろう。

IX 隠者《いんじゃ》

本来の意味《いみ》

静《しず》かに自分の心を見つめる隠者《いんじゃ》。深《ふか》く考えこんで、動《うご》きがないことを意味《いみ》するよ。

恋愛運《れんあいうん》

シャイになって、恋《こい》の動《うご》きがないみたい。考えこむことも原因だね。

友情運《ゆうじょううん》

無口《むくち》になって、友だちに気持《きも》ちが伝《つた》わらないよ。聞《き》き役《やく》になるといいみたい。

自分のこと

1人で静《しず》かに過《す》ごしたいと感《かん》じていそう。こりつしないように気をつけて。

お告《つ》げ

夜ねむる前に1日をふり返《かえ》って、あれこれ考えてみるといいね。

X 運命《うんめい》の輪《わ》

本来の意味《いみ》

幸運《こううん》の輪《わ》が回り続《つづ》けているよ。とつぜんのチャンスやラッキーな出来《でき》事《ごと》を示《しめ》すよ。

恋愛運《れんあいうん》

ステキな男の子と出会えるチャンス。れんらく先を教えることを忘《わす》れないで。

友情運《ゆうじょううん》

新しい友だちができたり、友だちの意外《いがい》な性格《せいかく》を発見《はっけん》したりしそうだよ。

自分のこと

新しいことに興味《きょうみ》を持《も》つなど、考え方が大きく変《か》わりそうだね。

お告《つ》げ

ふとやりたいことが浮《う》かんだら、迷《まよ》わずにチャレンジしてみて。

XI 正義《せいぎ》

本来の意味《いみ》

人々《ひとびと》の罪《つみ》をさばく裁判官《さいばんかん》が描《えが》かれ、バランスの取《と》れた考えや平等《びょうどう》を意味《いみ》するよ。

恋愛運《れんあいうん》

どの男の子も同じに見えてしまうかも。友情《ゆうじょう》にしか興味《きょうみ》が持《も》てないみたいだね。

友情運《ゆうじょううん》

どの子ともうまく話せるから、友だちの輪《わ》が広がっていきそうだよ。

自分のこと

自分の感情《かんじょう》にふり回されずに、キチンとした判断《はんだん》をくだせるね。

お告《つ》げ

何が正しくて何がまちがっているのかを、よく考えてみよう。

XII 吊《つ》るされた男

本来の意味《いみ》

木に吊《つ》るされても落《お》ち着《つ》いた男性《だんせい》。良《よ》い結果《けっか》になる修行《しゅぎょう》や苦労《くろう》を意味《いみ》するよ。

恋愛運《れんあいうん》

ジッとガマンが必要《ひつよう》なとき。しんけんで深《ふか》い愛情《あいじょう》がいつか報《むく》われるはず。

友情運《ゆうじょううん》

友だちに合わせることが多くてつかれるかも。でも、友だちは喜《よろこ》ぶよ。

自分のこと

自分を出せずにガマンをすることが多いみたい。無理《むり》しすぎないで。

お告《つ》げ

イヤなことや大変《たいへん》なことでも、にげずに取《と》り組んでみよう。

XIII 死神《しにがみ》

本来の意味《いみ》

人の命《いのち》をかり取《と》る死神《しにがみ》。何かが終《お》わって、新しいじょうきょうになることを示《しめ》すよ。

恋愛運《れんあいうん》

恋心《こいごころ》が急《きゅう》に冷《さ》めたり、新しい恋《こい》を探《さが》したくなったりしそう。

友情運《ゆうじょううん》

友だちと会う約束《やくそく》が中止になるかも。大ゲンカにも気をつけたいね。

自分のこと

今まで続《つづ》けてきたことを、やめたくなるかも。よく考えてから決《き》めよう。

お告《つ》げ

イヤイヤ続《つづ》けていることがあるなら、スッパリとやめたほうがいいみたい。

XIV 節制《せっせい》

本来の意味《いみ》

水を入れかえながらきれいにする天使《てんし》。おだやかで素直《すなお》でいられることを示《しめ》すよ。

恋愛運《れんあいうん》

気楽におしゃべりできる男の子との間に、恋《こい》が生まれるかも。

友情運《ゆうじょううん》

どんな子の前でも、ありのままの自分を出して、おだやかに過《す》ごせそう。

自分のこと

素直《すなお》な心を持《も》っているよ。毎日の生活も、順調《じゅんちょう》に進《すす》んでいくはず。

お告《つ》げ

無理《むり》に何かをがんばるよりも、リラックスして過《す》ごしてみよう。

XV 悪魔《あくま》

本来の意味《いみ》

悪魔《あくま》の世界《せかい》にしばられた2人。何かへのいぞんやゆうわくにはまることを意味《いみ》するよ。

恋愛運《れんあいうん》

恋人《こいびと》がいる男の子が気になってしまうかも。終《お》わった恋《こい》にこだわることも。

友情運《ゆうじょううん》

ニガテな子と話す機《き》会《かい》が多いみたい。明るくふるまってみてね。

自分のこと

ラクしたくなり、勉強《べんきょう》をサボったり、ちこくしたりしそう。気を引きしめて。

お告《つ》げ

ニガテなことがあったら、ジッと静《しず》かに時間が過《す》ぎるのを待《ま》とう。

XVI 塔《とう》

本来の意味《いみ》

イナズマでくずれる、高い塔《とう》。ショックを受《う》ける出来事《できごと》が起《お》こることを示《しめ》すよ。

恋愛運《れんあいうん》

カレのイヤなウワサを聞いたり、欠点《けってん》を見てガッカリしたりするかも。

友情運《ゆうじょううん》

友だちがそっけなくて、不安《ふあん》になるかも。静《しず》かに様子《ようす》を見てみて。

自分のこと

期待《きたい》がかなわないなど、ショックを受《う》けるかも。時間がたてば落《お》ち着《つ》くよ。

お告《つ》げ

ガマンをしていることがあるなら、ハッキリと意見《いけん》を言ったほうが◎。

XVII 星

本来の意味《いみ》

美《うつく》しい星空の下の若《わか》い女性《じょせい》。高い理想《りそう》やロマンチックなムードを表《あらわ》しているよ。

恋愛運《れんあいうん》

理想《りそう》のタイプの男の子を発見《はっけん》して、幸《しあわ》せいっぱいの気分になれそう。

友情運《ゆうじょううん》

尊敬《そんけい》している子や、あこがれていたステキな子と仲良《なかよ》くなれるかも。

自分のこと

うれしい話が入ってきて、未来《みらい》への夢《ゆめ》や希《き》望《ぼう》がふくらみそうだよ。

お告《つ》げ

未来《みらい》への夢《ゆめ》や目標《もくひょう》を持《も》ってみよう。それが大きなものであるほど、がんばれるはず。

XVIII 月

本来の意味《いみ》

不安《ふあん》げな月夜のシーン。迷《まよ》いや不安《ふあん》があって、ハッキリとしないことを示《しめ》すよ。

恋愛運《れんあいうん》

今の恋《こい》に、迷《まよ》いや不《ふ》安《あん》を感《かん》じそう。2人の男の子が気になることもあるよ。

友情運《ゆうじょううん》

友だちの心がわからず、不安《ふあん》になるかも。ウソをつかないように注意《ちゅうい》。

自分のこと

いろいろ考えすぎて、迷《まよ》いが増《ふ》えるみたい。霊感《れいかん》が強くなる可能《かのう》性《せい》もあるよ。

お告《つ》げ

何にでもすぐに結論《けつろん》や結果《けっか》を出そうとしないで、流《なが》れにまかせてみて。

XIX 太陽《たいよう》

本来の意味《いみ》

明るく照《て》らす大きな太陽《たいよう》。明るくて笑顔《えがお》のある、元気いっぱいなことを表《あらわ》すよ。

恋愛運《れんあいうん》

好《す》きなカレと明るく楽しく過《す》ごせるよ。周《まわ》りの子も恋《こい》をおうえんしてくれそうだね。

友情運《ゆうじょううん》

みんなでワイワイと楽しく過《す》ごせそう。本音を出し合える、明るい交際《こうさい》になるよ。

自分のこと

才能《さいのう》を発揮《はっき》できて、注目《ちゅうもく》されるかも。いつも明るいあなたは人気者《もの》だね。

お告《つ》げ

なやみのことは忘《わす》れて、楽しいことを考えて笑顔《えがお》でいよう。

XX 審判《しんぱん》

本来の意味《いみ》

死《し》んだ人をよみがえらすことができる天使《てんし》。物事《ものごと》が正しいほうへ進《すす》んだり、復活《ふっかつ》したりするよ。

恋愛運《れんあいうん》

一度終《いちどお》わった恋《こい》が復活《ふっかつ》するかも。告白《こくはく》しても、成功《せいこう》しそうだね。

友情運《ゆうじょううん》

温《あたた》かい友だちが多くて、安心《あんしん》できるよ。なつかしい子に会える予感《よかん》が。

自分のこと

今までがんばってきたことが、実《みの》りそうだよ。神《かみ》さまに守《まも》られているんだね。

お告《つ》げ

自分にも周《まわ》りにも正直に生きていこう。ウソをつくのは禁物《きんもつ》だよ。

XXI 世界《せかい》

本来の意味《いみ》

輪《わ》の中で幸《しあわ》せいっぱいにおどる人物《じんぶつ》。最高《さいこう》の結果《けっか》になって、深《ふか》く幸《しあわ》せを味《あじ》わえるよ。

恋愛運《れんあいうん》

両想《りょうおも》いになって、幸《しあわ》せいっぱいになれそうだね。結婚《けっこん》の話が出るかも。

友情運《ゆうじょううん》

本音を出し合い、深《ふか》い友情《ゆうじょう》を持《も》ち合う親友や仲間《なかま》ができそうだよ。

自分のこと

性格《せいかく》も才能《さいのう》も豊《ゆた》かで魅力的《みりょくてき》なあなた。多くの子からあこがれられているはず。

お告《つ》げ

今のあなたにはたくさんの幸《しあわ》せがあるから、それを知っておいてね。

好《す》きな人のキモチは？

カレの本音をうらなう

やり方

12ページで準備《じゅんび》したカードの山の一番上のカードをAに置《お》いて、二番目のカードをその下のBに置《お》こう。Aは好《す》きな人のあなたへの一般的《いっぱんてき》な考え（恋心関係《こいごころかんけい》なし）を、Bは好《す》きな人があなたを好《す》きかどうかを表《あらわ》しているよ。

A

B

A → 好《す》きな人はあなたをどんな子だと考えてる？

B → ズバリ、好《す》きな人はあなたのことを好《す》きかしら？

カレの本音はどのカード？

A、B、それぞれに出たカードの意味《いみ》は何かしら？

0 愚者《ぐしゃ》

A 今はほかのことに夢中《むちゅう》になっていて、あなたのことを考えていないみたい。もう少し時間を置《お》いてからうらなうといいね。

B 今はほかのことに夢《む》中《ちゅう》で、恋心《こいごころ》としては何も感《かん》じていないみたい。

I 魔術師《まじゅつし》

A カレはあなたといると、楽しくおしゃべりできると思っていて、もっとあなたと仲良《なかよ》くしたいと思っているよ。あなたはカレの好《この》みかも!?

B まだ恋心《こいごころ》はないけど、あなたに興味《きょうみ》シンシンみたい。

II 女教皇《きょうこう》

A 落《お》ち着《つ》いていて、頭のいい女の子だと思っているよ。だからキチンとマジメに話さなくちゃと、プレッシャーを持《も》っているかも。

B たよれるクラスメイトだと思っているね。

III 女帝《じょてい》

A とても魅力的《みりょくてき》な女の子だと感《かん》じていて、未来《みらい》の恋人《こいびと》として気にしているよ。女の子らしくて優《やさ》しいところが、カレのお気に入りみたい。

B とても深《ふか》くてしんけんな、恋愛感情《れんあいかんじょう》を持《も》っているよ。

IV 皇帝《こうてい》

A あなたをキチンとしている子だなと思って、尊敬《そんけい》しているみたい。自分からマジメにあなたに接《せっ》していこうと思っているよ。

B クラスメイトとして、尊敬《そんけい》しているみたいだね。

V 法王《ほうおう》

A おだやかで優《やさ》しい気持《きも》ちを持《も》っているよ。あなたを見ると、ホッと心がなごむみたい。優《やさ》しくしてあげたいと思っているね。

B 守《まも》りたいという、あわい恋心《こいごころ》を持《も》っていそう。

VI 恋人《こいびと》

A かわいくて好《この》みの女の子だなと思って、あなたを見るたびにドキマギしているよ。恋人《こいびと》にするにはベストだと思っているんだね。

B 恋心《こいごころ》を持《も》っていて、ドキドキしているよ。

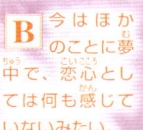

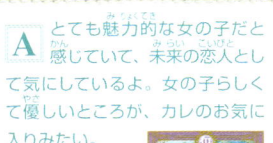

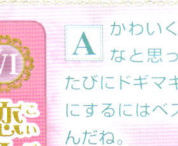

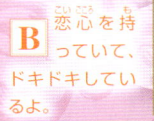

VII 戦車《せんしゃ》

A あなたに興味《きょうみ》シンシンで、もっと仲良《なかよ》くしたいと思っているよ。自分から声をかけようと思っているから、カレかられんらくが来るかも。

B まだ恋心《こいごころ》はないけど、興味《きょうみ》シンシンだね。

VIII 力

A あなたのことで、頭がいっぱいになっていそう。何か言いたいことがあるのかもしれないね。さりげなく声をかけてみて。

B 強い恋愛《れんあい》感情《かんじょう》があって、かなり好《す》きみたい。

IX 隠者《いんじゃ》

A あなたのことを、深《ふか》く考えこんでいるよ。あなたに言いたいことがあったり、心配《しんぱい》していることがあったりするみたいだね。

B 恋心《こいごころ》を持《も》っていて、思いなやんでいるはず。

X 運命《うんめい》の輪《わ》

A あなたの長所《ちょうしょ》を発見《はっけん》したり、親切にされたりして、喜《よろこ》んでいそう。あなたのことを考えると、元気になれるみたいだよ。

B いっしゅんだけど、恋《れん》愛感情《あいかんじょう》がわき出ているかも。

XI 正義《せいぎ》

A 落《お》ち着《つ》いた気持《きも》ちを持《も》っているよ。大切なクラスメイトの中の 1人みたい。マジメに接《せっ》しようと考えているね。

B 大切な仲《なか》間《ま》の 1人だと思っているよ。

XII 吊《つ》るされた男

A あなたのことを考えると、少し苦《くる》しくなるみたい。心《しん》配《ぱい》していたり、気になっていたりするんだね。明るい笑顔《えがお》を見せてあげて。

B 恋愛対象《れんあいたいしょう》として、ちょっとだけ気にしているよ。

XIII 死神《しにがみ》

A なかなか会えないとか、えんが切れたとか思っているかも。それか、今はほかのことで頭がいっぱいになっているみたいだね。

B 今は特別《とくべつ》な感情《かんじょう》は持《も》っていないようだよ。

XIV 節制《せっせい》

A とてもおだやかな気持《きも》ちがあるよ。あなたとは気が合って、長くいっしょにいてもつかれない子だと思っているね。

B 大切な友だちだと思っているみたいだよ。

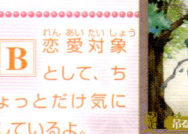

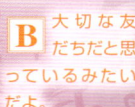

XV

悪《あ》魔《く ま》

A ちょっと話しかけにくいな、と思っているかも。あなたのことがよくわからないんだね。明るく軽《かる》いムードを見せるといいよ。

B かなり気にしていて、恋心《こいごころ》に近い気持《きも》ちみたい。

XVI

塔《とう》

A 少しショックを受《う》けているみたい。あなたにきらわれたと心配《しんぱい》しているのかも。少しはなれたところから、様子《ようす》を見てみよう。

B 心がゆれ動《うご》いていて、好《す》きかどうか、わからないみたい。

XVII

星

A かわいくてステキな女の子だなと感《かん》じて、あこがれの気持《きも》ちがあるよ。特《とく》にあなたの外見が、カレの好《この》みみたいだね。

B 恋心《こいごころ》を持《も》って、ときめきを感《かん》じているはず。

XVIII

月

A 不安《ふあん》を感《かん》じているみたい。あなたのことがわからないと思っているのかも。何か迷《まよ》いを感《かん》じていることもありそうだよ。

B 恋心《こいごころ》があるのか、ハッキリしないみたいだよ。

XIX

太陽《たいよう》

A あなたを見ると、明るく元気になれると思っていそう。あなたの明るさが、カレの心にパワーをあたえているんだね。

B 大切な友だちとして、好《す》きと思っているよ。

XX

審判《しんぱん》

A あなたをキチンと生きている人だと認《みと》めて、尊敬《そんけい》しているよ。あなたなら何を任《まか》せても大丈夫《だいじょうぶ》という安心感《あんしんかん》もあるね。

B 恋愛《れんあい》というより、人間として好《す》きなようだね。

XXI

世界《せかい》

A あなたを素晴《すば》らしい人だと思って、とても尊敬《そんけい》しているみたい。だから簡単《かんたん》には近づけない、と思っているフシもあるよ。

B ほかの女の子の中で、一番好《す》きみたいだね。

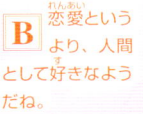

友だちのキモチは？

トモの本音をうらなう

やり方

12ページで準備《じゅんび》したカードの山の一番上のカードをAに置《お》き、二番目のカードを左のBに置《お》いて。Aは友だちのあなたへの気持《きも》ちを、Bは友だちにどう接《せっ》すれば心地よく感《かん》じてもらえるのかを表《あらわ》しているよ。

A → 友だちは今、あなたのことをどう思っている？

B → 友だちにとって、どんな友だち関係《かんけい》が居心地《いごこち》がいいの？

トモの本音はどのカード？

A、B、それぞれに出たカードの意味《いみ》は何かしら？

愚者《ぐしゃ》 0

A おたがいに自由《じゆう》気ままにつき合いたいと思っているよ。あなたはあなた、自分は自分と思い、あなたの性格《せいかく》を認《みと》めてくれているよ。

B 気が向《む》いたときだけ、声をかけるくらいが◎。

魔術師《まじゅつし》 I

A あなたと話していると、楽しいと思っていそう。もっと自分から声をかけて、今よりも仲良《なかよ》くなりたいと期待《きたい》しているよ。

B 彼女《かのじょ》の話を、しっかりと聞いてあげて。

女教皇《きょうこう》 II

A あなたを頭のいい女の子だと思っているよ。だからあなたの前ではマジメな話をしなくちゃと、気を引きしめているかも。

B 感情的《かんじょうてき》にならずに、落《お》ち着《つ》いて話すといいみたい。

女帝《じょてい》 III

A 深《ふか》い友情《ゆうじょう》があって、あなたのことが大好《す》きみたい。たくさんいる友だちの中でも、一番大事《だいじ》な親友だと思っているはずだよ。

B 大事《だいじ》な友だちだと、言葉《ことば》でキチンと伝《つた》えよう。

皇帝《こうてい》 IV

A 大事《だいじ》なクラスメイトだと思っていて、あなたにはマジメに接《せっ》したいと思っているよ。でも、あまり本音は出せないみたいだね。

B 約束《やくそく》をしっかりと守《まも》って、誠意《せいい》を見せるといいね。

法王《ほうおう》 V

A 優《やさ》しい気持《きも》ちを持《も》っているよ。あなたが困《こま》っていたら、いつでも助《たす》けたいと思っているはず。温《あたた》かく見守《みまも》ってくれているんだね。

B 優《やさ》しくアドバイスや手《て》助《だす》けをしてくれると、うれしいみたい。

恋人《こいびと》 VI

A 好《す》きなことや考え方が、似《に》ていると思っていそう。だからいっしょにいると盛《も》り上がって、とても楽しいと思っているよ。

B ジョークを言ったり、楽しいムードが好《す》きだよ。

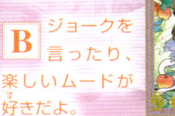

VII 戦《せん》車《しゃ》

A あなたに興味《きょうみ》があって、もっと仲良《なかよ》くなりたいと思っているよ。話したいことがあるのかも。急《きゅう》にれんらくが来るかもしれないね。

B あなたから声をかけたり、れんらくをしてほしいみたい。

VIII 力

A とっても大事《だいじ》な友だちだと思っていて、いつもあなたを気にしているよ。自分の話を聞いてほしいと思っているかも。

B 自分の意《い》見《けん》をハッキリと言う人が好《す》きだよ。

IX 隠《いん》者《じゃ》

A 大事《だいじ》な友だちだと思っているけど、何か言いたくても言えないことがあるかも。あなたの前ではえんりょしてしまうみたいだね。

B 彼女《かのじょ》から話しかけてくるまで、様子《ようす》を見て。

X 運《うん》命《めい》の輪《わ》

A あなたの良《よ》い面《めん》を知ったり、優《やさ》しくされたりして、友情《ゆうじょう》がグンと深《ふか》まっているよ。いっしょにいると楽しいと、喜《よろこ》んでいるね。

B ポジティブな言葉《ことば》をたくさん話すといいよ。

XI 正《せい》義《ぎ》

A 大切なクラスメイトの1人だと思っていそう。友情《ゆうじょう》はうすくてドライな感《かん》じで、みんなと同じように接《せっ》していこうと思っているよ。

B ベタベタしないで、マジメな態度《たいど》を取《と》るのがイイネ。

XII 吊《つ》るされた男

A あなたを心配《しんぱい》していたり、言いたいことを言えずにいたりしそう。あなたのために、何かガマンしていることがあるのかも。

B 自分の話はおさえて、相手《あいて》の話をよく聞こう。

XIII 死《し》神《にがみ》

A 友だちのえんが切れそうと感《かん》じているかも。それか、ほかのことで頭がいっぱいで、あなたのことを忘《わす》れがちになっていそう。

B しばらくは彼女《かのじょ》から来るのを待《ま》ってみよう。

XIV 節《せっ》制《せい》

A 気が合って、いっしょにいるとリラックスできる、良《よ》い友だちだと思っているよ。まるで家族《かぞく》といるような感覚《かんかく》があるみたい。

B リラックスをして、ありのままの自分を出すといいよ。

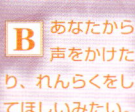

XV 悪魔《あくま》

A ちょっと重《おも》い気分を持《も》っているみたい。話しかけにくいと思っていたり、あなたからきらわれているかもと心配《しんぱい》していたりしそう。

B 今は気楽に話しかけず、ちょっと様《よう》子《す》を見て。

XVI 塔《とう》

A 何か理由《りゆう》があって、ショックを受《う》けているよ。あなたから冷《つめ》たくされたと感《かん》じているかも。でも、時間がたてば落《お》ち着《つ》いてくるはず。

B 言いたいことはガマンせず、ハッキリと言ってほしいみたい。

XVII 星

A とても魅力的《みりょくてき》な女の子だと思って、尊敬《そんけい》してくれているよ。あなたのオシャレやしぐさを、マネしたいと思っているかも。

B 未来《みらい》の夢《ゆめ》の話をすると、盛《も》り上がりそうだよ。

XVIII 月

A 不安《ふあん》な気持《きも》ちになっていそう。あなたからどう思われているのか、心配《しんぱい》なのかも。何かで迷《まよ》っていることがありそうだよ。

B ベッタリしないで、ときどき話すくらいがいいみたい。

XIX 太陽《たいよう》

A いっしょにいるとたくさん笑《わら》えて、元気になれると感《かん》じているね。何でもかくさずに話せる、つき合いやすい友だちだと思っているよ。

B 明るく元気いっぱいに、楽しい話をするのがいいね。

XX 審判《しんぱん》

A 約束《やくそく》をちゃんと守《まも》るあなたに、心を開《ひら》き、しんらいを寄《よ》せているみたい。あなたの言葉《ことば》や行動《こうどう》なら、信《しん》じられるみたいだね。

B なやみを話すなど、何でも打《う》ち明けるといいよ。

XXI 世界《せかい》

A あなたの才能《さいのう》や性格《せいかく》の良《よ》さを認《みと》めて、とても尊敬《そんけい》しているよ。クラスメイトの中で一番ステキだと思って、あこがれているかも。

B たくさんほめてあげると、うれしくなるみたい。

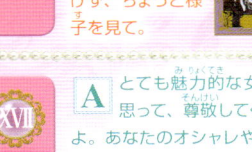

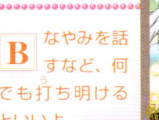

自分の本当の姿《すがた》は？

オモテとウラの顔をうらなう

やり方

12ページで準備《じゅんび》したカードの山の一番上のカードをAに置《お》き、二番目のカードをその下のBに置《お》き、三番目のカードを一番下のCに置《お》いて。Aはあなたが人に見せているオモテの顔、Bはウラの顔、Cはあなたが不安《ふあん》なことを表《あらわ》しているよ。

A → あなたが人に見せている「オモテの顔」はどんな顔？

B → あなたの心のおくにある「ウラの顔」はどんな顔？

C → 今、あなたが不安《ふあん》だったり、心地良《よ》くないと思っていることは何？

あなたの本音はどのカード？

A、B、C、それぞれに出たカードの意味《いみ》は何かしら？

0 愚者《ぐしゃ》

A 自由《じゆう》気ままで、いつも自分のペースで行動《こうどう》しているように見えるね。

B 周《まわ》りに合わせないで、自分の好《す》きなように動《うご》きたいと思っているよ。

C 将来《しょうらい》のことが不安《ふあん》みたいだね。

I 魔術師《まじゅつし》

A 自信《じしん》があって、新しいことにどんどんチャレンジする前向《む》きな子に見えるよ。

B 自信《じしん》があって、周《まわ》りを気にせず、1人で好《す》きなことをしたいみたい。

C 1人で何かをがんばるのが、しんどいようだね。

II 女教皇《きょうこう》

A 頭が良《よ》くて、どんなときも落《お》ち着《つ》いている冷静《れいせい》な子だと思われていそう。

B 簡単《かんたん》には心が動《うご》かない、ドライなタイプ。何でも冷静《れいせい》に受《う》け止《と》めているよ。

C 勉強《べんきょう》することが、ニガテだと思っているね。

III 女帝《じょてい》

A だれにでも優《やさ》しく親切で、みんなの世話《せわ》を焼《や》くことが得意《とくい》に見えるよ。

B とても温《あたた》かく愛情《あいじょう》の深《ふか》い心を持《も》っているよ。本当に優《やさ》しい子なんだね。

C 恋愛《れんあい》のことで、ちょっとつかれているかも。

IV 皇帝《こうてい》

A 責任感《せきにんかん》があってマジメで、みんなのために行動《こうどう》する優《ゆう》等生《とうせい》に見えるね。

B とても責任感《せきにんかん》があるね。人のためにがんばろうと心から思っているよ。

C 宿題《しゅくだい》や係《かかり》の仕《し》事《こと》が、イヤになっていそう。

V 法王《ほうおう》

A おだやかで親切な、温《あたた》かい人だと思われているよ。安心《あんしん》感《かん》をあたえるタイプ。

B とても温《あたた》かい心を持《も》っているよ。みんなのことを優《やさ》しい目で見ているね。

C 先生や親のことを、こわいと思っているかも。

VI 恋人《こいびと》

A 明るくむじゃきで、楽しそうだと思われているね。モテる子に見えることも。

B マジメにがんばるよりも、いつも気楽に遊《あそ》んでいたいと思っていそう。

C 恋《こい》や遊《あそ》びのことで、気が重《おも》くなっているかも。

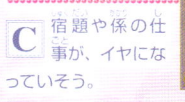

VII 戦《せん》車《しゃ》

A 積極的《せっきょくてき》で、自分のやりたいことに一直線というイメージがあるみたい。

B 何か1つのことに気持《きも》ちが集《しゅう》中《ちゅう》していて、ほかのことに興味《きょうみ》がないかも。

C 何かをおしつけられることがイヤみたい。

VIII 力

A とてもパワフルで、何かをけんめいにがんばっている子だと思われていそう。

B とても強いパワーがあるよ。何かをがんばりたくてウズウズしているかも。

C やらなければならない練習《れんしゅう》がイヤみたい。

IX 隠《いん》者《じゃ》

A あまり本音を話さない、落《お》ち着《つ》いていて、物静《ものしず》かな子だと思われていそう。

B いろいろなことを考えこんでしまうみたい。クヨクヨすることが多いかも。

C 1人になることに、おそれを感《かん》じているみたい。

X 運命《うんめい》の輪《わ》

A 幸運《こううん》なことが多い子だと思われているかも。テンションが高いイメージもあるね。

B いつも楽しいことを求《もと》めているよ。あきっぽくて、がんばりが続《つづ》かないところも。

C クラスがえなどで、周《まわ》りの環《かん》境《きょう》が変《か》わるのが苦手《にがて》。

XI 正《せい》義《ぎ》

A どんなことでもしっかりと考えていて、感情《かんじょう》を出さないマジメな子だと思われていそう。

B 何でもキチンと考えて動《うご》こうとしているよ。好《す》きキライがなくドライだね。

C 時間を守《まも》るなど、キチンと行《こう》動《どう》することが苦痛《くつう》かも。

XII 吊《つ》るされた男

A がんばり屋《や》さんだけど、ちょっと無理《むり》して大変《たいへん》そうに見えているかも。

B ガマンすることが多いみたい。人に気を使《つか》いすぎていそうだね。

C ジッと座《すわ》って勉《べん》強《きょう》をすることがイヤみたい。

XIII 死《し》神《にがみ》

A あまり自分の気持《きも》ちを出さない、どんな子かよくわからないと思われていそう。

B イヤなことがあっても、すぐに気持《きも》ちを切りかえる、いさぎよさがあるよ。

C 何かをやめたり、だれかとはなれるのがこわいかも。

XIV 節《せっ》制《せい》

A かざらない自分を出している、素直《すなお》な子に見えるね。話しやすいと思われているよ。

B とてもリラックスできているよ。気合いは入りにくいみたいだね。

C たいくつがイヤで、ドキドキしたいのかも。

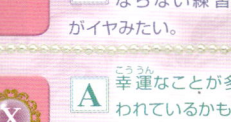

XV 悪魔《あくま》

A 変《か》わっているふしぎな子で、ちょっと目立つと思われているかも。

B 好《す》きなことにだけトコトンはまりたいみたい。なまけたい気持《きも》ちも強いかも。

C いそがしくて自由《じゆう》がないことがしんどいみたい。

XVI 塔《とう》

A 何かでパニックになっていると思われているよ。何かで心がさわいでいるのかな？

B 心がドキドキして、落《お》ち着《つ》かないみたい。悪《わる》く考えすぎているみたいだよ。

C 大きな変化《へんか》があると、不安《ふあん》みたいだね。

XVII 星

A オシャレで笑顔《えがお》がかわいくて、さわやかなムード。みんなのあこがれだね。

B とってもロマンチストで、空想《くうそう》をするのが好《す》き。現実《げんじつ》を見ていないことも。

C 未来《みらい》のことを考えると、困《こま》った気分に。

XVIII 月

A あまり自分の考えを言わず、周《まわ》りに合わせているというイメージがあるかも。

B 心の中は、不安《ふあん》や迷《まよ》いでいっぱい。いろいろ考えすぎるみたいだね。

C 待《ま》つことや、ハッキリとしないことがニガテ。

XIX 太陽《たいよう》

A 明るい笑顔《えがお》で元気いっぱい。なやみなんてなさそうに見えているよ。

B 何でもポジティブに考えるので、心は明るくかがやいているね。

C 明るく元気なノリに、ついていけないかも。

XX 審判《しんぱん》

A 正直で周《まわ》りを明るいムードにする、性格《せいかく》のいい子だと思われているよ。

B だれにでもキチンとマジメに接《せっ》しようと思う、正しい心を持《も》っているね。

C マジメがイヤで、ズルしたいと思いがち。

XXI 世界《せかい》

A 何でも完《かん》ぺきにこなす、デキる子だと思われているね。みんながあなたを尊敬《そんけい》しているよ。

B とっても豊《ゆた》かな才能《さいのう》を持《も》っているよ。勉強《べんきょう》もかなりデキるみたい。

C 目標《もくひょう》を目指《めざ》すことに、つかれているかも。

コラム①

風水 インテリアに取《と》り

勉強机《べんきょうづくえ》

北か東に向《む》けて置《お》くのがベストで、西に向《む》けて置《お》くのはNG！　いろいろな絵が描《か》かれた机《つくえ》より、木でできたシンプルな机《つくえ》のほうが成績《せいせき》がアップするよ。

観葉植物《かんようしょくぶつ》

机《つくえ》かテレビの近くに、観葉植物《かんようしょくぶつ》を置《お》いて。バンブーやヤシなど、上にまっすぐにのびるタイプが◎！　あなたの才能《さいのう》もグングンのびるよ。

鏡《かがみ》

鏡《かがみ》は、悪運《あくうん》をはね返《かえ》して幸運《こううん》を呼びこむよ。鏡《かがみ》を、いつも太陽《たいよう》が通る東南か南に向《む》けて置《お》いておこう。でも、ベッドが映《うつ》らないように気をつけてね。

人形・ぬいぐるみ

たくさん置《お》いていると、自分のエネルギーを吸《す》い取《と》られて良《よ》くないと言われているよ。お気に入りのきれいなものを、1つか2つ置《お》くくらいにしよう。

入れる開運術《かいうんじゅつ》

自分の部屋《へや》

カーテン

ベッドカバーとカーテンは、片方《かたほう》を模様《もよう》入りのものに、もう片方《かたほう》を無地《むじ》にして。恋愛運《れんあいうん》を上げたいなら両方《りょうほう》ともピンクに、勉強運《べんきょううん》を上げたいなら水色のものにしよう。

貯金《ちょきん》箱

貯金箱《ちょきんばこ》やお財布《さいふ》、通帳《つうちょう》など、お金に関《かん》するものは、部屋《へや》の西側《がわ》か、北側《がわ》の低いところにしまっておいて。白い箱《はこ》や引き出しに入れるのがベストだよ。金運《きんうん》アップまちがいなし。

ベッド

まくらは頭がさえる東側《がわ》に置くのが◎。西側《がわ》に置《お》くと、落《お》ち着《つ》かなくなるのでさけて。まくらもとにはお花やアロマなど、良《よ》いかおりがするものを置《お》こう。

キッチン

調味料《ちょうみりょう》入れ

プラスチックのものより、とうきでできたものが運気《うんき》を上げるよ。色は白がベスト。センスよくオシャレに並《なら》べてみよう。

食器《しょっき》だな

中にぎっしりとつめないで、見た目もきれいにスッキリと並《なら》べよう。コップの中に、カラフルなガラス玉をいくつか入れると、金運《きんうん》アップ。

花や植物《しょくぶつ》

キッチンで使《つか》う「火」と「水」のエネルギーを調《ちょう》和《わ》する力があるよ。ガス台とシンクの間に、小さなものを置《お》いておくといいね。花は黄と白の組み合わせが◎！

キッチンマット

運気《うんき》を落《お》ちつかせてくれるパワーを持《も》つから、必《かなら》ずゆかにしいてね。色は明るいオレンジ色か、さわやかな緑《みどり》色がGood！

Part. 2

生まれた日で性格《せいかく》がわかる！

誕生日《たんじょうび》うらない

誕生日《たんじょうび》うらないとは…

数字にはそれぞれちがった意味《いみ》やパワーがあり、誕《たん》生日《じょうび》が持《も》つ数字にも、いろいろなパワーが秘《ひ》められているよ。その数字が組み合わさった誕生日《たんじょうび》では、基本的《きほんてき》な性格《せいかく》や、一生の運勢《うんせい》をうらなうことができるんだ。性格《せいかく》やラッキーアイテム、ラッキーデイをうらなってみよう。

生まれた月で共通《きょうつう》するとくちょうは？

1月

たよりにされる マジメでしっかり者《もの》

誕生石《たんじょうせき》
ガーネット
（生命力《せいめいりょく》・秘《ひ》めた情熱《じょうねつ》）

誕生花《たんじょうか》
スイセン
（うぬぼれ、自己愛《じこあい》）
フクジュソウ
（幸福《こうふく》、祝福《しゅくふく》）

ラッキースポット
タワーの展望台《てんぼうだい》

ラッキーな月
1月、9月

アンラッキーな月
4月

ラッキーカラー
茶色

ラッキー方位《ほうい》
南

2月

知的《ちてき》で話しじょうず、
個性的《こせいてき》なファッションが◎

誕生石《たんじょうせき》
アメシスト
（決断《けつだん》・調和《ちょうわ》）

誕生花《たんじょうか》
ウメ
（高潔《こうけつ》、忠実《ちゅうじつ》、にんたい）
マーガレット
（真実《しんじつ》の愛《あい》、しんらい）

ラッキースポット
習《なら》い事《ごと》の教室

ラッキーな月
2月、10月

アンラッキーな月
5月

ラッキーカラー
黄色

ラッキー方位《ほうい》
東南

3月

女の子らしく優《やさ》しく
せんさい、アイドルっぽい

誕生石《たんじょうせき》

アクアマリン
（そうめい・沈着《ちんちゃく》）

誕生花《たんじょうか》

チューリップ
（思いやり）

スイトピー
（門出《かどで》、べつり）

ラッキースポット

池や湖《みずうみ》のほとり

ラッキーな月

3月、11月

ラッキーカラー

水色

ラッキー方位《ほうい》

東南

アンラッキーな月

6月

4月

思い立ったらすぐ動《うご》くアクティブ派は

誕生花《たんじょうか》

サクラ
（精神《せいしん》の美《び》、優美《ゆうび》な女性《じょせい》）

アストロメリア
（持続《じぞく》、未来《みらい》へのあこがれ）

誕生石《たんじょうせき》

ダイヤモンド
（永遠《えいえん》のきずな・純潔《じゅんけつ》）

ラッキースポット

スポーツ競技場《きょうぎじょう》

ラッキーカラー

赤色

ラッキーな月

4月、12月

ラッキー方位《ほうい》

東

アンラッキーな月

7月

5月

女の子らしい、
のんびりしたおっとりタイプ。

誕生石《たんじょうせき》

エメラルド
（安定《あんてい》・満足《まんぞく》）

誕生花《たんじょうか》

カーネーション
（女性《じょせい》の愛《あい》、感動《かんどう》）

スズラン
（じゅんすい、
純潔《じゅんけつ》、けんそん）

ラッキースポット

郵便局《ゆうびんきょく》

ラッキーな月

1月、5月

アンラッキーな月

8月

ラッキーカラー

青色

ラッキー方位《ほうい》

東北

6月

社交的《しゃこうてき》で話し好《ず》き、ファッションはシンプルビューティー

誕生石《たんじょうせき》

ムーンストーン
（健康《けんこう》・富《とみ》）

誕生花《たんじょうか》

バラ
（愛《あい》、美《び》）

アジサイ
（移《うつ》り気《ぎ》、しんぼう強《づよ》さ、れいたん）

ラッキースポット

図書館《としょかん》

ラッキーカラー

緑色《みどり》

ラッキー方位《ほうい》

東北

ラッキーな月

2月、6月

アンラッキーな月

9月

7月

家庭的《かていてき》で世話焼《せわや》き、お母さんのような包容力《ほうようりょく》が魅力《みりょく》

誕生花《たんじょうか》

ユリ
（じゅんすい、むく、いげん）

トルコキキョウ
（すがすがしい美《うつく》しさ、優美《ゆうび》、希望《きぼう》）

誕生石《たんじょうせき》

ルビー
（情熱《じょうねつ》・勇気《ゆうき》）

ラッキースポット

親せきの家

ラッキーな月

3月、7月

アンラッキーな月

10月

ラッキー方位《ほうい》

北

ラッキーカラー

銀《ぎん》色

8月

はなやかで目立ち好《ず》き、ユーモアのセンスあり！

誕生石《たんじょうせき》

ペリドット

（夫婦《ふうふ》の幸福《こうふく》・信《しん》じる心《こころ》）

誕生花《たんじょうか》

ヒマワリ

（私《わたし》はあなただけを見つめる、れんぼ、すうはい）

アンスリウム

（恋《こい》にもだえる心、ぼんのう）

ラッキーな月

4月、8月

アンラッキーな月

11月

ラッキースポット

コンサート会場《かいじょう》

ラッキーカラー

金色

ラッキー方位《ほうい》

西北

9月

ひかえめでけんじつ、
人の役《やく》に立つしっかり者《もの》

誕生石《たんじょうせき》

サファイア
（高潔《こうけつ》・すうこう）

誕生花《たんじょうか》

ダリア
（かれい、ゆうが、不安定《ふあんてい》）

リンドウ
（悲《かな》しんでいるあなたを愛《あい》する、正義《せいぎ》、誠実《せいじつ》）

ラッキースポット

体育館《たいいくかん》

ラッキーな月

5月、9月

ラッキーカラー

ベージュ

ラッキー方位《ほうい》

西北

アンラッキーな月

12月

10月

オシャレで社交的《しゃこうてき》。
洗練《せんれん》された
ファッションリーダー

誕生石《たんじょうせき》

オパール
(創造《そうぞう》・活力)

誕生《たんじょう》花《か》

コスモス
(おとめの真心《まごころ》、調和《ちょうわ》、けんきょ)

キク
(高貴《こうき》、高潔《こうけつ》)

ラッキースポット

アクセサリーショップ

ラッキーな月

6月、10月

アンラッキーな月

1月

ラッキーカラー

ピンク

ラッキー方位《ほうい》

西

11月

ロングヘアで神秘的《しんぴてき》な
ムードが人をひきつける

誕生石《たんじょうせき》

トパーズ
（誠実《せいじつ》・友情《ゆうじょう》）

誕生花《たんじょうか》

ツバキ
（ひかえめな優《やさ》しさ、ほこり）

ブバルディア
（交流《こうりゅう》、親交《しんこう》、情熱《じょうねつ》）

ラッキースポット

音楽室《おんがくしつ》、美術室《びじゅつしつ》

ラッキーな月

7月、11月

ラッキーカラー

モノトーン

ラッキー方位《ほうい》

西南

アンラッキーな月

2月

12月

旅《たび》など外出が大好《だいす》き。
陽気《ようき》な行動派《こうどうは》!

誕生石《たんじょうせき》

トルコ石

（はんえい・成功《せいこう》）

誕生花《たんじょうか》

シクラメン

（えんりょ、気後《きおく》れ、はにかみ）

カトレア

（優美《ゆうび》な貴婦人《きふじん》、魔力《まりょく》、みわく的《てき》）

ラッキースポット

乗《の》り物《もの》の中

ラッキーな月

8月、12月

アンラッキーな月

3月

ラッキーカラー

紫《むらさき》色

ラッキー方位《ほうい》

西南

おまけ

生まれ月ガールのまちがい探《さが》し

それぞれの生まれ月の女の子たちで集合写真《しゅうごうしゃしん》をとったよ。この位《い》置《ち》で、こんなポーズをとるのが、その子らしいしぐさ。上と下でまちがいを7つ、見つけてみよう。

正《ただ》しい

まちがい7つ

答えは……94ページにあるよ。

あなたは何月何日生まれ？

1月1日生まれ

性《せい》格《かく》

多《おお》くの人たちをまとめるリーダーシップがあって、生徒会長《せいとかいちょう》などでトップに立《た》てるあなた。負《ま》けずギライで、いつも自《じ》分《ぶん》が一番《いちばん》でいたいタイプだよ。だから、勝負《しょうぶ》に勝《か》てる確率《かくりつ》は高《たか》いほう。

ラッキーデイ　9月3日、11月3日

ラッキーアイテム　麦《むぎ》わらぼうし

1月2日生まれ

性《せい》格《かく》

マジメであたえられた役割《やくわり》を、最後《さいご》までしっかりとこなすあなた。勉強《べんきょう》も部活《ぶかつ》もコツコツと取《と》り組み、1つのことが長続《ながつづ》きする、あきないタイプ。何かを長く続《つづ》けるうちに、プロ級《きゅう》のウデ前に。

ラッキーデイ　9月4日、11月4日

ラッキーアイテム　シンプルなノート

1月3日生まれ

性《せい》格《かく》

頭の回転《かいてん》が速《はや》くて、次々《つぎつぎ》とおもしろい案《あん》が浮《う》かんだり、楽しいジョークで友だちを笑《わら》わせることができるよ。意志《いし》が強いぶん、一度決《いちどき》めたことは曲《ま》げないガンコなところもありそう。

ラッキーデイ　9月4日、11月5日

ラッキーアイテム　小さなメモ帳《ちょう》

1月4日生まれ

性《せい》格《かく》

きちょうめんで、規則《きそく》や約束《やくそく》は小さなものでもしっかりと守《まも》るよ。勉強熱心《べんきょうねっしん》なので、先生からの評判《ひょうばん》も◎。才能《さいのう》を身《み》に着《つ》けたら、それをうまく活かせるよ。物《もの》やお金を大事《だいじ》にする面《めん》も。

ラッキーデイ　9月6日、11月6日

ラッキーアイテム　500円玉

1月5日生まれ

性《せい》格《かく》

好奇心《こうきしん》が強くて堂々《どうどう》としているので、周《まわ》りからたよりになる子だと思われるみたい。目立つ役割《やくわり》を任《まか》されるかも。何かに失敗《しっぱい》してもすぐに立ち上がって、再《ふたた》びがんばれる強さがあるよ。

ラッキーデイ　9月7日、11月7日

ラッキーアイテム　野にさく花

1月6日生まれ

性《せい》格《かく》

落《お》ち着《つ》いていてほがらかで、いつもニコニコとしていて、周《まわ》りを安心《あんしん》させるよ。しんがしっかりしていて、いざというときにだいたんに動《うご》けるね。うらないなどの神秘的《しんぴてき》なことが好《す》き。

ラッキーデイ　9月8日、11月8日

ラッキーアイテム　手編《あ》みの服《ふく》

1月7日生まれ

性《せい》格《かく》

ドライで物事《ものごと》を合理的《てき》に、科学的《てき》にとらえられるよ。頭の回転《かいてん》が速《はや》いので、計算や何かの説明《せつめい》が得意《とくい》なはず。ユニークなものが好《す》きなため、「変《か》わってる子」と思われるかも。

ラッキーデイ　9月9日、11月9日

ラッキーアイテム　シャープペンシル

1月8日生まれ

性《せい》格《かく》

目立たなくても内面《ないめん》には強いパワーを秘《ひ》めていて、カリスマ性《せい》があるよ。人前で派手《はで》なパフォーマンスをして、みんなをおどろかせることも。強い責任感《せきにんかん》があって、根《ね》はマジメ。

ラッキーデイ
9月10日、11月10日

ラッキーアイテム
大きなリボン

1月9日生まれ

性《せい》格《かく》

自分から進《すす》んで大変《たいへん》な役割《やくわり》を引き受《う》けたり、難《むず》しいことにちょうせんしたりする、がんばり屋《や》さん。勉強《べんきょう》や部活《ぶかつ》なども手をぬかないね。タフに見えて、心の中は優《やさ》しさであふれているよ。

ラッキーデイ
9月11日、11月11日

ラッキーアイテム
神社《じんじゃ》のお守《まも》り

1月10日生まれ

性《せい》格《かく》

空想《くうそう》や理想《りそう》におぼれず、現実《げんじつ》を見つめる性格《せいかく》。物事《ものごと》をキチンとぶんせきできるので、いつも正しい判断《はんだん》ができるはず。自信《じしん》家で、決断《けつだん》したことを実行《じっこう》できる、たよりがいのある子だよ。

ラッキーデイ
9月13日、11月12日

ラッキーアイテム
陶器《とうき》のマグカップ

1月11日生まれ

性《せい》格《かく》

するどいぶんせき力と直感《ちょっかん》力があって、感情的《かんじょうてき》になることなく、何事《なにごと》も冷静《れいせい》に判《はん》断《だん》ができるよ。ファッションもみんなとちょっとちがっていて、「個性的《こせいてき》な子」と思われることが多いみたい。

ラッキーデイ
9月14日、11月13日

ラッキーアイテム
ねこのマスコット

1月12日生まれ

性《せい》格《かく》

活発《かっぱつ》でおしゃべり好き。自信《じしん》があって堂々《どうどう》としているので、クラスの中でも目立つ性格《せいかく》だね。責任感《せきにんかん》が強く、ちょっと変《か》わった発言《はつげん》で注目《ちゅうもく》されているよ。多くの子に好《す》かれているね。

ラッキーデイ
9月15日、11月14日

ラッキーアイテム
星座《せいざ》うらないの本

1月13日生まれ

性《せい》格《かく》

ハラハラすることがニガテで、落《お》ち着《つ》いた毎日を求《もと》めているよ。頭が良《よ》くて、読書や勉強《べんきょう》が好《す》き。知識《ちしき》があって、もっと自分を高めたいという願望《がんぼう》を持《も》ち、地道に努力《どりょく》しているはず。

ラッキーデイ
9月16日、11月15日

ラッキーアイテム
かわいいボールペン

1月14日生まれ

性《せい》格《かく》

周《まわ》りの流《なが》れに逆《さか》らっても、自分の考えを大事《だいじ》にするしんの強さがあるよ。たいくつな毎日をきらい、ぼうけんが好《す》き。先生に反対意見《はんたいいけん》を言ってしまうような、強気なところもありそう。

ラッキーデイ
9月17日、11月16日

ラッキーアイテム
チューインガム

1月15日生まれ

性《せい》格《かく》

目立つことが好《す》きだけど、責任感《せきにんかん》が強くて、人のために役立《やくだ》つことに喜《よろこ》びを感《かん》じるね。学級委員《がっきゅういいん》に立候補《りっこうほ》するなど、積極的《せっきょくてき》に人前に出るよ。白黒ハッキリとつけたがるところも。

ラッキーデイ
9月18日、11月17日

ラッキーアイテム
四角いペンダント

1月16日生まれ

性《せい》格《かく》

あまり目立たないけど、コツコツと努力《どりょく》をして目標《もくひょう》を達成《たっせい》しようとするがんばり屋《や》さん。人づき合いを大切にして、人に合わせることもじょうず。オシャレで注目《ちゅうもく》を集《あつ》められるよ。

ラッキーデイ 9月19日、11月18日

ラッキーアイテム 木製《もくせい》のブローチ

1月17日生まれ

性《せい》格《かく》

自信《じしん》があって堂々《どうどう》としていて、リーダーシップを持《も》っているよ。カリスマ性《せい》があって目立つタイプ。将来《しょうらい》の夢《ゆめ》や目標《もくひょう》に向《む》かって長くがんばり続《つづ》ける、いちずな子なんだね。

ラッキーデイ 9月20日、11月19日

ラッキーアイテム 大きな缶《かん》バッジ

1月18日生まれ

性《せい》格《かく》

頭が良《よ》くて何でもじょうずにこなす、センスの良《よ》さがあるよ。自信《じしん》家なので、クラスの中で一番でいたいと思うかも。だから、勉強《べんきょう》やスポーツをけんめいにがんばり、上を目指《めざ》すよ。

ラッキーデイ 9月21日、11月20日

ラッキーアイテム 四角い財布《さいふ》

1月19日生まれ

性《せい》格《かく》

決《き》められたことをキチンと実行《じっこう》する、マジメな子だよ。でも、自信《じしん》があって負《ま》けずギライ。何かをがんばるのなら、一番にならないと気が済《す》まないところがあるみたいだね。

ラッキーデイ 9月22日、11月21日

ラッキーアイテム 木製《もくせい》のはし

1月20日生まれ

性《せい》格《かく》

頭の回転《かいてん》が速《はや》くて、周《まわ》りの様子《ようす》を素早《すばや》く読《よ》み取《と》れるよ。ズバッとした発言《はつげん》をして、友だちをドキッとさせることも。言葉《ことば》はキツくても悪気《わるぎ》はなくて、さっぱりとしているよ。

ラッキーデイ 9月23日、11月22日

ラッキーアイテム 国語辞典《じてん》

1月21日生まれ

性《せい》格《かく》

頭の回転《かいてん》がシャープで、かくしごとをしなくて素直《すなお》。あけっぴろげで本音をストレートに出す大らかさが、好《す》かれる要素《ようそ》。まちがっていることを正したいという、正義感《せいぎかん》も強いね。

ラッキーデイ 9月24日、11月23日

ラッキーアイテム デジタルのうで時計

1月22日生まれ

性《せい》格《かく》

頭の回転《かいてん》の速《はや》さと軽《かる》いフットワークがあり、次々《つぎつぎ》と新しいことにチャレンジできるね。少しあきっぽくて、変化《へんか》が好《す》きなことが理由《りゆう》みたい。少し変《か》わった夢《ゆめ》を持《も》っているかも。

ラッキーデイ 9月25日、11月24日

ラッキーアイテム スニーカー

1月23日生まれ

性《せい》格《かく》

みんなと同じことをするのはイヤな、ちょっと個性的《こせいてき》な考えの持《も》ち主《ぬし》。自由《じゆう》が好《す》きで、決まり事《こと》を守《まも》るのがニガテかも。人に合わせることができるので、それほど浮《う》いたりはしないはず。

ラッキーデイ 9月26日、11月25日

ラッキーアイテム アイドルの写真《しゃしん》

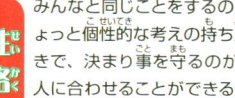

1月24日生まれ

性《せい》格《かく》

明るく気さくで社交性《せい》がある、みんなの人気者《もの》。才能《さいのう》があるので、周《まわ》りの子はあなたのかつやくに期待《きたい》するよ。気をつかいすぎて、つかれ気味《ぎみ》だから、1人でホッとする時間が必要《ひつよう》みたい。

ラッキーデイ 9月27日、11月26日

ラッキーアイテム 太陽《たいよう》モチーフの小物《こもの》

1月25日生まれ

性《せい》格《かく》

活発《かっぱつ》で親しみやすくて、キラリとかがやく音楽や文章《ぶんしょう》を生み出す才能《さいのう》を秘《ひ》めているよ。自分でも才能《さいのう》を認《みと》めていて、将来成功《しょうらいせいこう》したいという夢《ゆめ》を持《も》っているね。勉強《べんきょう》もしっかりとこなすよ。

ラッキーデイ 9月28日、11月27日

ラッキーアイテム けい光ペン

1月26日生まれ

性《せい》格《かく》

明るくてユーモアがあって人気者《もの》。でも周《まわ》りにしたがうことがキライで、自分の意見《いけん》をおし通すよ。みんなとはちがったことをして、目立ったり尊敬《そんけい》されたりしたいみたいだね。

ラッキーデイ 9月29日、11月28日

ラッキーアイテム けんの形のアクセサリー

1月27日生まれ

性《せい》格《かく》

意見《いけん》をしっかりと持《も》っていて、周《まわ》りに合わせるのが苦手《にがて》。自信《じしん》があってハキハキとしていて、自分の思うままに行動《こうどう》したいと思うみたい。クラスの中心人物《じんぶつ》になれるタイプだよ。

ラッキーデイ 9月30日、11月29日

ラッキーアイテム ひまわりモチーフの小物《こもの》

1月28日生まれ

性《せい》格《かく》

頭が良《よ》くてカンがするどいので、どんなおしゃべりにもついていけたり、おもしろいジョークでみんなを笑《わら》わせたりできるよ。思いついたらすぐに動《うご》くけど、ちょっとせっかちかも。

ラッキーデイ 10月1日、11月30日

ラッキーアイテム ポケットゲーム

1月29日生まれ

性《せい》格《かく》

静《しず》かでマジメに見えても、じつは社交好《ず》きで自分の意見《いけん》をしっかりと持《も》っているよ。話してみると正直でアイデアが豊《ほう》富《ふ》で、楽しくおしゃべりができる子。何かを創《つく》り出すこともじょうず。

ラッキーデイ 10月2日、12月1日

ラッキーアイテム わく星の写真《しゃしん》や絵

1月30日生まれ

性《せい》格《かく》

目立つことが好《す》きで、自分から計画を立てるなどして、リーダー役《やく》になろうとするよ。それだけ自信《じしん》があるんだね。頭が良《よ》くて話しじょうずで、人を説得《せっとく》することも得意《とくい》なはず。

ラッキーデイ 10月3日、12月2日

ラッキーアイテム おもちゃ花火

1月31日生まれ

性《せい》格《かく》

ユーモラスで、人を楽しませる力があるね。でも自分らしさを求《もと》めるあまり、周《まわ》りに反発《はんぱつ》することも。自由《じゆう》を求《もと》めて、人と変《か》わった行動《こうどう》をすることで、満足感《まんぞくかん》を味《あじ》わえるんだね。

ラッキーデイ 10月4日、12月3日

ラッキーアイテム 星型《がた》のペンダント

2月1日生まれ

性《せい》格《かく》

元気いっぱいで行動《こうどう》力があり、新しいもの好《ず》き。知らない世界《せかい》にもどんどんチャレンジしていくよ。深《ふか》く考えずに動《うご》くので失敗《しっぱい》もあるけど、経験《けいけん》からいろいろなことを学べるはず。

ラッキーデイ　ラッキーアイテム

10月5日、12月4日　テニスボール

2月2日生まれ

性《せい》格《かく》

感情《かんじょう》をロコツに出さず、ドライでたんたんとしているね。でも、自分に正直になって、周《まわ》りの子に誠実《せいじつ》でいたいと考えているよ。勉強熱心《べんきょうねっしん》で向上心《こうじょうしん》があり、うでをみがくことが好《す》き。

ラッキーデイ　ラッキーアイテム

10月6日、12月5日　長いエンピツ

2月3日生まれ

性《せい》格《かく》

ユーモアがあって親しみやすく、好奇心《こうきしん》がおうせい。頭の回転《かいてん》が速《はや》くて、何にでもすぐになじみ、自分のものにできるよ。特《とく》に、人とのコミュニケーションが大好《す》きみたい。

ラッキーデイ　ラッキーアイテム

10月7日、12月6日　レターセット

2月4日生まれ

性《せい》格《かく》

簡単《かんたん》に曲《ま》げない強い意志《いし》を持《も》ち、夢《ゆめ》を目指《めざ》してコツコツと進《すす》む、がんばり屋《や》さん。いつも笑顔《えがお》で魅力《みりょく》があるので、人気者《もの》だよ。何でもソツなくこなせるから、成績《せいせき》もいいはず。

ラッキーデイ　ラッキーアイテム

10月8日、12月7日　国語辞典《じてん》

2月5日生まれ

性《せい》格《かく》

何でも冷静《れいせい》に判断《はんだん》ができる、ゆうがで知的《ちてき》な性格《せいかく》。1つのことにハマることなく、いろいろなことを、はば広くこなせるよ。物知《ものし》りなので、何かでピンチが訪《おとず》れても、うまく対応《たいおう》できるね。

ラッキーデイ　ラッキーアイテム

10月9日、12月8日　文庫本《ぶんこぼん》

2月6日生まれ

性《せい》格《かく》

みんなの人気者《もの》になりたいと思っているね。魅力的《みりょくてき》なムードを持《も》っているので、実際《じっさい》にクラスの人気者《もの》になれるよ。責任感《せきにんかん》も強くて、自分の役割《やくわり》をマジメにしっかりとこなすはず。

ラッキーデイ　ラッキーアイテム

10月10日、12月9日　布製《ぬのせい》のカチューシャ

2月7日生まれ

性《せい》格《かく》

豊《ゆた》かなアイデアを持《も》っていて、自由《じゆう》や変《へん》化《か》を好《この》むよ。同じことを続《つづ》けているとあきて、新しいことに飛《と》びつくことをくり返《かえ》しがち。でも正義感《せいぎかん》が強くて、弱い立場の子には優《やさ》しいね。

ラッキーデイ　ラッキーアイテム

10月11日、12月10日　ブックカバー

2月8日生まれ

性《せい》格《かく》

直感《ちょっかん》力が強くてアイデアが豊《ゆた》か。さらに地図を読んだりパソコンが得意《とくい》だったりと、ぶんせき力があって頭がいいね。へいぼんがニガテなので、ファッションや行動《こうどう》が変《か》わっていそう。

ラッキーデイ　ラッキーアイテム

10月12日、12月11日　小さな電卓《でんたく》

2月9日生まれ

性《せい》格《かく》

思いつきで動《うご》く気ままさがあり、活発《かっぱつ》でイキイキとした性格《せいかく》。ドライで冷《つめ》たく見えて、実《じつ》は感情《かんじょう》のアップダウンは激《はげ》しいね。でも優《やさ》しくて人当たりがよく、話しやすさを感《かん》じさせる子だよ。

ラッキーデイ
10月13日、12月12日

ラッキーアイテム
スポーツシューズ

2月10日生まれ

性《せい》格《かく》

カリスマ性《せい》があり、みんなに注目《ちゅうもく》されたいという理想《りそう》があるよ。人から何かを指示《しじ》されるのが苦手《にがて》で、自分のことは自分で決《き》めたいみたい。ユーモアセンスも優《すぐ》れているね。

ラッキーデイ
10月14日、12月13日

ラッキーアイテム
プリントTシャツ

2月11日生まれ

性《せい》格《かく》

好奇《こうき》心が強く、新しい世界《せかい》に興味《きょうみ》があるね。安定《あんてい》していることや古いことを、新しいものに変《か》えることが得意《とくい》。流行《りゅうこう》にびんかんで、最新《さいしん》グッズを手にして、みんなをおどろかせることも。

ラッキーデイ
10月15日、12月14日

ラッキーアイテム
最新《さいしん》のゲームソフト

2月12日生まれ

性《せい》格《かく》

頭が良《よ》くて手先が器用《きよう》なので、何でもソツなくこなせるタイプ。知識《ちしき》のはばが広く、いろいろなことを知り、興味《きょうみ》のあることがどんどん広がりそう。友だちへのアドバイスも得意《とくい》。

ラッキーデイ
10月16日、12月15日

ラッキーアイテム
地元のフリーペーパー

2月13日生まれ

性《せい》格《かく》

エネルギッシュでリーダーシップがあるよ。あけっぴろげで感情《かんじょう》をストレートに出すので、存在感《そんざいかん》があり、周《まわ》りの子から一目置《お》かれそう。人と戦《たたか》うこともいとわない勇気《ゆうき》もあるね。

ラッキーデイ
10月17日、12月16日

ラッキーアイテム
リボン型《がた》バレッタ

2月14日生まれ

性《せい》格《かく》

オシャレ好《す》きでチャーミングで、多くの子から好《す》かれるよ。明るくおしゃべりじょうずだけど、感情《かんじょう》を出すのはニガテ。自分が傷《きず》つかないように、わざと冷《つめ》たい態度《たいど》を取《と》ることも。

ラッキーデイ
10月18日、12月17日

ラッキーアイテム
かわいいせんす

2月15日生まれ

性《せい》格《かく》

わくにはまることを好《この》まず、自由《じゆう》ほんぽうに動《うご》くことが好《す》きな自由《じゆう》人。人がやっていないことに興味《きょうみ》を持《も》ち、新しい発《はっ》見《けん》や発明《はつめい》をすることも。大勢《おおぜい》でにぎやかに過《す》ごすことが大好《す》きだね。

ラッキーデイ
10月19日、12月18日

ラッキーアイテム
ジグソーパズル

2月16日生まれ

性《せい》格《かく》

好奇《こうき》心が強くて、新しいことを始《はじ》めるのが大好《す》き。次々《つぎつぎ》と新しいことに手をつけていくよ。でも、にんたい力は今一つで、人から命令《めいれい》されるのは苦手《にがて》。小さな子どもや動物《どうぶつ》には優《やさ》しいね。

ラッキーデイ
10月20日、12月19日

ラッキーアイテム
デジタル時計

2月17日生まれ

性《せい》格《かく》

頭の回転《かいてん》が速《はや》くてエネルギッシュ。世《よ》の中と戦《たたか》っていく前向《む》きな姿勢《しせい》を持《も》つよ。だれにもたよらずに、自分の世界《せかい》を自分で作る意志《いし》があるんだね。政治《せいじ》や経済《けいざい》にも関心《かんしん》があるかも。

ラッキーデイ
10月21日、12月20日

ラッキーアイテム
焼《や》き物《もの》のすず

2月18日生まれ

性《せい》格《かく》

エネルギッシュで大きな物事《ものごと》にちょうせんしていく、前向《む》きな姿勢《しせい》があるね。何を考えているのかわからない、神秘的《しんぴてき》な子だと思われることも。だいたんに見えて、心はせんさいなんだね。

ラッキーデイ
10月22日、12月21日

ラッキーアイテム
三角定規《じょうぎ》

2月19日生まれ

性《せい》格《かく》

ぼうけんや探検《たんけん》が好《す》きで、新しい世界《せかい》を作りたいと思うタイプ。だから人に言われて動《うご》くのは、つまらないと感《かん》じていそう。才能《さいのう》をアピールしたいと願《ねが》っていて、実際《じっさい》に認《みと》められるはず。

ラッキーデイ
10月23日、12月22日

ラッキーアイテム
偉人伝《いじんでん》の本

2月20日生まれ

性《せい》格《かく》

だれにでも優《やさ》しくてチャーミング。ひかえめに見えるけど向上《こうじょう》心があり、将来《しょうらい》の夢《ゆめ》を強く持《も》っていたり、負《ま》けずギライだったりするね。直感《ちょっかん》力もあり、人の気持ちを見ぬけるよ。

ラッキーデイ
10月24日、12月23日

ラッキーアイテム
かわいいマグカップ

2月21日生まれ

性《せい》格《かく》

豊《ゆた》かな想像《そうぞう》力があり、何かに夢中《むちゅう》になると、どっぷりとのめりこむよ。直感《ちょっかん》力や共感《きょうかん》力も強く、困《こま》っている人の気持《きも》ちが自分のことのようにわかり、何とかしてあげたくなるみたい。

ラッキーデイ
10月26日、12月24日

ラッキーアイテム
しゃぼん玉

2月22日生まれ

性《せい》格《かく》

直感《ちょっかん》力がするどくて、周《まわ》りのムードを感《かん》じ取《と》って空気が読めるタイプ。しんがしっかりとしていて責任感《せきにんかん》が強く、感情《かんじょう》に流《なが》されないよ。変《か》わった趣味《しゅみ》にはまって、周《まわ》りをおどろかせることも。

ラッキーデイ
10月27日、12月25日

ラッキーアイテム
十字架《じゅうじか》のペンダント

2月23日生まれ

性《せい》格《かく》

ロマンチストで夢見《ゆめみ》がちで、将来《しょうらい》の夢《ゆめ》を思ってうっとりとしがち。自由《じゆう》気ままな行動《こうどう》を好《この》み、決《き》められたことをキチンとこなすのが苦手《にがて》。グループのリーダーになることもあるよ。

ラッキーデイ
10月28日、12月26日

ラッキーアイテム
ピアノのCD

2月24日生まれ

性《せい》格《かく》

たくさんの人と関《かか》わることが好《す》きなタイプ。親切でカリスマ的《てき》な魅力《みりょく》があるので、いろいろな人が集《あつ》まってくるね。ピュアに見えて、物《もの》やお金へのこだわりが強い現実的《げんじつてき》なところも。

ラッキーデイ
10月29日、12月27日

ラッキーアイテム
ソフトクリーム

2月25日生まれ

性《せい》格《かく》

周《まわ》りの人のためにがんばるという、高い目標《もくひょう》を持《も》っているよ。目標《もくひょう》が高ければ高いほど、けんめいにがんばれる子だね。でも、失敗《しっぱい》するとドーンと落《お》ちこむような、せんさいなところも。

ラッキーデイ
10月30日、12月28日

ラッキーアイテム
童話《どうわ》の絵本

2月26日生まれ

性《せい》格《かく》

責任感《せきにんかん》があり、リーダーとして人を引っぱりたいと思うタイプ。周《まわ》りに合わせるのは得意《とくい》ではないかも。友だちを大事《だいじ》に思いながらも流《なが》されない、一ぴきオオカミみたいな性格《せいかく》。

ラッキーデイ
10月31日、12月29日

ラッキーアイテム
イラスト入りティシュー

2月27日生まれ

性《せい》格《かく》

自分の気持《きも》ちに素直《すなお》で、人目を気にせず、だいたんに動《うご》けるよ。少しワガママだけどチャーミングで魅力的《みりょくてき》。社交性《せい》もあるので、チヤホヤされる人気者《もの》だよ。高い理想《りそう》を持《も》っているね。

ラッキーデイ
11月1日、12月30日

ラッキーアイテム
かおりつき消《け》しゴム

2月28日生まれ

性《せい》格《かく》

たいくつがキライで、ハラハラドキドキするスリルを求《もと》めているよ。エネルギッシュで何かに夢中《むちゅう》になったら、走り出して止まらないね。遊《あそ》び好《ず》きで、いろいろな経験《けいけん》をしそう。

ラッキーデイ
11月2日、12月31日

ラッキーアイテム
神社《じんじゃ》のお守《まも》り

2月29日生まれ

性《せい》格《かく》

想像《そうぞう》力が豊《ゆた》かで、自分をスマートに表現《ひょうげん》できるあなたは、周《まわ》りの子からあこがれられているよ。でも特別《とくべつ》あつかいされるのは好《この》まないかも。小さなことを心配《しんぱい》する、せんさいさも持《も》っているよ。

ラッキーデイ
1月1日、11月2日

ラッキーアイテム
ソーイングセット

3月1日生まれ

性《せい》格《かく》

人の気持《きも》ちがよくわかって行動《こうどう》力がある、リーダー的存在《てきそんざい》。重《おも》いことが苦手《にがて》で、いつも楽しく過《す》ごしていたいと思うはず。せんさいで、感情《かんじょう》のアップダウンが激《はげ》しい面《めん》があるね。

ラッキーデイ
1月1日、11月3日

ラッキーアイテム
ハンドクリーム

3月2日生まれ

性《せい》格《かく》

おだやかに見えて、実《じつ》はだいたんで情《じょう》熱的《ねつてき》。プライドが高くて強い責任感《せきにんかん》があり、自分の役割《やくわり》をしっかりとやりとげるよ。感情的《かんじょうてき》にならずに、なんでも冷静《れいせい》に判断《はんだん》できるはず。

ラッキーデイ
1月2日、11月4日

ラッキーアイテム
小さな招《まね》きねこ

3月3日生まれ

性《せい》格《かく》

大きな夢《ゆめ》を追《お》い求《もと》める、ロマンチスト。ぼんやりとあこがれるだけでなく、計画を立てて、その夢《ゆめ》を実現《じつげん》しようとするよ。直感《ちょっかん》力が強くて、先のことがわかってしまうなんてことも。

ラッキーデイ
1月3日、11月5日

ラッキーアイテム
マシュマロ

3月4日生まれ

性格《せいかく》

せんさいで、大勢《おおぜい》でワイワイと過《す》ごすより、静《しず》かに過《す》ごすことを好《この》むみたい。夢《ゆめ》について考えたり、空想《くうそう》にふけったりするのも好《す》き。気さくだから、チームワークもうまくできるよ。

ラッキーデイ
1月4日、11月6日

ラッキーアイテム
しかけ絵本

3月5日生まれ

性格《せいかく》

夢《ゆめ》見がちで好奇《こうき》心が強くて、ジッとしていられない性格《せいかく》。マンネリがキライで、いつもワクワクするしげきを求《もと》めているね。乗《の》り物《もの》に乗《の》ったり、旅行《りょこう》をしたりすることが好《す》きみたい。

ラッキーデイ
1月5日、11月7日

ラッキーアイテム
星型《がた》の小物《こもの》

3月6日生まれ

性格《せいかく》

周《まわ》りにえんりょすることなく、自分の気《き》持《も》ちに素直《すなお》に行動《こうどう》できるよ。しっかり者《もの》で細《こま》かいところによく気がつくので、自《し》然《ぜん》とリーダーになりそう。オシャレにも気を配《くば》っているね。

ラッキーデイ
1月6日、11月8日

ラッキーアイテム
貝がら

3月7日生まれ

性格《せいかく》

感性《かんせい》が豊《ゆた》かで、ふわふわとした夢《ゆめ》の世界《せかい》に生きているね。おもしろいアイデアは次々《つぎつぎ》と浮《う》かぶけど、変《か》わっていて理解《りかい》されにくいかも。自分の心の世界《せかい》を、大切にしているんだね。

ラッキーデイ
1月7日、11月9日

ラッキーアイテム
夢《ゆめ》うらないの本

3月8日生まれ

性格《せいかく》

優《やさ》しくて、役割《やくわり》をしっかりとこなすがんばり屋《や》さん。常識《じょうしき》にとらわれないので、周《まわ》りからは理解《りかい》されずに、こどくを感《かん》じることも。でも、人をひきつける大きな魅力《みりょく》を持《も》っているよ。

ラッキーデイ
1月8日、11月10日

ラッキーアイテム
ブレスレット

3月9日生まれ

性格《せいかく》

向上心《こうじょう》があって、大きなことをしたいという夢《ゆめ》を心の中で温《あたた》めているね。パワーがあふれているから、自然《しぜん》と目立ってしまうよ。ほかの子が思いつかない、おもしろいアイデアが浮《う》かぶはず。

ラッキーデイ
1月9日、11月11日

ラッキーアイテム
神社《じんじゃ》のお守《まも》り

3月10日生まれ

性格《せいかく》

気取《きど》らずに、素直《すなお》な気持《きも》ちで自由《じゆう》に動《うご》くことができるよ。みんなと同じことをきらい、変《か》わったファッションだったり、おもしろい趣味《しゅみ》を持《も》っていたりしそう。人なつっこくて、心も温《あたた》かいね。

ラッキーデイ
1月10日、11月12日

ラッキーアイテム
真《ま》っ白いノート

3月11日生まれ

性格《せいかく》

深《ふか》く考えずに、ひらめきでアクションを起《お》こすタイプ。こうなりたいというハッキリとした理想《りそう》を持《も》っていて、いつも積《せっ》極的《きょくてき》に行動《こうどう》するよ。流行《りゅうこう》が好《す》きで、少しせっかちなところも。

ラッキーデイ
1月11日、11月13日

ラッキーアイテム
細いリボン

3月12日生まれ

性《せい》格《かく》

明るくて親しみやすく、人を楽しませることが得意《とくい》なので、みんなの人気者《もの》。イヤなことがあってもにげずに、乗《の》りこえられる力があるよ。手先が器用《きよう》で、何をやってもうまくこなせるね。

ラッキーデイ 1月12日、11月14日

ラッキーアイテム プリンアラモード

3月13日生まれ

性《せい》格《かく》

新しいことやドキドキすることが好《す》きで、いつも何かにチャレンジしているね。ほかの子よりも上へ行こうという向上《こうじょう》心が強いよ。ぜいたく好《す》きで、おこづかいを派手《はで》に使《つか》うところも。

ラッキーデイ 1月13日、11月15日

ラッキーアイテム 色エンピツ

3月14日生まれ

性《せい》格《かく》

自由《じゆう》が好《す》きなので、人の上に立つことを好《この》むよ。いつも努力《どりょく》を忘《わす》れずに、しっかりと前進《ぜんしん》できる子だね。好《す》きなことが見つかれば、人生をかけるほど、トコトン集中《しゅうちゅう》するはずだよ。

ラッキーデイ 1月14日、11月16日

ラッキーアイテム しんせんな果物《くだもの》

3月15日生まれ

性《せい》格《かく》

ひかえめで周《まわ》りの子から好《す》かれるけど、心の中では何かで成功《せいこう》したい、トップに立ちたいという願望《がんぼう》が強くありそう。にぎやかに過《す》ごすよりも、1人で静《しず》かに過《す》ごす時間が好《す》きかも。

ラッキーデイ 1月15日、11月17日

ラッキーアイテム カチューシャ

3月16日生まれ

性《せい》格《かく》

思いやりがあって親切な面《めん》と、ドライな面《めん》の、2つの性格《せいかく》を持《も》っているね。1つの趣味《しゅみ》にトコトンはまってしまうところも。でも秘密主義《ひみつしゅぎ》で、自分のことはあまり話そうとはしないかも。

ラッキーデイ 1月16日、11月18日

ラッキーアイテム 日記帳《ちょう》

3月17日生まれ

性《せい》格《かく》

堂々《どうどう》としていてカリスマ性《せい》があって、自《し》然《ぜん》と目立つよ。でも心の中はむじゃきで、好奇《こうき》心がおうせい。少し欲張《よくば》りで、欲《ほ》しい物《もの》が多かったり、ほかの子をうらやんだりすることも。

ラッキーデイ 1月17日、11月19日

ラッキーアイテム 三角定規《じょうぎ》

3月18日生まれ

性《せい》格《かく》

パワフルでジッとしていられない性格《せいかく》で、ユーモアとリーダーシップがあるよ。いつでもイキイキとしていて、いそがしくしていることが大好《す》き。みんなの集《あつ》まりでは、盛《も》り上げ役《やく》にもなれるね。

ラッキーデイ 1月18日、11月20日

ラッキーアイテム 乗《の》り物《もの》のきっぷ

3月19日生まれ

性《せい》格《かく》

あまり本音を話さず、ちょっと神秘的《しんぴてき》なムードがあるけど、何でも根気《こんき》よく取《と》り組むがんばり屋《や》さん。何かで傷《きず》ついたり落《お》ちこんだりしても、すぐに立ち直れる心の強さがあるね。

ラッキーデイ 1月19日、11月21日

ラッキーアイテム ゆるキャラグッズ

3月20日生まれ

性《せい》格《かく》

直感《ちょっかん》力が強くてせんさいだけど、大きな目標《もくひょう》を持《も》っているね。れいぎ正しくてひかえめなので、多くの子から好感《こうかん》を持《も》たれるよ。人のために手助《てだす》けやアドバイスをすることが好《す》き。

ラッキーデイ
1月20日、11月22日

ラッキーアイテム
アメジストの小石

3月21日生まれ

性《せい》格《かく》

明るくすんだ心を持《も》ち、ストレートに自分の考えを話す、単純《たんじゅん》でわかりやすい性格《せいかく》。自分流《りゅう》を大事《だいじ》にして、人の意見《いけん》に流《なが》されないよ。行動《こうどう》力があって、体を動《うご》かすことが好《す》きなはず。

ラッキーデイ
1月20日、11月22日

ラッキーアイテム
植物《しょくぶつ》の種《たね》

3月22日生まれ

性《せい》格《かく》

ありのままの自分を出す、裏表《うらおもて》のない性格《せいかく》。自分で考えて何か新しいことをスタートさせるのが得意《とくい》。目標《もくひょう》を追《お》い始《はじ》めると夢中《むちゅう》になって、ほかのことが見えなくなることも。

ラッキーデイ
1月21日、11月23日

ラッキーアイテム
カレーライス

3月23日生まれ

性《せい》格《かく》

リーダー性《せい》があり、しっかり者《もの》で、新しいことを始《はじ》めるのが好《す》き。何にでも好奇《こうき》心を持《も》ち、いろいろなことに次々《つぎつぎ》にチャレンジするよ。人の意見《いけん》より、自分が経験《けいけん》したことを重視《じゅうし》するね。

ラッキーデイ
1月22日、11月25日

ラッキーアイテム
金属製《きんぞくせい》のしおり

3月24日生まれ

性《せい》格《かく》

自信《じしん》があって負《ま》けん気が強い、のびのびとしている正直な性格《せいかく》。細《こま》かいことを気にしない、大ざっぱなところもあるよ。「有名《ゆうめい》になりたい」など、大きな夢《ゆめ》を追《お》っているかも。

ラッキーデイ
1月23日、11月26日

ラッキーアイテム
カラーボール

3月25日生まれ

性《せい》格《かく》

型《かた》にはまったり、人と同じことをしたりするのをきらう、個性的《こせいてき》でエネルギッシュな性格《せいかく》。マンネリが苦手《にがて》で変化《へんか》が好《す》き。人といっしょに行動《こうどう》するよりも、気ままに動《うご》きたいと思っていそう。

ラッキーデイ
1月24日、11月27日

ラッキーアイテム
野球《やきゅう》ぼう

3月26日生まれ

性《せい》格《かく》

それほど自己主張《じこしゅちょう》をしないけど、強い意志《いし》を持《も》っているね。あれこれと考えすぎずに、白か黒で決断《けつだん》するというシンプルさもありそう。失敗《しっぱい》しても立ち直って、すぐにまた前進《ぜんしん》できるよ。

ラッキーデイ
1月25日、11月28日

ラッキーアイテム
カスタネット

3月27日生まれ

性《せい》格《かく》

堂々《どうどう》として見えるけど、心はせんさいで、重《おも》く考えるところがあるね。弱くなりがちな心を、趣味《しゅみ》や家族《かぞく》が支《ささ》えてくれるよ。人のマネではなく、オリジナルの方法《ほうほう》で取《と》り組むのが好《す》き。

ラッキーデイ
1月27日、11月29日

ラッキーアイテム
ストローハット

3月28日生まれ

性《せい》格《かく》

イキイキと活動《かつどう》するのが好《す》き。むじゃきで気持《きも》ちに素直《すなお》なので、ものをハッキリと言うことがあるね。人気者《もの》だけどプライバシーを大切にして、1人で過《す》ごす時間を大切にするよ。

ラッキーデイ
1月28日、11月30日

ラッキーアイテム
カラーサインペン

3月29日生まれ

性《せい》格《かく》

自由《じゆう》を好《この》み、積極的《せっきょくてき》で目標《もくひょう》に向《む》かってがんばる子。ユーモラスだけど、せんさいさもあるね。心をあまりオープンにしないけど、根《ね》はマジメで、難《むずか》しいじょうきょうにも立ち向《む》かえるよ

ラッキーデイ
1月29日、12月1日

ラッキーアイテム
トランプ

3月30日生まれ

性《せい》格《かく》

高い夢《ゆめ》や理想《りそう》を持《も》ち、周《まわ》りの目を気にしないで、つき進《すす》んでいくよ。失敗《しっぱい》してもくじけずに立ち上がり、また前進《ぜんしん》する強さも。自分の意見《いけん》をハッキリと言うけど、実《じつ》はさみしがり屋《や》。

ラッキーデイ
1月 30日、12月2日

ラッキーアイテム
スーパーボール

3月31日生まれ

性《せい》格《かく》

活動的《かつどうてき》でだいたんで、ガッツがある子。何かで失敗《しっぱい》しても、決《けっ》してあきらめずにがんばり続《つづ》ける、ねばり強さもあるよ。欲《ほ》しい物《もの》があれば、手に入れるまであきらめないかも。

ラッキーデイ
1月30日、12月3日

ラッキーアイテム
かわいいつめ切り

4月1日生まれ

性《せい》格《かく》

シャイだけど、人とちがったことをしたいと思うぼうけん家。人の力を借《か》りずに、何でも自分の力でやりたいと思うはずだよ。おせじを言われるのがきらいな、正直でストレートな子。

ラッキーデイ
1月31日、12月3日

ラッキーアイテム
自転車《じてんしゃ》

4月2日生まれ

性《せい》格《かく》

だれもやっていないことをして、新しい道を切《き》り開《ひら》くことが好《す》き。とても高い理《り》想《そう》や目標《もくひょう》を持《も》ち、その夢《ゆめ》がテンションを高めているね。何にでも白黒ハッキリさせたがるところも。

ラッキーデイ
2月1日、12月4日

ラッキーアイテム
ミニフォーク

4月3日生まれ

性《せい》格《かく》

新しく何かを始《はじ》めることが好《す》きな、ぼうけん家。いつも元気に活動《かつどう》していて、たいくつ知らずだよ。責任感《せきにんかん》があったりワガママになったりと、感情《かんじょう》のアップダウンが激《はげ》しいところも。

ラッキーデイ
2月2日、12月5日

ラッキーアイテム
ポシェット

4月4日生まれ

性《せい》格《かく》

自信《じしん》があり堂々《どうどう》としていて、みんなの人気者《もの》。何でもトップに立ちたいという野心があり、クラス委員《いいん》などに立候補《りっこうほ》することも。目標《もくひょう》が高くなればなるほど、イキイキとがんばれるよ。

ラッキーデイ
2月3日、12月6日

ラッキーアイテム
さいほうセット

4月5日生まれ

性《せい》格《かく》

自信《じしん》にあふれていて、だいたんなので、大勢《おおぜい》に注目《ちゅうもく》されるよ。負《ま》けずぎらいで少しでも上へ行こうとがんばるので、大成功《せいこう》できるはず。でも意外《いがい》とせんさいで、迷《まよ》うことも多いみたい。

ラッキーデイ 2月4日、12月7日

ラッキーアイテム リンゴ

4月6日生まれ

性《せい》格《かく》

エネルギッシュで、みんなを引っぱるリーダータイプ。1人でがんばるより、みんなと力を合わせたいと思うみたい。まちがっていることは正そうとする、正《せい》義感《ぎかん》の強さもあるよ。

ラッキーデイ 2月5日、12月8日

ラッキーアイテム 対戦《たいせん》ゲームソフト

4月7日生まれ

性《せい》格《かく》

ジッとしていることが苦手《にがて》で、新しいことが好《す》き。遊《あそ》びを考えたり、次々《つぎつぎ》と新しい趣味《しゅみ》を始《はじ》めたりしそう。でも本当は、はずかしがり屋《や》で本音を出さないので、ふしぎな子と思われがち。

ラッキーデイ 2月6日、12月9日

ラッキーアイテム 歴史《れきし》マンガの本

4月8日生まれ

性《せい》格《かく》

何か大きなことをしたいと思う、クラスの中心人物《じんぶつ》。でも、心の中は意外《いがい》と優《やさ》しくてせんさい。周《まわ》りの子を幸《しあわ》せにしたいと思っていて、特《とく》に弱い立場の子の味方《みかた》になるはず。

ラッキーデイ 2月7日、12月10日

ラッキーアイテム ラベンダーのお香《こう》

4月9日生まれ

性《せい》格《かく》

カリスマ性《せい》があってエネルギッシュで、いつも体を動《うご》かしているね。みんながやらない変《か》わった行動《こうどう》を好《この》み、言いたいことをストレートに言う、白黒ハッキリしているところも。

ラッキーデイ 2月8日、12月11日

ラッキーアイテム 新しいエンピツ

4月10日生まれ

性《せい》格《かく》

ぼうけん心があり、何かで大成功《せいこう》したいと思っているね。いつでもありのままの自分でいるので、周《まわ》りとしょうとつしてしまうことも。興味《きょうみ》のはばが広くて、いろいろな夢《ゆめ》を持《も》つよ。

ラッキーデイ 2月9日、12月12日

ラッキーアイテム スポーツウェア

4月11日生まれ

性《せい》格《かく》

パワフルでぼうけん好《ず》きで、いそがしくしているのが好《す》き。運《うん》が強くて、自然《しぜん》とみんなの中心人物《じんぶつ》になれるね。命令《めいれい》されることが苦手《にがて》で、自分から積極的《せっきょくてき》に動《うご》いて、何かで大成功《せいこう》できるよ。

ラッキーデイ 2月10日、12月13日

ラッキーアイテム スケジュール帳《ちょう》

4月12日生まれ

性《せい》格《かく》

いろいろなことに積極的《せっきょくてき》に立ち向《む》かえる、だいたんな性格《せいかく》。いつも活発《かっぱつ》に動《うご》いているので変化《へんか》が多く、たいくつしない、しげき的《てき》な毎日を送《おく》れるよ。頭の回転《かいてん》が速《はや》くて、知識《ちしき》も豊富《ほうふ》。

ラッキーデイ 2月11日、12月14日

ラッキーアイテム チェーンのネックレス

4月13日生まれ

性《せい》格《かく》

何かで成功《せいこう》したいという大きな目標《もくひょう》を持《も》っていて、自分のやり方で道を開《ひら》いていくだいたんな性格《せいかく》。"自分は自分"と考えているので、人目を気にせず、目立つことは好《この》まないかも。

ラッキーデイ 2月12日、12月15日

ラッキーアイテム いちご

4月14日生まれ

性《せい》格《かく》

明るく楽観的《らっかんてき》で、自分はこうなりたいという大きな理想《りそう》を持《も》っているね。情熱《じょうねつ》があり、何かあると熱《あつ》くなるタイプだよ。思ったことは何でもハッキリと口に出す、わかりやすい子。

ラッキーデイ 2月13日、12月16日

ラッキーアイテム 偉人伝《いじんでん》の本

4月15日生まれ

性《せい》格《かく》

明るく人見知りをしない性格《せいかく》。自分の気持《きも》ちに正直なので、気分が乗《の》っているときは難《むず》しいことにも積極的《せっきょくてき》にチャレンジするけど、乗《の》らないときはなまけグセが出てダラダラしがち。

ラッキーデイ 2月14日、12月17日

ラッキーアイテム デジタル時計

4月16日生まれ

性《せい》格《かく》

素直《すなお》で優《やさ》しくて、ユーモアにあふれているね。ジョークで人を楽しませたり、ムードをなごませたりするのが得意《とくい》。そくばくをされるのがニガテで、自由《じゆう》気ままな生き方を好《この》むみたい。

ラッキーデイ 2月15日、12月18日

ラッキーアイテム チェーンのネックレス

4月17日生まれ

性《せい》格《かく》

あまり自己主張《じこしゅちょう》はしないけど、大きな自信《じしん》と強いパワーを持《も》っているよ。立場が弱い人の味方《みかた》になる、正義感《せいぎかん》の強いところも。大変《たいへん》なことがあっても、強い意志《いし》で乗《の》りこえられるね。

ラッキーデイ 2月16日、12月19日

ラッキーアイテム スポーツシューズ

4月18日生まれ

性《せい》格《かく》

パワーがあっていろいろなことに興味《きょうみ》を持《も》ち、何でも経験《けいけん》しようとする好奇心《こうきしん》が強い性格《せいかく》。マジメで、自分の役割《やくわり》をキチンとこなすよ。プライドが高くて人目を気にするところも。

ラッキーデイ 2月17日、12月20日

ラッキーアイテム おせんべい

4月19日生まれ

性《せい》格《かく》

大きな夢《ゆめ》を持《も》ち、胸《むね》に理想《りそう》をいだいているぼうけん家。みんなに認《みと》められたいという願望《がんぼう》が強く、それをバネにがんばるよ。大らかで親しみやすいので、周《まわ》りには話しやすいと思われているね。

ラッキーデイ 2月18日、12月21日

ラッキーアイテム 野球《やきゅう》のボール

4月20日生まれ

性《せい》格《かく》

向上《こうじょう》心が強くて目標《もくひょう》を持《も》ち、明るい未来《みらい》に向《む》かってだいたんに動《うご》くよ。何かに夢中《むちゅう》になってがんばっているときが、一番楽しいみたい。でも心の中はせんさいで、傷《きず》つきやすいね。

ラッキーデイ 2月19日、12月22日

ラッキーアイテム 焼《や》きそば

4月21日生まれ

性《せい》格《かく》

マジメで責任感《せきにんかん》があり、人にたよらずに自力で進《すす》みたいと思うタイプ。とうそう心もちょっとあって、ライバルがいることで燃《も》えてがんばれるところも。何かに勝《か》つことがうれしいんだね。

ラッキーデイ 2月20日、12月23日

ラッキーアイテム 型《かた》ぬきクッキー

4月22日生まれ

性《せい》格《かく》

物静《ものしず》かであまり目立たないけど、実《じつ》は才《さい》能《のう》が豊《ゆた》かで自信《じしん》家。人からすごいと思われたいと願《ねが》っていそう。何にでも良《よ》いセンスを発揮《はっき》するので、専門《せんもん》分野で成《せい》功《こう》する可能性《かのうせい》が高いかも。

ラッキーデイ 2月21日、12月24日

ラッキーアイテム 絵の具《ぐ》

4月23日生まれ

性《せい》格《かく》

変化《へんか》やぼうけんを好《この》まず、安心感《あんしんかん》や落《お》ち着《つ》いたムードが好《す》き。一度《いちど》決《き》めたら投《な》げ出《だ》すことなく、最後《さいご》までやりぬくガマン強さがあるね。おいしい物《もの》が好《す》きな、ぜいたくなところも。

ラッキーデイ 2月22日、12月25日

ラッキーアイテム 大つぶのキャンディー

4月24日生まれ

性《せい》格《かく》

決《き》めたことは大変《たいへん》でも最後《さいご》までやりとげる、いさぎよさやガマン強さがあるね。夢中《むちゅう》になって、大きな目標《もくひょう》のためにがんばり続《つづ》けられるはず。植物《しょくぶつ》や動物《どうぶつ》が好《す》きな、優《やさ》しい面《めん》も。

ラッキーデイ 2月23日、12月26日

ラッキーアイテム ビスケット

4月25日生まれ

性《せい》格《かく》

言葉《ことば》は少ないけど、自分の気持《きも》ちを行《こう》動《どう》で表《あらわ》すマジメで正直な性格《せいかく》。中身《なかみ》が大事《だいじ》で、外見をかざることには興味《きょうみ》がないかも。あらあらしさをきらい、平《へい》和《わ》で落《お》ち着《つ》いたムードを好《この》むよ。

ラッキーデイ 2月24日、12月27日

ラッキーアイテム 折《お》りたためる財布《さいふ》

4月26日生まれ

性《せい》格《かく》

手をつけたことは時間がかかっても最《さい》後《ご》までやりとげる、根気《こんき》があるよ。家《か》族《ぞく》や親友《しんゆう》など、今持《も》っているものを守《まも》る姿勢《しせい》もあるね。変化《へんか》が多くて落《お》ち着《つ》かないことは、ちょっとニガテ。

ラッキーデイ 2月25日、12月28日

ラッキーアイテム きれいな 5円玉

4月27日生まれ

性《せい》格《かく》

ひかえめで、目立つことは好《この》まないタイプ。1人で好《す》きなことに集中《しゅうちゅう》しているときが、一番幸《しあわ》せだと感《かん》じていそう。マイペースなので、せかされたり、おしつけられたりすることが苦手《にがて》。

ラッキーデイ 2月26日、12月29日

ラッキーアイテム 小銭《こぜに》入れ

4月28日生まれ

性《せい》格《かく》

コツコツとガマン強く努力《どりょく》して、人にたよらずに自分の力でがんばるタイプ。物《もの》やお金への興味《きょうみ》が強く、いろいろな物《もの》を手に入れたいというあこがれも強いかも。だからがんばれるんだね。

ラッキーデイ 2月27日、12月30日

ラッキーアイテム モンブランケーキ

4月29日生まれ

性《せい》格《かく》

責任感《せきにんかん》が強く、難《むずか》しい役割《やくわり》もマジメにこなすよ。だから、周《まわ》りにたよられて、グループのまとめ役《やく》になりそう。周《まわ》りにあまり本音を出せないけど、親しい人の前ではリラックスできるね。

ラッキーデイ　2月28日、12月31日

ラッキーアイテム　ドーナツ

4月30日生まれ

性《せい》格《かく》

やるべきことをしっかりとこなす、完《かん》ぺき主義者《しゅぎしゃ》。楽しいことが好《す》きで、趣味《しゅみ》や遊《あそ》びなど、ワクワクとすることを求《もと》めていそう。ケンカや争《あらそ》いをさける、平和《へいわ》主義《しゅぎ》なところもあるみたい。

ラッキーデイ　1月1日、2月29日

ラッキーアイテム　キウイフルーツ

5月1日生まれ

性《せい》格《かく》

シャイで物静《ものしず》かだけど、自分の意見《いけん》をしっかりと持《も》っているよ。平和《へいわ》なムードを好《この》み、人との約束《やくそく》を守《まも》る、しんらいできる子だね。お金の使《つか》い方がうまく、大きな貯金《ちょきん》を作れそう。

ラッキーデイ　1月2日、3月1日

ラッキーアイテム　三色ボールペン

5月2日生まれ

性《せい》格《かく》

何かにコツコツと取《と》り組むことが好《す》きな、ひかえめでマジメな性格《せいかく》。大勢《おおぜい》でにぎやかに過《す》ごすより、1人で集中《しゅうちゅう》する時間が好《す》き。家庭的《かていてき》で家族《かぞく》への愛情《あいじょう》が深《ふか》く、家のお手伝《てつだ》いもするよ。

ラッキーデイ　1月3日、3月2日

ラッキーアイテム　チョコレートケーキ

5月3日生まれ

性《せい》格《かく》

頭が良《よ》くて現実的《げんじつてき》で、物事《ものごと》をしっかりとこなせるね。そして、みんなを笑《わら》わせるユーモアセンスもあるよ。家族《かぞく》や仲間《なかま》思いで、身近《みぢか》な人が困《こま》っていると、積極的《せっきょくてき》に助《たす》けようとするはず。

ラッキーデイ　1月3日、3月3日

ラッキーアイテム　カステラ

5月4日生まれ

性《せい》格《かく》

お人よしに見えても、しんが強く、責任感《せきにんかん》があり、自分の役割《やくわり》をしっかりとこなすよ。人の役《やく》に立つことに喜《よろこ》びを感《かん》じ、特《とく》に家族《かぞく》や友だちなど、身近《みぢか》な人の世話《せわ》をかいがいしく焼《や》くはず。

ラッキーデイ　1月5日、3月4日

ラッキーアイテム　手芸《しゅげい》の本

5月5日生まれ

性《せい》格《かく》

ちょっと引っこみ思案《じあん》だけど行動《こうどう》力があり、自分の役割《やくわり》をマジメにこなすね。気分が変《か》わりやすくて少し落《お》ち着《つ》きがないけど、ユーモアがあるので、周《まわ》りに明るい印象《いんしょう》を持《も》たれるよ。

ラッキーデイ　1月5日、3月5日

ラッキーアイテム　かしわもち

5月6日生まれ

性《せい》格《かく》

しっかり者《もの》に見えても、心の中はとてもせんさい。人の気持《きも》ちがよくわかり、困《こま》っている人をうまく助《たす》けられるよ。何かと苦労《くろう》が多いと感《かん》じても、いつも努力《どりょく》をして乗《の》りこえられるはず。

ラッキーデイ　1月6日、3月6日

ラッキーアイテム　恋愛小説《れんあいしょうせつ》

5月7日生まれ

性《せい》格《かく》

自分をしっかりと持《も》ち、努力《どりょく》するので、成績《せいせき》が上がるなどして、高いポジションにのぼれるよ。いそがしくしていることが好《す》きで、はまっている趣味《しゅみ》があれば、すべてのエネルギーをかけるほど。

ラッキーデイ：1月7日、3月7日

ラッキーアイテム：クレヨン

5月8日生まれ

性《せい》格《かく》

頭の回転《かいてん》が速《はや》くて明るく、自分の考えを周《まわ》りに話すのが好《す》き。正直で、決《けっ》していい加減《かげん》なことは言わないよ。いろいろなことに興味《きょうみ》を持《も》っていて、物《もの》やお金にこだわりが強いみたい。

ラッキーデイ：1月8日、3月8日

ラッキーアイテム：タオルハンカチ

5月9日生まれ

性《せい》格《かく》

何でも計画的《てき》に進《すす》める、マジメで実行《じっこう》力のあるタイプ。強い正義感《せいぎかん》と責任感《せきにんかん》を持《も》ち、まちがっていることは許《ゆる》せないと思うよ。人の役《やく》に立つことをうれしく思い、役割《やくわり》をうまくこなすね。

ラッキーデイ：1月9日、3月9日

ラッキーアイテム：良《よ》いかおりの石けん

5月10日生まれ

性《せい》格《かく》

行動《こうどう》力とガッツがあって、いつもいそがしく過《す》ごしていて、人に合わせるより1人で自由《じゆう》に動《うご》くことが好《す》き。マイペースだけど強い味方《みかた》がたくさんいて、ユーモアにもあふれているよ。

ラッキーデイ：1月10日、3月10日

ラッキーアイテム：小さなすず

5月11日生まれ

性《せい》格《かく》

活動的《かつどうてき》で前向《まえむ》きな自信《じしん》家。ちょっと変《か》わったアイデアで、周《まわ》りをおどろかせがちだよ。空想《くうそう》することが多いロマンチストだけど、自分の役割《やくわり》をこなす責任感《せきにんかん》があり、リーダーになれるタイプ。

ラッキーデイ：1月11日、3月11日

ラッキーアイテム：アボカド

5月12日生まれ

性《せい》格《かく》

少し近寄《ちかよ》りがたいムードがあるけど、実《じつ》はいたずらをして人を楽しませるような、陽気《ようき》で茶目っ気のある性格《せいかく》。マイペースだけど、物事《ものごと》を最後《さいご》までやりとげる、完《かん》ぺき主義《しゅぎ》なところも。

ラッキーデイ：1月12日、3月12日

ラッキーアイテム：カレーパン

5月13日生まれ

性《せい》格《かく》

大らかでかざらず、だれからも好《す》かれる人気者《もの》。自分の考えをしっかりと持《も》っているので、周《まわ》りに強いえいきょうをあたえそう。自分よりも、ほかの人のことでいっしょうけんめいになることも多いね。

ラッキーデイ：1月13日、3月13日

ラッキーアイテム：パウンドケーキ

5月14日生まれ

性《せい》格《かく》

精神《せいしん》力が強く、自分の考えをしっかりと持《も》ち、やるべきことや好《す》きなことにトコトン集中《しゅうちゅう》して打《う》ちこむよ。本心はあまり出さないけど、心は感《かん》じやすくせんさいで、不安《ふあん》になってしまうことも。

ラッキーデイ：1月14日、3月14日

ラッキーアイテム：木ぼりの置物《おきもの》

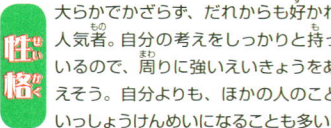

5月15日生まれ

性《せい》格《かく》

とても豊《ゆた》かな感受性《かんじゅせい》を持《も》っていて、直感《ちょっかん》力も豊《ゆた》か。変化《へんか》の少ない、落《お》ち着《つ》いたムードを好《この》むみたい。人とはちょっと変《か》わったことを言ったりやったりして、自《し》然《ぜん》と注目《ちゅうもく》されそうだね。

ラッキーデイ

1月15日、3月15日

ラッキーアイテム

キャンドル

5月16日生まれ

性《せい》格《かく》

風変《ふうが》わりな考えとアイデアを持ち、行動《こうどう》もちょっと変《か》わっているから、周《まわ》りに注《ちゅう》目《もく》されるよ。感情《かんじょう》のアップダウンが激《はげ》しく、落《お》ちこんでいるときと元気なときは、別人《べつじん》みたい。

ラッキーデイ

1月16日、3月16日

ラッキーアイテム

ホラーマンガ

5月17日生まれ

性《せい》格《かく》

人の力を借《か》りずに何でも1人でがんばろうとする、一ぴきオオカミタイプ。かざらない、ありのままの自分を見せようとするよ。ぜいたくな生活にあこがれる、少し欲張《よくば》りなところも。

ラッキーデイ

1月16日、3月17日

ラッキーアイテム

ショートケーキ

5月18日生まれ

性《せい》格《かく》

強い責任感《せきにんかん》を持《も》ち、周《まわ》りの役《やく》に立てることに喜《よろこ》びを感《かん》じるよ。冷《つめ》たく見えても心の中は温《あたた》かく、愛情《あいじょう》や友情《ゆうじょう》にあふれているんだね。何かにトコトン打《う》ちこみ、ほかが見えなくなることも。

ラッキーデイ

1月17日、3月18日

ラッキーアイテム

横《よこ》長の財布《さいふ》

5月19日生まれ

性《せい》格《かく》

とてもパワフルで、強いリーダーシップを持《も》っているよ。人のために動《うご》くことが好《す》きだけど、人にたよらずに自分で調《しら》べて自分で決《き》める、わが道を行くタイプ。深《ふか》く考えすぎるところも。

ラッキーデイ

1月18日、3月19日

ラッキーアイテム

クロワッサン

5月20日生まれ

性《せい》格《かく》

向上《こうじょう》心が強くて、大きなことを動《うご》かすパワーがあるよ。おもしろいアイデアも次々《つぎつぎ》に浮《う》かび、おしゃべりじょうず。いつも今に満足《まんぞく》できず、上を目指《めざ》していろいろなことにチャレンジするね。

ラッキーデイ

1月19日、3月20日

ラッキーアイテム

記念《きねん》切手

5月21日生まれ

性《せい》格《かく》

むじゃきで愛《あい》らしいムードを持《も》ち、周《まわ》りをリラックスさせて明るくする力があるね。チャレンジ精神《せいしん》が強いがんばり屋《や》で、何かに取《と》り組んだら、大変《たいへん》でもやりとげる根気《こんき》があるよ。

ラッキーデイ

1月20日、3月21日

ラッキーアイテム

スケジュール帳《ちょう》

5月22日生まれ

性《せい》格《かく》

心が広くてこだわりのない、自由《じゆう》な考えを持《も》っているね。おしゃべり好《ず》きで、きおく力がいいけど、あきっぽいかも。でも何かにはまるとトコトン熱中《ねっちゅう》して、大きなことをやりとげるよ。

ラッキーデイ

1月21日、3月22日

ラッキーアイテム

電卓《でんたく》

5月23日生まれ

性《せい》格《かく》

頭の回転《かいてん》が速《はや》く、何でもソツなくスピーディーにこなせるよ。ジッとしているのが苦手《にがて》で、あちこち飛《と》び回《まわ》ったり、知識《ちしき》を増《ふ》やしたりするのが大好《だいす》き。でもイヤと言えないところも。

ラッキーデイ 1月22日、3月23日

ラッキーアイテム バースデーカード

5月24日生まれ

性《せい》格《かく》

とても頭が良《よ》くて、物事《ものごと》の裏《うら》まで読むような判断《はんだん》力を持《も》っているよ。勉強熱心《べんきょうねっしん》で、何かを知ることにも喜《よろこ》びを感《かん》じるはず。ちょっとあきっぽく、気分や考えも変《か》わりやすいみたい。

ラッキーデイ 1月23日、3月24日

ラッキーアイテム クリアファイル

5月25日生まれ

性《せい》格《かく》

勉強好《べんきょうず》きで、頭が良《よ》くて機転《きてん》が利《き》き、新しい流《なが》れにすぐに乗《の》れるタイプ。流行《りゅうこう》や最新情報《さいしんじょうほう》をよく知っているかも。周《まわ》りからは、クールでドライな子だと思われているみたい。

ラッキーデイ 1月24日、3月25日

ラッキーアイテム マンガ雑誌《ざっし》

5月26日生まれ

性《せい》格《かく》

意見《いけん》を話し合うことが好《す》き。そくばくされるのをイヤがり、自分のやり方で自由《じゆう》に動《うご》きたいと思っているね。クールに見えても、ときには感情《かんじょう》がばくはつして、周《まわ》りをおどろかせるかも。

ラッキーデイ 1月25日、3月26日

ラッキーアイテム ボールペン

5月27日生まれ

性《せい》格《かく》

明るくさわやかで、だれからも好《す》かれるよ。マンネリを好《この》まず、いつも新しいことを求《もと》めていそう。ユーモアがあるけど、思ったままをズバッと言って、周《まわ》りをドキッとさせることも。

ラッキーデイ 1月26日、3月27日

ラッキーアイテム ポストカード

5月28日生まれ

性《せい》格《かく》

型《かた》にはまるのが苦手《にがて》な自由《じゆう》人。周《まわ》りをアテにしないで、何でも自分の力でがんばるね。新しいことを始《はじ》めるときに、幸《しあわ》せを感《かん》じそう。同時にたくさんのことをこなそうとするよ。

ラッキーデイ 1月27日、3月28日

ラッキーアイテム ねこグッズ

5月29日生まれ

性《せい》格《かく》

頭が良《よ》くてユーモアがあり、だれからも好《す》かれるよ。テーマを決《き》めて話し合うことが好《す》きみたい。気さくに見えても心の中はせんさいで傷《きず》つきやすく、ちょっと疑《うたが》い深《ぶか》いところが。

ラッキーデイ 1月28日、3月29日

ラッキーアイテム 大学ノート

5月30日生まれ

性《せい》格《かく》

決断《けつだん》も行動《こうどう》もとてもスピーディーで、周《まわ》りをおどろかせるね。自由《じゆう》気ままに動《うご》くことを求《もと》め、器用《きよう》で同時にいくつかのことをこなせるよ。気分屋《や》で、コツコツと努力《どりょく》をすることは苦手《にがて》。

ラッキーデイ 1月29日、3月29日

ラッキーアイテム げんこう用紙

5月31日生まれ

性《せい》格《かく》

勉強《べんきょう》好《ず》きで、頭が良《よ》くてクールなので、周《まわ》りに冷《つめ》たい子という印象《いんしょう》を持《も》たれるかも。でも本当は、優《やさ》しくて愛情深《あいじょうぶか》く、いつもだれかと心がつながっていたいと思う、さみしがり屋《や》さん。

ラッキーデイ 1月30日、3月30日

ラッキーアイテム 英語《えいご》の絵本

6月1日生まれ

性《せい》格《かく》

たいくつがキライで、いつも変化《へんか》を求《もと》めていて、新しいことを知ることが大好《す》き。おしゃべりじょうずなので、友だちの数は多いはず。イヤになったらすぐに投《な》げ出す、あきっぽいところに注意《ちゅうい》。

ラッキーデイ 1月31日、3月31日

ラッキーアイテム マスコットつきペン

6月2日生まれ

性《せい》格《かく》

自信《じしん》家で何でもキチンとこなせて、リーダーになれるタイプ。たいくつがキライで、自分から難《むずか》しい問題にちょうせんする、がんばり屋《や》のところも。ガマン強くて、決《けっ》してめげないんだね。

ラッキーデイ 2月1日、4月1日

ラッキーアイテム メモホルダー

6月3日生まれ

性《せい》格《かく》

新しいことを始《はじ》めたり、楽しいことを探《さが》したりするのが好《す》きな、元気でフットワークが軽《かる》い性格《せいかく》。おしゃべりが大好《す》きで、気分がノッてくると、話が止まらなくなってしまうみたい。

ラッキーデイ 2月1日、4月2日

ラッキーアイテム エンピツのキャップ

6月4日生まれ

性《せい》格《かく》

頭の回転《かいてん》が速《はや》くて、いろいろなことで才《さい》能《のう》を発揮《はっき》できるよ。みんなを楽しませるおしゃべりができる、明るく元気な子。みんなといっしょに、ワイワイと過《す》ごすことが好《す》きみたいだね。

ラッキーデイ 2月2日、4月3日

ラッキーアイテム けい光《こう》カラーペン

6月5日生まれ

性《せい》格《かく》

心の世界《せかい》を大切にしていて、頭の中でいつもいろいろなことを考えているね。周《まわ》りに難《むずか》しい話をして、わかってもらえないことが多いかも。すぐに人にたよらない負《ま》けずぎらいの面《めん》も。

ラッキーデイ 2月3日、4月4日

ラッキーアイテム 時間割表《じかんわりひょう》

6月6日生まれ

性《せい》格《かく》

心が温《あたた》かくて明るく、親しみやすいタイプ。心に大きな夢《ゆめ》やロマンを持《も》っていて、それを追《お》うことに全力《ぜんりょく》を注《そそ》ぐことが多いね。そのために、勉強《べんきょう》がおろそかになってしまうことも。

ラッキーデイ 2月4日、4月5日

ラッキーアイテム ハンドミラー

6月7日生まれ

性《せい》格《かく》

有名《ゆうめい》になりたいなど、大きな夢《ゆめ》や野心を持《も》っているよ。細《こま》かいことはニガテで、いつも大きなことにちょうせんしたいと思っていそう。生徒《せいと》会長に立候補《りっこうほ》するような、だいたんさもあるね。

ラッキーデイ 2月5日、4月6日

ラッキーアイテム 世界《せかい》地図

6月8日生まれ

性《せい》格《かく》

元気で活発《かっぱつ》でユーモアがあり、周《まわ》りのムードを明るくするよ。思いついたらすぐにアクションを起《お》こす、ぼうけん心もあるね。やりたいことが多いので、時間をムダにしたくないのかも。

ラッキーデイ 2月6日、4月7日

ラッキーアイテム ピンポン玉

6月9日生まれ

性《せい》格《かく》

強さと弱さ、2つの性格《せいかく》をあわせ持《も》っていて、強気な態度《たいど》を取《と》ったかと思うと、オドオドしてしまうなど、周《まわ》りの人をふしぎがらせるかも。才能《さいのう》をのばそうとする向上心《こうじょうしん》もあるよ。

ラッキーデイ 2月7日、4月8日

ラッキーアイテム かわいいコーム

6月10日生まれ

性《せい》格《かく》

頭が良《よ》くて、宿題《しゅくだい》や係《かかり》の仕事《しごと》など、やるべきことをまちがいなくこなせるよ。ニコニコとして明るいけど、心はせんさい。だれかに優《やさ》しくしてもらうことで、ホッとできるはず。

ラッキーデイ 2月8日、4月9日

ラッキーアイテム 花型《がた》のボタン

6月11日生まれ

性《せい》格《かく》

次々《つぎつぎ》とおもしろいアイデアが浮《う》かび、器《き》用《よう》で何でもじょうずにこなせるよ。これをがんばろうと決《き》めたらトコトン集中《しゅうちゅう》してうでをみがく、大の努力《どりょく》家。競争《きょうそう》することで燃《も》えるタイプだよ。

ラッキーデイ 2月9日、4月10日

ラッキーアイテム かわいいボールペン

6月12日生まれ

性《せい》格《かく》

直感《ちょっかん》力がするどく、あまり考えずに思いつきで動《うご》くタイプ。ジッとしていられずに、いつもいろいろな趣味《しゅみ》や遊《あそ》びを楽しんでいそう。あきっぽく、同じことをずっと続《つづ》けるのは苦手《にがて》かも。

ラッキーデイ 2月10日、4月11日

ラッキーアイテム とうめいのシール

6月13日生まれ

性《せい》格《かく》

ぼうけんが好《す》きで、外国でかつやくしたいなど、大きな夢《ゆめ》を持《も》っているよ。知らない場所《ばしょ》へ出かけることも好《す》き。意見《いけん》をハッキリと言い、スポーツも得意《とくい》なので、自然《しぜん》と注目《ちゅうもく》されるはず。

ラッキーデイ 2月11日、4月12日

ラッキーアイテム 地球《ちきゅう》ぎ

6月14日生まれ

性《せい》格《かく》

情熱的《じょうねつてき》でガンコで、自分の考えを持《も》っている強い子だね。まっすぐで素直《すなお》なので、おだてられたりウソをつかれたりするのは大キライ。好奇《こうき》心が強く、変《か》わった趣味《しゅみ》を持《も》っているかも。

ラッキーデイ 2月12日、4月13日

ラッキーアイテム オセロゲーム

6月15日生まれ

性《せい》格《かく》

堂々《どうどう》としているかと思うと、小さなことでも傷《きず》つくような、ウラハラな面《めん》を持《も》っているかも。かがやくような魅力《みりょく》があり、自分が知っていることを人に教えてあげるのが大好《す》き。

ラッキーデイ 2月14日、4月14日

ラッキーアイテム 小さな手鏡《てかがみ》

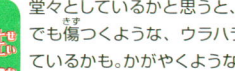

6月16日生まれ

性《せい》格《かく》

親分ハダでリーダーシップがあり、何でもテキパキとこなす器用《きよう》さがあるよ。根性《こんじょう》もあり、何かで失敗《しっぱい》してもめげることなく、すぐに立ち直れるはず。チャレンジ精神《せいしん》もおうせいだね。

ラッキーデイ　2月14日、4月15日

ラッキーアイテム　レターセット

6月17日生まれ

性《せい》格《かく》

頭が良《よ》く、ドライで冷《つめ》たく見えるけど、エネルギッシュ。自信《じしん》があるので、みんなを引《ひ》っ張《ぱ》っていけるよ。知識欲《ちしきよく》がおうせいで、学校の勉強《べんきょう》以外《いがい》にも、いろいろな勉強《べんきょう》を楽しむみたい。

ラッキーデイ　2月15日、4月16日

ラッキーアイテム　三角じょうぎ

6月18日生まれ

性《せい》格《かく》

陽気《ようき》で楽しいことが好《す》きで、とても頭が良《よ》くて勉強熱心《べんきょうねっしん》。イヤなことがあっても、にげずにがんばって、能力《のうりょく》を高めていくよ。何かで1番になり、チヤホヤされたいと思っているかも。

ラッキーデイ　2月16日、4月17日

ラッキーアイテム　キシリトールガム

6月19日生まれ

性《せい》格《かく》

大らかで楽しいことが好《す》きで、ジョークを言って周《まわ》りを楽しませるあなた。強気なことを言って、周《まわ》りをハラハラさせることも。一度目標《いちどもくひょう》を決《き》めたら、努力《どりょく》を重《かさ》ねて前進《ぜんしん》するはず。

ラッキーデイ　2月17日、4月18日

ラッキーアイテム　スケッチブック

6月20日生まれ

性《せい》格《かく》

カリスマ性《せい》があり、感情《かんじょう》をストレートに出すので、多くの人に注目《ちゅうもく》されそう。いつでも何かのトップに立ち、目立ちたいと思っているね。行動《こうどう》もスピーディーなので、何かで成功《せいこう》できるよ。

ラッキーデイ　2月18日、4月19日

ラッキーアイテム　算数の参考《さんこう》書

6月21日生まれ

性《せい》格《かく》

好奇《こうき》心が強くて、いろいろなことを経験《けいけん》したいと思っているね。外国のことにも興味《きょうみ》がありそう。人からどう思われているのかを気にしがちで、何でも一番になりたいと思うところも。

ラッキーデイ　2月19日、4月20日

ラッキーアイテム　小さなメモ帳《ちょう》

6月22日生まれ

性《せい》格《かく》

物静《ものしず》かで内気だけど、心の中にロマンをかくし持《も》ち、ドラマチックな生き方にあこがれていそう。感情《かんじょう》のアップダウンが激《はげ》しくて、感情《かんじょう》を素直《すなお》に顔に出すので、わかりやすい子だよ。

ラッキーデイ　2月20日、4月21日

ラッキーアイテム　丸い消《け》しゴム

6月23日生まれ

性《せい》格《かく》

ひかえめだけど、茶目っ気があってかわいい性格《せいかく》。高い目標《もくひょう》を持《も》ってがんばる前向《む》きな気持《きも》ちもあるね。よく知らない人へのけいかい心は強いけど、家族《かぞく》のことは何よりも大切にするはず。

ラッキーデイ　2月21日、4月22日

ラッキーアイテム　丸いクッション

6月24日生まれ

性格《せいかく》

優《やさ》しくひかえめで、変化《へんか》の少ないおだやかで平和《へいわ》なムードを好《この》むよ。責任感《せきにんかん》が強く、何事《なにごと》にも長く時間をかけてコツコツと取《と》り組むはず。何よりも家族《かぞく》のことを大事《だいじ》に思っているね。

ラッキーデイ 2月22日、4月23日

ラッキーアイテム マヨネーズ

6月25日生まれ

性格《せいかく》

せんさいな心と豊《ゆた》かな直感力《ちょっかんりょく》を持《も》ち、人の気持《きも》ちを感《かん》じられる共感能力《きょうかんのうりょく》が高いよ。周《まわ》りのえいきょうを受《う》けやすいみたい。ぼうけんを求《もと》めるような積極性《せっきょくせい》もあるけど、あきっぽいところも。

ラッキーデイ 2月23日、4月24日

ラッキーアイテム 家族《かぞく》の写真《しゃしん》

6月26日生まれ

性格《せいかく》

堂々《どうどう》として見えるけど、本当はせんさいで傷《きず》つきやすく、ホッと安心《あんしん》したいと思っているよ。ハラハラするようなぼうけんはニガテ。家族愛《かぞくあい》がとても深《ふか》く、家族《かぞく》との時間を大切にするね。

ラッキーデイ 2月24日、4月25日

ラッキーアイテム ハート型《がた》の石けん

6月27日生まれ

性格《せいかく》

家族《かぞく》や仲間《なかま》など、自分の大切な世界《せかい》をしっかりと守《まも》るタイプ。それ以外《いがい》の人には、ちょっとそっけないかも。競争心《きょうそうしん》が強くて、自分の考えはぜったいに正しいと思うガンコなところも。

ラッキーデイ 2月25日、4月26日

ラッキーアイテム 三日月型《がた》ペンダント

6月28日生まれ

性格《せいかく》

優《やさ》しく、せんさいな心を持《も》つけど、ドライで現実的《げんじつてき》なところも。家族《かぞく》や友だちへの愛情《あいじょう》はとても深《ふか》く、平和《へいわ》が何よりと思っていそう。動物《どうぶつ》や小さな子どものめんどうを見ることが好《す》き。

ラッキーデイ 2月25日、4月27日

ラッキーアイテム ソフトクリーム

6月29日生まれ

性格《せいかく》

心はせんさいで優《やさ》しいけど、ときどきだいたんな行動《こうどう》を起こすよ。ロマンチストで、大きな夢《ゆめ》を持《も》っているかも。喜怒哀《きどあい》楽《らく》をストレートに顔に出す、むじゃきさを持《も》っているね。

ラッキーデイ 2月26日、4月28日

ラッキーアイテム バニラアイス

6月30日生まれ

性格《せいかく》

大きな夢《ゆめ》を持《も》っているけど、それはみんなから好《す》かれたい、認《みと》められたいという願望《がんぼう》が強いから。家族《かぞく》をとても大切に思い、お休みの日も出歩かずに、家で過《す》ごすことが好《す》きかも。

ラッキーデイ 2月27日、4月29日

ラッキーアイテム ウサギのマスコット

7月1日生まれ

性格《せいかく》

傷《きず》つきやすい、せんさいな心の持《も》ち主《ぬし》だけど、思いやりがあって、周《まわ》りの子のために役立《やくだ》とうとするよ。心の中にはいろいろな考えを秘《ひ》めていて、1人で静《しず》かに過《す》ごす時間が幸《しあわ》せみたい。

ラッキーデイ 2月28日、4月30日

ラッキーアイテム マグカップ

7月2日生まれ

性《せい》格《かく》

感受性《かんじゅせい》が強く、人の気持《きも》がわかる子だよ。何かで成功《せいこう》して目立ったり、豊《ゆた》かな生活を送《おく》りたいみたい。自己《じこ》アピールはうまいけど、自信《じしん》がないため、だいたんな行動《こうどう》は取《と》れないかも。

ラッキーデイ 3月1日、5月1日

ラッキーアイテム 手作りのコースター

7月3日生まれ

性《せい》格《かく》

ユーモアがあって気さくで、人のために、おしまずにエネルギーを注《そそ》ぐよ。でも、あまり本音は出さないかも。人間に興《きょう》味《み》シンシンで、友だちや大人の性格《せいかく》、行動《こうどう》を観察《かんさつ》していそう。

ラッキーデイ 3月2日、5月2日

ラッキーアイテム イラストつきグラス

7月4日生まれ

性《せい》格《かく》

ユーモアがあって陽気《ようき》に見えて、実《じつ》はマジメながんばり屋《や》。自分のためより、友だちやクラスメートのためにがんばる仲間意識《なかまいしき》があるよ。人の気持《きも》ちを読《よ》み取《と》ることもじょうず。

ラッキーデイ 3月3日、5月3日

ラッキーアイテム ロールパン

7月5日生まれ

性《せい》格《かく》

はつらつとして楽観的《らっかんてき》で、人を楽しませることが好《す》き。チャレンジ精神《せいしん》と向上心《こうじょうしん》があり、大きな夢《ゆめ》を持《も》っているよ。ときどき自分の世界《せかい》にはまり、家族《かぞく》や友だちを無視《むし》しちゃうことも。

ラッキーデイ 3月4日、5月4日

ラッキーアイテム フルーツヨーグルト

7月6日生まれ

性《せい》格《かく》

楽しいムードで、多くの人から好《す》かれるよ。みんなに注目《ちゅうもく》されたり、尊敬《そんけい》されたりしたいと思っているかも。何かがほしいと思ったら熱中《ねっちゅう》して、手に入れるために必死《ひっし》にがんばるはず。

ラッキーデイ 3月5日、5月5日

ラッキーアイテム シュークリーム

7月7日生まれ

性《せい》格《かく》

自分の考えをかくさずに主張《しゅちょう》する、オープンな性格《せいかく》。おもしろい考えを持《も》っていて、「変《か》わっている子」と思われることが多いかも。命令《めいれい》されたり、周《まわ》りに合わせたりするのは、少し苦手《にがて》。

ラッキーデイ 3月6日、5月6日

ラッキーアイテム マカロン

7月8日生まれ

性《せい》格《かく》

思いやりがあって優《やさ》しいけど、現実《げんじつ》を見つめるタイプ。考えるだけではなく、動《うご》いて結果《けっか》を出すことを大切にするよ。自《じ》己《こ》アピールがうまくて、周《まわ》りの人たちから注目《ちゅうもく》されそうだね。

ラッキーデイ 3月7日、5月7日

ラッキーアイテム ロールケーキ

7月9日生まれ

性《せい》格《かく》

自分の考えを強く持《も》ち、強い正義感《せいぎかん》と行動《こうどう》力があるよ。でも、おだやかで平《へい》和《わ》なムードが好《す》きなので、ケンカなどハラハラすることは苦手《にがて》。おこることも少ない、優《やさ》しくおだやかな性格《せいかく》だね。

ラッキーデイ 3月7日、5月7日

ラッキーアイテム 紙ナフキン

7月10日生まれ

性格《せいかく》

元気で前向《む》きに見えるけど、心の中はせんさいで傷《きず》つきやすく、考えこむところがあるね。物静《ものしず》かで、目立ちたくないと思うところも。人の気持《きも》ちがわかる直感《ちょっかん》力もありそうだね。

ラッキーデイ
3月9日、5月8日

ラッキーアイテム
ティシューケース

7月11日生まれ

性格《せいかく》

ほのぼのと見えるけど、いろいろな情報《じょうほう》を知っている頭の良《よ》い子。けいかい心が強くて自分を守《まも》るところがあり、本音や家族《かぞく》のことは、あまり話さないかも。安心《あんしん》できる日々《ひび》を求《もと》めているね。

ラッキーデイ
3月10日、5月10日

ラッキーアイテム
ココナッツミルク

7月12日生まれ

性格《せいかく》

みんなのために行動《こうどう》して、人を引っぱる力があるよ。周《まわ》りに明るくさわやかな子だと思われているね。でも心は傷《きず》つきやすくてせんさい。直感《ちょっかん》力が強くて、カンで動《うご》くと成功《せいこう》するよ。

ラッキーデイ
3月11日、5月11日

ラッキーアイテム
タオルハンカチ

7月13日生まれ

性格《せいかく》

豊《ゆた》かな感情《かんじょう》と感性《かんせい》を持《も》ち、ほかの子の気持《きも》ちを理解《りかい》したり、変《か》わったアイデアが浮《う》かんだりするね。ハラハラすることが苦手《にがて》で、落《お》ち着《つ》きを好《この》み、家族《かぞく》が心の支《ささ》えになっているはず。

ラッキーデイ
3月11日、5月11日

ラッキーアイテム
あんパン

7月14日生まれ

性格《せいかく》

気取《きど》らず、素直《すなお》で堂々《どうどう》としているので、周《まわ》りからたよられるよ。人のために役立《やくだ》てることに、喜《よろこ》びを感《かん》じるね。心はせんさいで、いろいろな感情《かんじょう》を持《も》っていそう。やや心配性《しんぱいしょう》なところも。

ラッキーデイ
3月12日、5月12日

ラッキーアイテム
メロンパン

7月15日生まれ

性格《せいかく》

堂々《どうどう》としていて、周《まわ》りの人たちをじょうずに動《うご》かせるよ。想像《そうぞう》力が強くて、夢《ゆめ》をしっかりと持《も》っているね。好《す》きなことへのしゅうちゃくも強く、手にしたものは、はなそうとしないよ。

ラッキーデイ
3月13日、5月13日

ラッキーアイテム
クリームパン

7月16日生まれ

性格《せいかく》

思いやりがあり、人の世話《せわ》を焼《や》くのが大好《す》き。ロマンチストで、いつもステキな出来事《できごと》が起《お》こって欲しいと願《ねが》っているよ。何かが欲《ほ》しいと思ったら、手に入れるまであきらめないね。

ラッキーデイ
3月14日、5月15日

ラッキーアイテム
ホットココア

7月17日生まれ

性格《せいかく》

はずかしがり屋《や》でおとなしく見えるけど、いざというときに強いパワーを発揮《はっき》するよ。心の中に自信《じしん》があるので、人に合わせるのはニガテ。1人で自由《じゆう》に動《うご》くことに、楽しさを感《かん》じるね。

ラッキーデイ
3月15日、5月15日

ラッキーアイテム
ランチョンマット

7月18日生まれ

性《せい》格《かく》

意見《いけん》や考えをしっかりと持《も》っていてパワーがあり、自然《しぜん》とリーダーになるタイプ。大きなことをやりとげて、尊敬《そんけい》されるよ。仲間《なかま》がいることで安心《あんしん》できて、こどくをこわがるところも。

ラッキーデイ
3月16日、5月16日

ラッキーアイテム
木製《もくせい》のコースター

7月19日生まれ

性《せい》格《かく》

人の気持《きも》ちがわかる、とても優《やさ》しい心の持《も》ち主《ぬし》。友だちのことを自分のことのように心配《しんぱい》したり、心の中に入りこもうとしたりするよ。目上の人の言うことにも、素直《すなお》にしたがうね。

ラッキーデイ
3月17日、5月17日

ラッキーアイテム
ショートケーキ

7月20日生まれ

性《せい》格《かく》

ドキドキするようなしげきや変化《へんか》が好《す》きで、マンネリにウンザリしがち。新しい自分になることを目指《めざ》して、いろいろなことにチャレンジするよ。うらないなどの神秘的《しんぴてき》なことも大好《す》き。

ラッキーデイ
3月18日、5月18日

ラッキーアイテム
カップケーキ

7月21日生まれ

性《せい》格《かく》

優《やさ》しく直感《ちょっかん》力が優《すぐ》れていて、人の気持《きも》ちを読《よ》み取《と》れるよ。ワクワクすることが好《す》きで、目立ちたがり屋《や》のところも。スポーツでの競争《きょうそう》など、戦《たたか》うことにスリルを感《かん》じてドキドキしそう。

ラッキーデイ
3月19日、5月19日

ラッキーアイテム
写真《しゃしん》立て

7月22日生まれ

性《せい》格《かく》

素直《すなお》で親しみやすい子だよ。落《お》ち着《つ》いているけど、そこにいるだけで注目《ちゅうもく》されるような、強い存在感《そんざいかん》があるね。勉《べん》強《きょう》や自分の好《す》きなことをコツコツと地道にがんばり、上にのぼれるはず。

ラッキーデイ
3月20日、5月20日

ラッキーアイテム
スリッパ

7月23日生まれ

性《せい》格《かく》

ぼうけん心とユーモアがあり、新しいことにチャレンジすることが好《す》き。深《ふか》い情《じょう》を持《も》っているけど、人前ではあまり感《かん》情《じょう》を出さないかも。いつも自分の心の中を探《さぐ》っているんだね。

ラッキーデイ
3月21日、5月21日

ラッキーアイテム
マフラータオル

7月24日生まれ

性《せい》格《かく》

マンネリが苦手《にがて》で、大きな変化《へんか》など、しげき的《てき》でワクワクすることが大好《す》き。流《りゅう》行《こう》にもびんかんだね。引っこしやクラスがえなどで周《まわ》りのかんきょうが変《か》わっても、すぐになじむことができるよ。

ラッキーデイ
3月22日、5月22日

ラッキーアイテム
ラインストーン

7月25日生まれ

性《せい》格《かく》

情熱的《じょうねつてき》で明るい性格《せいかく》。ロマンチストで、すごい自分になることを夢《ゆめ》見ているよ。難《むずか》しい問題《もんだい》に自分から体当たりする、チャレンジャーなところも。イヤなことからも、にげないんだね。

ラッキーデイ
3月23日、5月23日

ラッキーアイテム
アイドル雑誌《ざっし》

7月26日生まれ

性《せい》格《かく》

ユーモラスでおどけたりするけど、おどろくほど頭の回転《かいてん》が速《はや》い、頭のいい子。プライドが高くて、尊敬《そんけい》されることを求《もと》めていそう。ハラハラすることが好《す》きで、特《とく》にスポーツに熱中《ねっちゅう》しがち。

ラッキーデイ　3月24日、5月24日

ラッキーアイテム　プリンアラモード

7月27日生まれ

性《せい》格《かく》

明るくイキイキとしていて、だれからも好《す》かれるよ。堂々《どうどう》とふるまい、自信《じしん》があるように見えるけど、実《じつ》は気が小さいところも。大らかさとせんさいさの、2つの性格《せいかく》を持《も》つんだね。

ラッキーデイ　3月25日、5月25日

ラッキーアイテム　ヒット曲《きょく》のCD

7月28日生まれ

性《せい》格《かく》

強い向上心《こうじょう》を持《も》ち、何かで成功《せいこう》をつかむ能力《のうりょく》があるね。ライバル争《あらそ》いなどの戦《たたか》いが好《す》きで、勝たなければ気がすまない、負《ま》けずギライなところも。ぜいたくや美《うつく》しいものも好《す》きだよ。

ラッキーデイ　3月26日、5月26日

ラッキーアイテム　ラメ入りのネイル

7月29日生まれ

性《せい》格《かく》

プライドが高く、認《みと》められたいと思っているので、自信《じしん》にあふれた態度《たいど》を取《と》るよ。強い意志《いし》を持《も》っていて、努力《どりょく》家。でも感情《かんじょう》のアップダウンが激《はげ》しくて、コントロールが難《むずか》しいところも。

ラッキーデイ　3月27日、5月27日

ラッキーアイテム　ペンライト

7月30日生まれ

性《せい》格《かく》

自信《じしん》があふれている女王さまタイプ。人を楽しませることが好《す》きで行動《こうどう》力があり、大きなことにちょうせんしたいと思っているね。リーダーになるけど、自信《じしん》満々《まんまん》でワガママになることも。

ラッキーデイ　3月28日、5月28日

ラッキーアイテム　アイドルの写真

7月31日生まれ

性《せい》格《かく》

イキイキとしていて、だれにでも深《ふか》い情《じょう》があるので人気者《もの》。人を楽しませて明るいムードを作ることに、喜《よろこ》びを感《かん》じるよ。大きな目標《もくひょう》があり、自分は大物《おおもの》になれると信《しん》じているはず。

ラッキーデイ　3月29日、5月29日

ラッキーアイテム　缶《かん》バッジ

8月1日生まれ

性《せい》格《かく》

プライドが高く自信《じしん》家で、いつも一番でいたいと思っているよ。目上の人にしたがうのがキライなリーダータイプ。マジメでがんばり屋《や》に見えて、ユーモアのセンスを持《も》っているね。

ラッキーデイ　3月30日、5月30日

ラッキーアイテム　歌手のポスター

8月2日生まれ

性《せい》格《かく》

はなやかなオシャレをして、人を楽しませることが好《す》きな目立つ子。チャレンジ精神《せいしん》があり、危険《きけん》を感《かん》じることにも積極《せっきょく》的《てき》にちょうせんするね。いつも前進《ぜんしん》して、足を止めないよ。

ラッキーデイ　3月31日、5月31日

ラッキーアイテム　サイン色紙

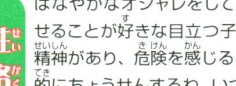

8月3日生まれ

性《せい》格《かく》

へいぼんや安定《あんてい》がキライで、ハラハラ、ドキドキしたいと思うタイプ。勇気《ゆうき》があって、人がこわがることにチャレンジするなど、危険《きけん》に飛《と》びこむよ。ヒロインになりたい願望《がんぼう》もあるね。

ラッキーデイ
3月31日、6月1日

ラッキーアイテム
スポーツ選手《せんしゅ》のグッズ

8月4日生まれ

性《せい》格《かく》

のんびり屋《や》だけど、ユーモアがあって考えを周《まわ》りに伝《つた》えることがじょうず。空気を読むのがうまく、決断《けつだん》力があるよ。思い通りに動《うご》かないと気が済《す》まない、ややワガママなところも。

ラッキーデイ
4月1日、6月2日

ラッキーアイテム
音楽のDVD

8月5日生まれ

性《せい》格《かく》

クールで落《お》ち着《つ》いて見えるけど、心には強い情熱《じょうねつ》と意志《いし》を秘《ひ》めているよ。決断《けつだん》力があり、人から指図《さしず》されることがキライ。一度《いちど》こうだと決《き》めたら曲《ま》げずに、最後《さいご》までつらぬき通すはず。

ラッキーデイ
4月2日、6月3日

ラッキーアイテム
ゆるキャラのマスコット

8月6日生まれ

性《せい》格《かく》

たいくつがキライで、楽しいことや変《か》わったことが好《す》き。いろいろなことを経験《けいけん》しようとするよ。ハプニングがあると、ワクワクするはず。直感《ちょっかん》力も強くて、ひらめきで成功《せいこう》できるね。

ラッキーデイ
4月3日、6月4日

ラッキーアイテム
プリンパフェ

8月7日生まれ

性《せい》格《かく》

ひかえめで、自分の役割《やくわり》をしっかりとこなすマジメな性格《せいかく》。心が優《やさ》しく、困《こま》っている人や、めぐまれない人の力になりたいと思うはず。表《おもて》には出さないけど、実《じつ》はかなりの自信《じしん》家みたい。

ラッキーデイ
4月4日、6月5日

ラッキーアイテム
フルーツパフェ

8月8日生まれ

性《せい》格《かく》

あふれんばかりのパワーを持《も》ち、何かで成功《せいこう》して目立ちたいと思っているね。大きな目標《もくひょう》をかかげて、努力《どりょく》し続《つづ》けるよ。たいくつな生活はニガテで、変化《へんか》があると、ワクワクするはず。

ラッキーデイ
4月5日、6月6日

ラッキーアイテム
アイドルのCD

8月9日生まれ

性《せい》格《かく》

気前が良《よ》くて、自分をたよってくれる子の力になろうとする、大らかな性格《せいかく》。人の幸《しあわ》せを心から願《ねが》う優《やさ》しさもあるね。目の前のことを完《かん》ぺきにこなすけど、いろいろなことに興味《きょうみ》を持《も》つよ。

ラッキーデイ
4月6日、6月7日

ラッキーアイテム
マロンパフェ

8月10日生まれ

性《せい》格《かく》

元気とユーモアがある、楽しい性格《せいかく》。みんなを楽しませて喜《よろこ》ばせたいと思っているね。趣味《しゅみ》がたくさんあって、出かけることが大好《す》き。1人がニガテで、いつもいそがしくしているよ。

ラッキーデイ
4月7日、6月8日

ラッキーアイテム
アニメグッズ

8月11日生まれ

性《せい》格《かく》

何かを始《はじ》めることが好《す》きな、明るい目立ちたがり屋《や》。周《まわ》りに認《みと》められるために、何でもトップに立とうと、勉強《べんきょう》や運動《うんどう》をがんばるよ。人のために何かをすることにも喜《よろこ》びを感《かん》じるね。

ラッキーデイ 4月8日、6月9日

ラッキーアイテム 金属製《きんぞくせい》のボタン

8月12日生まれ

性《せい》格《かく》

陽気《ようき》でエネルギッシュで、わが道を進《すす》むタイプ。だいたんで自己主張《じこしゅちょう》をハッキリとして、周《まわ》りに認《みと》められたいと願《ねが》っているね。ガンコで強情《ごうじょう》なところがあり、人の意見《いけん》には動《どう》じないよ。

ラッキーデイ 4月9日、6月10日

ラッキーアイテム スポーツ選手《せんしゅ》の写真《しゃしん》

8月13日生まれ

性《せい》格《かく》

ユーモアとはなやかなムードがあって、自然《しぜん》と目立つ子だね。責任感《せきにんかん》は強いけど、みんなと同じことや、たいくつさをきらい、変《か》わったことをするのが好《す》き。危険《きけん》に飛《と》びこむことも。

ラッキーデイ 4月10日、6月11日

ラッキーアイテム お笑《わら》いのDVD

8月14日生まれ

性《せい》格《かく》

マジメで素直《すなお》に見えるけど、ぼうけん心や向上《こうじょう》心があり、何かで大成功《せいこう》することを夢《ゆめ》見ているね。ユーモアがあって楽しく、リーダーになることも。感情《かんじょう》のアップダウンが激《はげ》しいみたい。

ラッキーデイ 4月11日、6月12日

ラッキーアイテム お笑《わら》いタレントの写真《しゃしん》

8月15日生まれ

性《せい》格《かく》

大らかで楽しく、意見《いけん》をハッキリと言うリーダータイプ。堂々《どうどう》とふるまい、弱音をはかないよ。いろいろなことを知っているので、だれとでもうまくおしゃべりができて、文章《ぶんしょう》を書くのも得意《とくい》。

ラッキーデイ 4月12日、6月13日

ラッキーアイテム 映画《えいが》のチケット

8月16日生まれ

性《せい》格《かく》

ハメを外してだいたんな行動《こうどう》を取《と》る、パワフルで目立つ子だね。ジッとしていたり、だまっていたりするのが苦手《にがて》。人前に出ることが好《す》きで、人を楽しませるためにがんばるよ。

ラッキーデイ 4月13日、6月14日

ラッキーアイテム 太陽《たいよう》の形のペンダント

8月17日生まれ

性《せい》格《かく》

周《まわ》りをおどろかせるほど、強いパワーにあふれているよ。いつも元気でテンションが高く、周《まわ》りを自分のペースに巻《ま》きこみがち。でも、せんさいな心もあり、こどくを愛《あい》するところも。

ラッキーデイ 4月14日、6月15日

ラッキーアイテム キラキラ光るポーチ

8月18日生まれ

性《せい》格《かく》

堂々《どうどう》としていてリーダーシップがあり、ほかの子とはちがうことにチャレンジするよ。困難《こんなん》と戦《たたか》う姿勢《しせい》もあるね。人から命令《めいれい》されることがキライで、自由《じゆう》気ままに動《うご》くことが好《す》きみたい。

ラッキーデイ 4月15日、6月16日

ラッキーアイテム スノーボード

8月19日生まれ

性《せい》格《かく》

みんなの中心にいたいと思う自信《じしん》家で、何でも自分で決めるタイプ。頭の回転《かいてん》が速《はや》くて、意見《いけん》を積極的《せっきょくてき》にアピールできるね。ジッとしていることが苦手《にがて》で、困《こん》難《なん》にも体当たりしていくよ。

ラッキーデイ　4月16日、6月17日

ラッキーアイテム　スパンコール

8月20日生まれ

性《せい》格《かく》

責任感《せきにんかん》があり、和気《わき》あいあいとしたムードを大事《だいじ》にするよ。みんなの中心になって目立ちたいという願望《がんぼう》を持《も》っていそう。明るく見えても、心の中では、こどくを感《かん》じることが多いかも。

ラッキーデイ　4月17日、6月18日

ラッキーアイテム　アイドル雑誌《ざっし》

8月21日生まれ

性《せい》格《かく》

はなやかな見た目と性格《せいかく》で、自然《しぜん》と目立ってしまうよ。高い目標《もくひょう》を目指《めざ》して自分の道を堂々《どうどう》と進《すす》むタイプ。おだてられることもキライで、周《まわ》りにちょっと冷《つめ》たい印象《いんしょう》を持《も》たれるかも。

ラッキーデイ　4月18日、6月19日

ラッキーアイテム　ハーモニカ

8月22日生まれ

性《せい》格《かく》

だいたんで堂々《どうどう》としていて、みんなの上に立ち、注目《ちゅうもく》をされたいと思っているね。頭が良《よ》くて、クラス委員《いいん》や班長《はんちょう》など、まとめ役《やく》になることも多そう。でも、心の中はとてもせんさいだよ。

ラッキーデイ　4月19日、6月20日

ラッキーアイテム　カスタネット

8月23日生まれ

性《せい》格《かく》

情熱《じょうねつ》にあふれていて、ガッツがあるよ。決《き》めたことは曲《ま》げずに、1人で取《と》り組むタイプ。でも、にんたい力と落《お》ち着《つ》きがなくて、とちゅうであきらめて、別《べつ》の目《もく》標《ひょう》を追《お》ってしまうことも。

ラッキーデイ　4月20日、6月21日

ラッキーアイテム　ホイッスル

8月24日生まれ

性《せい》格《かく》

落《お》ち着《つ》きがあって頭が良《よ》くて、難《むずか》しい問《もん》題《だい》でもラクラク解決《かいけつ》できるよ。自分の役割《やくわり》をねばり強くこなす、責任感《せきにんかん》の強さもあるね。細《こま》かいところによく気がつき、やや口うるさいところも。

ラッキーデイ　4月21日、6月22日

ラッキーアイテム　ティシューケース

8月25日生まれ

性《せい》格《かく》

頭が良《よ》くて、小さなこともキチンとこなす完《かん》ぺき主義者《しゅぎしゃ》。細《こま》かいところによく気がつき、人のめんどうを、こまごまと見るよ。でも、自分のことをわかってもらいたいと願《ねが》っているかも。

ラッキーデイ　4月22日、6月23日

ラッキーアイテム　プラスチック消《け》しゴム

8月26日生まれ

性《せい》格《かく》

ひかえめで目立たないけど、温《あたた》かい心を持《も》ち、周《まわ》りの人に親切。協調性《きょうちょうせい》もあり、みんなで力を合わせて何かに取《と》り組《く》むことが好《す》きだよ。新しいことを始《はじ》めるのに、とてもしんちょう。

ラッキーデイ　4月23日、6月24日

ラッキーアイテム　動物型《どうぶつがた》クリップ

8月27日生まれ

性《せい》格《かく》

ひかえめで、勉強《べんきょう》やスポーツができても得意《とくい》がることはないよ。マジメで決《き》まり事《ごと》をキチンと守《まも》り、決《き》めたことは最後《さいご》までやりぬくガマン強いタイプ。人の幸《しあわ》せのために動《うご》くことが好《す》き。

ラッキーデイ
4月24日、6月25日

ラッキーアイテム
イラスト入りばんそうこう

8月28日生まれ

性《せい》格《かく》

温《あたた》かい心を持《も》ち、社交的《てき》で、ちょっと目立ちたがり屋《や》。自分の考えや才能《さいのう》を、認《みと》めてほしいと願《ねが》っていそう。しんちょうで、ぼうけんは苦手《にがて》。決《き》まり事《ごと》を守《まも》るぶん、人にも厳《きび》しくなりがち。

ラッキーデイ
4月25日、6月26日

ラッキーアイテム
かわいい耳かき

8月29日生まれ

性《せい》格《かく》

しっかり者《もの》で、勉強《べんきょう》や部活《ぶかつ》、係《かかり》の役割《やくわり》をキチンと計画的《てき》に進《すす》めるよ。決断《けつだん》力があって、自分のやることに迷《まよ》いがないはず。でも意外《いがい》と心は弱く、小さなことでクヨクヨすることも。

ラッキーデイ
4月26日、6月27日

ラッキーアイテム
なわとびひも

8月30日生まれ

性《せい》格《かく》

キチンとしたマジメな性格《せいかく》で、何でも計画を立てて、順番《じゅんばん》通りに進《すす》める能力《のうりょく》があるよ。いそがしくても用事《ようじ》をテキパキとこなし、後かたづけもじょうず。部屋《へや》の中はいつもキレイだね。

ラッキーデイ
4月27日、6月28日

ラッキーアイテム
レースのついたハンカチ

8月31日生まれ

性《せい》格《かく》

正直で裏表《うらおもて》がなく、才能《さいのう》をじょうずに活かして、自然《しぜん》と目立つよ。ガンコで引っこみ思案《じあん》なときもあるけど、おだやかなので好《す》かれるよ。いそがしくても手をぬかない、努力《どりょく》家なんだね。

ラッキーデイ
4月28日、6月29日

ラッキーアイテム
新しい下着《したぎ》

9月1日生まれ

性《せい》格《かく》

タフながんばり屋《や》で、大きな夢《ゆめ》を持《も》ち、それに向《む》かってコツコツと努力《どりょく》するよ。勉強熱心《べんきょうねっしん》で、話すことや書くことがじょうず。何でも完《かん》ぺきにこなそうとして、ときどきつかれることも。

ラッキーデイ
4月29日、6月30日

ラッキーアイテム
タオルハンカチ

9月2日生まれ

性《せい》格《かく》

きちょうめんで、決《き》められたことはキチンとこなすマジメな性格《せいかく》。行動《こうどう》することが大切だと考え、言《い》い訳《わけ》をせずに、行《こう》動《どう》でわかってもらおうとするよ。苦《くる》しんでいる子に同情《どうじょう》する、優《やさ》しさもあるね。

ラッキーデイ
4月30日、7月1日

ラッキーアイテム
小さなポーチ

9月3日生まれ

性《せい》格《かく》

気弱そうに見えても、しんは強くてガマン強く、つらくてもコツコツと努力《どりょく》し続《つづ》けるよ。プライドが高くて、批判《ひはん》されたりバカにされたりすると、おこって周《まわ》りをおどろかせるね。

ラッキーデイ
5月1日、7月2日

ラッキーアイテム
フルーツジュース

9月4日生まれ

性《せい》格《かく》

温《あたた》かい心を持《も》つけど、責任感《せきにんかん》が強くてマジメなので、あまり感情《かんじょう》を出さないね。時間やお金をムダにすることをきらう、ドライなところが。安定《あんてい》したおだやかな日々《ひび》に幸《しあわ》せを感《かん》じるよ。

ラッキーデイ
5月2日、7月3日

ラッキーアイテム
野菜《やさい》ジュース

9月5日生まれ

性《せい》格《かく》

れいぎ正しくひかえめだけど、素直《すなお》でオープンな明るい性格《せいかく》。ロマンチックで大きな夢《ゆめ》を持《も》っていて、現実《げんじつ》が見えなくなってしまうことも。変化《へんか》や自由《じゆう》を好《この》み、楽しいことが好《す》きだよ。

ラッキーデイ
5月3日、7月3日

ラッキーアイテム
ウェットティシュー

9月6日生まれ

性《せい》格《かく》

たいくつがキライで、変化《へんか》やしげきを求《もと》めて、ジッとしていないよ。いつも目の前にあることに全力投球《ぜんりょくとうきゅう》しているね。外では元気に活動《かつどう》していても、家では家族《かぞく》とのんびりしたいと思うみたい。

ラッキーデイ
5月4日、7月5日

ラッキーアイテム
クリアファイル

9月7日生まれ

性《せい》格《かく》

自分の役割《やくわり》をしっかりとこなすマジメな性格《せいかく》。でも競争心《きょうそうしん》が強くて、何かでトップに立ちたいと思い、成功《せいこう》を目指《めざ》してがんばるよ。ライバルに戦《たたか》いをいどんで、休まずに前進《ぜんしん》していくね。

ラッキーデイ
5月5日、7月6日

ラッキーアイテム
タンクトップ

9月8日生まれ

性《せい》格《かく》

陽気《ようき》で積極的《せっきょくてき》で、自分の役割《やくわり》をキチンとこなすマジメな子だね。プライドが高く、責任者《せきにんしゃ》としてみんなをまとめたいと思っていそう。正義感《せいぎかん》が強くて、悪者《わるもの》から大切な人を守《まも》るよ。

ラッキーデイ
5月6日、7月7日

ラッキーアイテム
トートバッグ

9月9日生まれ

性《せい》格《かく》

頭が良《よ》くて積極的《せっきょくてき》で、何か大きなことをやりとげたいと思っているね。マンネリが苦手《にがて》なので、自分からめんどうなことにチャレンジするよ。困《こま》っている人を助《たす》けることが好《す》きみたい。

ラッキーデイ
5月7日、7月8日

ラッキーアイテム
ミニ電卓《でんたく》

9月10日生まれ

性《せい》格《かく》

役割《やくわり》をしっかりとこなし、人の役《やく》に立つことに喜《よろこ》びを感《かん》じる、マジメな性格《せいかく》。やろうと決《き》めたことは、最後《さいご》までやりぬくガマン強さがあるよ。目立つ人のサポートをしたいと思うかも。

ラッキーデイ
5月8日、7月9日

ラッキーアイテム
イラストつきティシュー

9月11日生まれ

性《せい》格《かく》

ハキハキとしていて行動的《こうどうてき》なので、リーダーになることが多いね。人をおどろかせるなど、変《か》わったことをするのが好《す》き。おもしろい子と言われるとうれしくなるけど、本当はマジメだよ。

ラッキーデイ
5月9日、7月11日

ラッキーアイテム
かおりつきティシュー

9月12日生まれ

性《せい》格《かく》

強気でしっかり者《もの》に見えるけど、心はせんさいだよ。目立つことはあまり好《この》まず、大勢《おおぜい》の前ではえんりょしがち。でも正直者《もの》で正義感《せいぎかん》が強く、ウソやごまかしをトコトンきらうんだね。

ラッキーデイ
5月10日、7月12日

ラッキーアイテム
プラスチックの筆《ふで》ばこ

9月13日生まれ

性《せい》格《かく》

とてもマジメで、やるべきことに熱心《ねっしん》に取《と》り組むよ。一度《いちど》こうと決《き》めたら、ゴールまで一直線につき進《すす》んでいくはず。目の前に障害《しょうがい》があっても体当たりして、乗《の》りこえる力があるね。

ラッキーデイ
5月11日、7月13日

ラッキーアイテム
動物型《どうぶつがた》のスリッパ

9月14日生まれ

性《せい》格《かく》

計画を立ててテキパキと行動《こうどう》する、頭の回転《かいてん》が速《はや》い子だよ。何でも効率《こうりつ》よくこなすように心がけ、時間やエネルギーのムダ使《づか》いをイヤがるね。部屋《へや》もキチンと整理《せいり》せいとんされているかも。

ラッキーデイ
5月12日、7月14日

ラッキーアイテム
野菜《やさい》入りクッキー

9月15日生まれ

性《せい》格《かく》

内気で引っこみ思案《じあん》で、なれない人の前では物静《ものしず》か。でも頭の回転《かいてん》が速《はや》くて、好《す》きなことをトコトン追求《ついきゅう》して深《ふか》める強さがあるね。お金持《も》ちになることを、夢見《ゆめみ》ているところも。

ラッキーデイ
5月13日、7月15日

ラッキーアイテム
スムージー

9月16日生まれ

性《せい》格《かく》

スリルのある生活を好《この》むぼうけん家。パワフルで向上《こうじょう》心が強く、大きなことをなしとげたいと夢《ゆめ》見ているよ。計画を立てて、ねばり強く進《すす》む努力《どりょく》家なので、次々《つぎつぎ》に目標《もくひょう》を実現《じつげん》するはず。

ラッキーデイ
5月14日、7月16日

ラッキーアイテム
布製《ぬのせい》のコースター

9月17日生まれ

性《せい》格《かく》

強い意志《いし》を持《も》っていて、一度《いちど》こうと決《き》めたら、何年かけてでもつらぬき通すねばり強さがあるよ。障害《しょうがい》があるほどがんばれるね。感情《かんじょう》をあまり出さないので、冷《つめ》たい人と思われることも。

ラッキーデイ
5月15日、7月17日

ラッキーアイテム
リュックサック

9月18日生まれ

性《せい》格《かく》

ミステリアスなムードがあって注目《ちゅうもく》されるけど、目立つことが苦手《にがて》で、1人で静《しず》かに過《す》ごすことを好《この》むよ。何でも完《かん》ぺきにこなそうとして、自分にも周《まわ》りにも少し厳《きび》しいところが。

ラッキーデイ
5月16日、7月18日

ラッキーアイテム
キルティングバッグ

9月19日生まれ

性《せい》格《かく》

何でもテキパキとこなし、キチンとしておかなければ気が済《す》まない、きちょうめんな性格《せいかく》。整理《せいり》せいとんも好《す》きなはず。オシャレや美《うつく》しいものに興味《きょうみ》を持《も》ち、ファッションにこだわるところも。

ラッキーデイ
5月17日、7月19日

ラッキーアイテム
ボストンバッグ

9月20日生まれ

性《せい》格《かく》

堂々《どうどう》としていて人にたよらず、自分の力でこなそうとするがんばり屋《や》さん。勉強《べんきょう》熱心《ねっしん》なところも。心はとてもせんさいで、小さなことでも傷《きず》つきやすく、1人で過《す》ごすことも好《す》きみたい。

ラッキーデイ　5月18日、7月20日

ラッキーアイテム　ばんそうこう

9月21日生まれ

性《せい》格《かく》

明るくて親しみやすく、おしゃべりじょうず。好奇《こうき》心が強くて、流行《りゅうこう》を追《お》うことを楽しみ、最新《さいしん》の話題《わだい》を知っているよ。たいくつがキライで、ハラハラするぼうけんに魅力《みりょく》を感《かん》じることも。

ラッキーデイ　5月19日、7月21日

ラッキーアイテム　だきまくら

9月22日生まれ

性《せい》格《かく》

少し近寄《ちかよ》りがたく見えるけど、温《あたた》かい心を持《も》っているよ。好奇《こうき》心が強くてジッとしていられず、何でもやってみたいと思うタイプ。新しいことをするのが好《す》きで、休むヒマがないみたい。

ラッキーデイ　5月20日、7月22日

ラッキーアイテム　タオルケット

9月23日生まれ

性《せい》格《かく》

口数は少なめだけど、自分の気持《きも》ちに正直に動《うご》く、素直《すなお》でむじゃきな性格《せいかく》。気分が乗《の》らないときは動《うご》かない、気ままなところも。美《うつく》しいものが好《す》きで、オシャレなところもあるよ。

ラッキーデイ　5月21日、7月23日

ラッキーアイテム　フォトフレーム

9月24日生まれ

性《せい》格《かく》

楽しく気軽《きがる》に生きることを求《もと》め、人を楽しませることがじょうず。読書や映画《えいが》で空想《くうそう》の世界《せかい》にはまったり、旅行《りょこう》や引っこしの変化《へんか》が好《す》きなところも。変《か》わって見えて、根《ね》は情《じょう》が深《ふか》いよ。

ラッキーデイ　5月22日、7月24日

ラッキーアイテム　メッセージカード

9月25日生まれ

性《せい》格《かく》

頭が良くて温《あたた》かい心を持《も》ち、責任感《せきにんかん》や義務感《ぎむかん》が強くて、決《き》まり事《ごと》を大事《だいじ》にするよ。感情《かんじょう》をあまり出さずに、自分にも他人《たにん》にも厳《きび》しいので、なれない人からは冷《つめ》たいと思われるかも。

ラッキーデイ　5月23日、7月25日

ラッキーアイテム　ティーカップ

9月26日生まれ

性《せい》格《かく》

高い理想《りそう》を持《も》ち、何でも完《かん》ぺきにこなそうとする、自分に厳《きび》しい子だよ。プライドが高くて、品《ひん》もあるね。何かの技《ぎ》術《じゅつ》を高めるなど、目標《もくひょう》をしぼって、それに向かってコツコツと進《すす》むよ。

ラッキーデイ　5月24日、7月26日

ラッキーアイテム　ヘアーブラシ

9月27日生まれ

性《せい》格《かく》

おだやかに見えて、大きな夢《ゆめ》や目標《もくひょう》を持《も》ち、実現《じつげん》させるためにいそがしく動《うご》き回《まわ》るよ。さみしがり屋《や》でこどくを感《かん》じやすく、人といっしょに過《す》ごすのが好《す》き。人を楽しませることもじょうず。

ラッキーデイ　5月25日、7月27日

ラッキーアイテム　紙製《せい》のコースター

9月28日生まれ

性《せい》格《かく》

パワフルで、情熱的《じょうねつてき》に物事《ものごと》に取《と》り組む働《はたら》き者《もの》。とてもチャーミングで、多くの人をひきつけるよ。むじゃきでだれにでも温《あたた》かい気持《きも》ちを持《も》てるので、大勢《おおぜい》に愛《あい》されてかわいがられるね。

ラッキーデイ 5月26日、7月28日

ラッキーアイテム レターセット

9月29日生まれ

性《せい》格《かく》

優《やさ》しくて人当たりが良《よ》く、人づき合いがじょうず。おとなしく見えて、実《じつ》は目立ちたい、尊敬《そんけい》されたいと思っていそう。オシャレでゆうがなので、多くの人に良《よ》い印象《いんしょう》を持《も》たれるはず。

ラッキーデイ 5月27日、7月29日

ラッキーアイテム フォトブック

9月30日生まれ

性《せい》格《かく》

オシャレじょうずで言葉《ことば》や態度《たいど》にも気をつかうので、魅力的《みりょくてき》で多くの人から好感《こうかん》を持《も》たれるよ。人の気持《きも》ちも手に取《と》るようにわかるね。勉強熱心《べんきょうねっしん》で、いつも何かを学ぶ姿勢《しせい》があるよ。

ラッキーデイ 5月28日、7月30日

ラッキーアイテム バラのかおりの入浴剤《にゅうよくざい》

10月1日生まれ

性《せい》格《かく》

頭が良《よ》くて才能《さいのう》があり、いつも上を目指《めざ》しているので、気がつくとみんなの先頭に立っているよ。マジメで何でも完《かん》ぺきにやらないと気が済《す》まない、物事《ものごと》を投《な》げ出さない性格《せいかく》だね。

ラッキーデイ 5月29日、7月31日

ラッキーアイテム アロマオイル

10月2日生まれ

性《せい》格《かく》

人に合わせたり楽しませたりするのがじょうずで、感《かん》じのいい子だと思われるよ。楽しいことが大好《す》きで、ゆかいでむじゃきにふるまうね。ひかえめに見えて、かなり、しんが強いよ。

ラッキーデイ 5月30日、8月1日

ラッキーアイテム ヘッドホン

10月3日生まれ

性《せい》格《かく》

流行《りゅうこう》を追《お》って、トレンディーだと思われることを望《のぞ》むタイプ。チヤホヤされていると、幸《しあわ》せを感《かん》じるみたいだね。いろいろなことにちょうせんして、同時に2つの趣味《しゅみ》に取《と》り組むことも。

ラッキーデイ 5月31日、8月2日

ラッキーアイテム フルーツキャンディ

10月4日生まれ

性《せい》格《かく》

社交性《せい》があって人当たりがよく、高い魅《み》力《りょく》で人をひきつけるよ。でも、何でも自分の思い通りに進《すす》めていく、わが道を進《すす》むタイプ。オシャレにも、自分らしさへのこだわりがあるね。

ラッキーデイ 6月1日、8月3日

ラッキーアイテム ハンドクリーム

10月5日生まれ

性《せい》格《かく》

カリスマ的《てき》な魅力《みりょく》を持《も》ち、たくさんの人から愛《あい》されるよ。大勢《おおぜい》の中にいても目立つ、ふしぎなムードを持《も》っているね。人と話すことが大好《す》きで、じょうずに協《きょう》力《りょく》し合うことができるはず。

ラッキーデイ 6月2日、8月4日

ラッキーアイテム マンガ雑誌《ざっし》

10月6日生まれ

性格《せいかく》

楽しいことが大好《す》きで、毎日気楽に生きたいと思っているね。おしゃべりすることが好《す》きで、人を楽しませることもとてもじょうず。あなたがいると、周《まわ》りのムードが明るくなるよ。

ラッキーデイ 6月4日、8月5日

ラッキーアイテム ショルダーバッグ

10月7日生まれ

性格《せいかく》

正しいと思う考えをしっかりと持《も》ち、それを信《しん》じて行動《こうどう》する、強い心を持《も》っている子だよ。思っていることをハッキリと言う、裏表《うらおもて》がない素直《すなお》な性格《せいかく》。人の上に立ちたいと思っているね。

ラッキーデイ 6月5日、8月6日

ラッキーアイテム キャラクターうで時計

10月8日生まれ

性格《せいかく》

たいくつがキライで、いそがしく動《うご》き回り、何かで成功《せいこう》することを求《もと》めている、ロマンチスト。人の気持《きも》ちを見ぬき、人づき合いがじょうず。マジメに見えて、変《か》わったことにひかれがち。

ラッキーデイ 9月3日、11月3日

ラッキーアイテム 茶色のリボン

10月9日生まれ

性格《せいかく》

正直でハッキリと意見《いけん》を言う、自信《じしん》家で激《はげ》しさのある性格《せいかく》。だれとでも前向《む》きに交際《こうさい》できるので、仲間《なかま》のまとめ役《やく》になることが多いよ。へいぼんがキライで、ワクワクすることが好《す》き。

ラッキーデイ 6月7日、8月8日

ラッキーアイテム 小さな花束《はなたば》

10月10日生まれ

性格《せいかく》

冷静《れいせい》でプラス思考で、大きなことに取《と》り組むのが得意《とくい》。キチンと考えながら落《お》ち着《つ》いて取《と》り組むので、周《まわ》りからしんらいされているね。競争心《きょうそうしん》が強くて負《ま》けずぎらいなところも。

ラッキーデイ 6月8日、8月10日

ラッキーアイテム オーデコロン

10月11日生まれ

性格《せいかく》

のんびりしていて温《あたた》かい心を持《も》ち、いろいろな人と楽しく過《す》ごすことを好《この》むよ。平和《へいわ》やおだやかな日々《ひび》を大事《だいじ》に思う、小さな喜《よろこ》びをたくさん感《かん》じていたいタイプ。なれないことは少し苦手《にがて》。

ラッキーデイ 6月9日、8月11日

ラッキーアイテム カラーペン

10月12日生まれ

性格《せいかく》

陽気《ようき》でユーモアがあり、注目《ちゅうもく》されるのが好《す》きな、だいたんで目立つタイプ。だれとでもうまく交際《こうさい》できるよ。困《こま》っている人を助《たす》けたり、何かをしてあげたいという、広い心を持《も》つよ。

ラッキーデイ 6月10日、8月12日

ラッキーアイテム アロマポット

10月13日生まれ

性格《せいかく》

おだやかに見えて、体力気力があるがんばり屋《や》さん。役割《やくわり》をキチンとこなすマジメな性格《せいかく》で、困難《こんなん》があっても根性《こんじょう》とガマン強さで乗《の》りこえるよ。完《かん》ぺきを目指《めざ》して、自分に厳《きび》しいみたい。

ラッキーデイ 6月11日、8月13日

ラッキーアイテム 洗顔《せんがん》クリーム

10月14日生まれ

性《せい》格《かく》

冷静《れいせい》で自分の感情《かんじょう》をうまくおさえる、ひかえめでキチンとした性格《せいかく》。何でもじっくりと時間をかけて取《と》り組《く》み、せかされることがニガテ。あらあらしいムードをきらう、平和主義者《へいわしゅぎしゃ》だよ。

ラッキーデイ

6月12日、8月14日

ラッキーアイテム

ルームコロン

10月15日生まれ

性《せい》格《かく》

目立つことが好《す》きで、リーダーシップを発揮《はっき》するよ。意見《いけん》をハッキリと言い、言い争《あらそ》いが得意《とくい》なので、敵《てき》を作ることも。でも、根《ね》はマジメで、1人で考《かんが》え事《ごと》をしたいと思うこともあるね。

ラッキーデイ

6月13日、8月15日

ラッキーアイテム

ショートブーツ

10月16日生まれ

性《せい》格《かく》

いつもいろいろなことを考えていて、冷《れい》静《せい》にぶんせきができる力があるよ。好《こう》奇《き》心が強くて、新しい知識《ちしき》や情報《じょうほう》もどんどん取《と》り入れるはず。一度決《いちどき》めたら、かんたんには曲《ま》げずに前進《ぜんしん》するね。

ラッキーデイ

6月14日、8月16日

ラッキーアイテム

フルーツジャム

10月17日生まれ

性《せい》格《かく》

何事《なにごと》にも動《どう》じない落《お》ち着《つ》きがあるけど、ドラマチックやスリルのあることが好《す》きなぼうけん家。自分から危険《きけん》に飛《と》びこんでいくところがあるよ。何かで失敗《しっぱい》しても、すぐに立ち直れるはず。

ラッキーデイ

6月15日、8月17日

ラッキーアイテム

ビターチョコ

10月18日生まれ

性《せい》格《かく》

ひかえめで品《ひん》があって目立たないけど、いろいろなことに興味《きょうみ》を持《も》ち、好《す》きなことではトップを目指《めざ》すよ。責任感《せきにんかん》も強く、やるべきことを文句《もんく》を言わずに、完《かん》ぺきにこなすところも。

ラッキーデイ

6月16日、8月18日

ラッキーアイテム

マロングラッセ

10月19日生まれ

性《せい》格《かく》

明るく自由《じゆう》を楽しむ性格《せいかく》で、目立つことが好《す》き。考えをしっかりと持《も》っていて、人と意見《いけん》をぶつけ合うことを楽しむよ。でも人の心がわかり、人の役《やく》に立つことを喜《よろこ》ぶ優《やさ》しさもあるね。

ラッキーデイ

6月17日、8月19日

ラッキーアイテム

ミルクチョコ

10月20日生まれ

性《せい》格《かく》

流行《りゅうこう》をキャッチしてオシャレに取《と》り入れる、はなやかで目立つタイプ。好奇《こうき》心が強くて趣味《しゅみ》が多く、勉強《べんきょう》も遊《あそ》びもじょうずに楽しむよ。一度決《いちどき》めたら考えをおし通すガンコさもあるね。

ラッキーデイ

6月18日、8月20日

ラッキーアイテム

モンブランケーキ

10月21日生まれ

性《せい》格《かく》

朗《ほが》らかで社交的《てき》で、話しじょうず。大きなことをなしとげる力も持《も》っているよ。おもしろいことや楽しいことが大好《す》きだけど、負《ま》けずギライで戦《たたか》うことが好《す》きな、トゲトゲした面《めん》もあるね。

ラッキーデイ

6月19日、8月21日

ラッキーアイテム

オーデコロン

10月22日生まれ

性《せい》格《かく》
クールで落《お》ち着《つ》いて見えるけど、強いパワーとだいたんな感情《かんじょう》を秘《ひ》め、リーダーシップがあるよ。愛想《あいそ》が良《よ》くて人を楽しませるね。魅力的《みりょくてき》なので、小アクマという印象《いんしょう》を持《も》たれるかも。

ラッキーデイ
6月20日、8月22日

ラッキーアイテム
大きめのハンカチ

10月23日生まれ

性《せい》格《かく》
カリスマ性《せい》とユーモアがある、人気者《もの》。向上《こうじょう》心が強くて決断《けつだん》力を持《も》ち、積極的《せっきょくてき》に行動《こうどう》するよ。好《す》きなことにトコトン力を注《そそ》ぎ、ライバル争《あらそ》いがあると、さらに燃《も》えてがんばれるね。

ラッキーデイ
6月21日、8月23日

ラッキーアイテム
コーヒー味《あじ》のキャンディー

10月24日生まれ

性《せい》格《かく》
品《ひん》があってオシャレで、せんさいな心を持《も》っているね。好《す》きなことにトコトンこだわり、完《かん》ぺきにしないと気が済《す》まないみたい。ウソやごまかしがキライな、まっすぐな性格《せいかく》だね。

ラッキーデイ
6月22日、8月24日

ラッキーアイテム
オシャレ関係《かんけい》の本

10月25日生まれ

性《せい》格《かく》
たよりがいのある、しっかり者《もの》。だいたんで激《はげ》しい感情《かんじょう》を持《も》っていて、大きなことをなしとげたいという野心《やしん》があるよ。想像《そうぞう》力が豊《ゆた》かで、スケールの大きなことを考えるのが得意《とくい》なはず。

ラッキーデイ
6月23日、8月25日

ラッキーアイテム
昔《むかし》の曲《きょく》のCD

10月26日生まれ

性《せい》格《かく》
勇気《ゆうき》と野心《やしん》を持《も》ち、多くの人をまとめるリーダーシップがあるよ。心の中に激《はげ》しい感情《かんじょう》を秘《ひ》めているけど、顔には出さずにいつも冷静《れいせい》。思いやりがあり、喜《よろこ》んで人のために行動《こうどう》するよ。

ラッキーデイ
6月24日、8月26日

ラッキーアイテム
ホットココア

10月27日生まれ

性《せい》格《かく》
おだやかに見えるけど、心の中には勇《ゆう》気《き》と情熱《じょうねつ》を秘《ひ》めて、ダイナミック。燃《も》え上がるとジッとできず、エネルギッシュに活動《かつどう》するよ。でも気が乗《の》らないとだらける、極端《きょくたん》なところも。

ラッキーデイ
6月25日、8月27日

ラッキーアイテム
コーヒーカップ

10月28日生まれ

性《せい》格《かく》
弱そうに見えても、内面《ないめん》にあふれるパワーがあるよ。だいたんで、自力で多くのことを成功《せいこう》させられるはず。障害《しょうがい》があっても、にげずに乗《の》りこえられるね。人の心を読むのもじょうず。

ラッキーデイ
6月26日、8月28日

ラッキーアイテム
ホラーまんが

10月29日生まれ

性《せい》格《かく》
心が広く大らかで、ぼうけん好《ず》き。ジッとしていることが苦手《にがて》で、いろいろなことにチャレンジして、自分の世界《せかい》を広げたいと思っているよ。周《まわ》りを思い通りに動《うご》かすことも得意《とくい》みたい。

ラッキーデイ
6月27日、8月29日

ラッキーアイテム
かわいいマグネット

10月30日生まれ

性《せい》格《かく》

優《やさ》しくて情《じょう》が深《ふか》い性格《せいかく》と、現実的《げんじつてき》でドライな性格《せいかく》の2つをあわせ持《も》っているね。心は強くて、自分から困難《こんなん》に立ち向《む》かうよ。いつもいそがしく動《うご》き回り、何でもじょうずにこなせるはず。

ラッキーデイ
6月28日、8月30日

ラッキーアイテム
レースがついた下着《したぎ》

10月31日生まれ

性《せい》格《かく》

おっとりして見えても、とても強い心とパワーを持《も》ち、戦《たたか》ったりチャレンジしたりすることを好《この》むよ。強い正義感《せいぎかん》があり、自分が信《しん》じるもののためなら、全力《ぜんりょく》を注《そそ》ぎ続《つづ》けるところがあるね。

ラッキーデイ
6月29日、8月31日

ラッキーアイテム
ハーブティー

11月1日生まれ

性《せい》格《かく》

素直《すなお》であけっぴろげで、裏表《うらおもて》がない性《せい》格《かく》。何事《なにごと》にも一直線に進《すす》むタイプで、自分のやるべきことや好《す》きなことに、全《ぜん》力《りょく》で取《と》り組むよ。スポーツなどの勝負《しょうぶ》事《ごと》が好《す》きで、負《ま》けずギライ。

ラッキーデイ
6月30日、9月1日

ラッキーアイテム
マカロン

11月2日生まれ

性《せい》格《かく》

パワーがあってねばり強く、たいくつがキライ。いつもいそがしく動《うご》き回り、変《へん》化《か》を求《もと》めているね。失敗《しっぱい》しても、すぐに立ち直れる力があるよ。優《やさ》しくて、情《じょう》にもろいところがありそう。

ラッキーデイ
7月2日、9月2日

ラッキーアイテム
ファンタジー小説《しょうせつ》

11月3日生まれ

性《せい》格《かく》

何にでも時間をかけて取《と》り組む根性《こんじょう》があり、がんばり通せるシンの強さがあるよ。急《いそ》ぐことがニガテで行動《こうどう》はスローだけど、待《ま》つことが得意《とくい》。負《ま》けずギライで、完《かん》ぺきを求《もと》めるところも。

ラッキーデイ
7月3日、9月3日

ラッキーアイテム
クラシック音楽のCD

11月4日生まれ

性《せい》格《かく》

マジメで落《お》ち着《つ》いて見えるけど、実《じつ》はユーモアがあって型破《かたやぶ》り。さりげないユーモアで人を笑《わら》わせ、その場のムードを明るくする個性派《こせいは》だよ。家族《かぞく》への愛情《あいじょう》も深《ふか》いみたいだね。

ラッキーデイ
7月4日、9月4日

ラッキーアイテム
アロマオイル

11月5日生まれ

性《せい》格《かく》

おだやかに見えても、深《ふか》い感情《かんじょう》と強いパワーを秘《ひ》めているあなた。感情《かんじょう》が高ぶることもあるけど、秘密主義《ひみつしゅぎ》で本音をかくしがちなところも。お金持《も》ちや有名《ゆうめい》人《じん》になりたいと思う野心《やしん》家。

ラッキーデイ
7月5日、9月5日

ラッキーアイテム
ミントのかおりの入浴剤《にゅうよくざい》

11月6日生まれ

性《せい》格《かく》

底《そこ》ぬけに明るくてパワーがあり、周《まわ》りのムードを和気《わき》あいあいとしたものにするのが得意《とくい》。自信《じしん》があってポジティブ。ジッとしているのが苦手《にがて》で、いつもいそがしく動《うご》いているよ。

ラッキーデイ
7月6日、9月6日

ラッキーアイテム
アイスココア

11月7日生まれ

性《せい》格《かく》

ドライだけど好奇《こうき》心が強くて、いろいろなことに興味《きょうみ》シンシン。知識《ちしき》や情報《じょうほう》を集《あつ》めて、ぶんせきしたり、しくみを調《しら》べたりすることが好《す》き。楽しいことも好《す》きで、ゆかいな性格《せいかく》でもあるよ。

ラッキーデイ
7月7日、9月7日

ラッキーアイテム
絵の描《か》き方の本

11月8日生まれ

性《せい》格《かく》

マジメなムードがあるけど、実《じつ》は変《か》わったことが好《す》きで、個性的《こせいてき》な趣味《しゅみ》にはまるマニアックな性格《せいかく》。でも気分屋《や》のところがあり、ガンコになったり空想《くうそう》にふけったりするところもあるね。

ラッキーデイ
7月8日、9月8日

ラッキーアイテム
オバケのキャラクターグッズ

11月9日生まれ

性《せい》格《かく》

あふれるパワーと才能《さいのう》があって、とても行動的《こうどうてき》。ときどき周《まわ》りをおどろかせるような行動《こうどう》に出る、むじゃきなところもあるね。勉強熱心《べんきょうねっしん》で、新しいことを発見《はっけん》することに喜《よろこ》びを感《かん》じるよ。

ラッキーデイ
7月9日、9月9日

ラッキーアイテム
ハート型《がた》の石けん

11月10日生まれ

性《せい》格《かく》

しっかり者《もの》に見えても、心に激《はげ》しさとせんさいさをかくし持《も》っているよ。何でもマジメにこなし、自分や周《まわ》りに厳《きび》しいところも。夢《ゆめ》をかなえるために、コツコツとがんばり続《つづ》けるはず。

ラッキーデイ
7月10日、9月10日

ラッキーアイテム
けんび鏡《きょう》

11月11日生まれ

性《せい》格《かく》

明るく陽気《ようき》にふるまうけど、心の中ではあれこれと深《ふか》く考える、複雑《ふくざつ》な性格《せいかく》だね。みんなから神秘的《しんぴてき》な子だと思われ、注目《ちゅうもく》されていそう。仲間《なかま》や家族《かぞく》を大事《だいじ》に思う、愛情深《あいじょうぶか》さもあるよ。

ラッキーデイ
7月11日、9月11日

ラッキーアイテム
うらないの本

11月12日生まれ

性《せい》格《かく》

セクシーな魅力《みりょく》があるのに、周《まわ》りにドライで冷《つめ》たい印象《いんしょう》を持《も》たれがち。でも本当は激《はげ》しい感情《かんじょう》を持《も》つ、パワフルな情熱《じょうねつ》家だよ。芸術《げいじゅつ》や音楽、ファッションなどの美《うつく》しいものが好《す》き。

ラッキーデイ
7月12日、9月12日

ラッキーアイテム
ホラー映画《えいが》のDVD

11月13日生まれ

性《せい》格《かく》

好奇《こうき》心が強くて直感《ちょっかん》力があるけど、何でもじっくりと考えるタイプ。人の性格《せいかく》や周《まわ》りのムードをすばやく見ぬく力があるね。大きな目標《もくひょう》を達成《たっせい》するために、どんな努力《どりょく》もおしまないよ。

ラッキーデイ
7月13日、9月13日

ラッキーアイテム
天体望遠鏡《てんたいぼうえんきょう》

11月14日生まれ

性《せい》格《かく》

冷静《れいせい》で落《お》ち着《つ》きがあるけど、好奇《こうき》心が強くて、いろいろなことに取《と》り組むことが好《す》き。直感《ちょっかん》力も強くて、人の考えがわかるところも。ウソやおせじを言われることがキライな素直《すなお》な性格《せいかく》。

ラッキーデイ
7月14日、9月14日

ラッキーアイテム
宇宙《うちゅう》の写真《しゃしん》

11月15日生まれ

性《せい》格《かく》

ガマン強くてしんちょうで、強い心を持《も》っているよ。周《まわ》りに反対《はんたい》されても意見《いけん》を変《か》えることなく、自分を守《まも》るために戦《たたか》うことをおそれないね。敵《てき》に回すと、こわいところがあるかも。

ラッキーデイ
7月15日、9月15日

ラッキーアイテム
ジャスミンティー

11月16日生まれ

性《せい》格《かく》

堂々《どうどう》として自信《じしん》にあふれて見えるので、リーダーになりそう。自分の考えを強く持《も》ち、周《まわ》りのえいきょうを受《う》けにくいよ。自分から人を助《たす》けるけど、人に助《たす》けられるのはちょっと苦手《にがて》。

ラッキーデイ
7月16日、9月17日

ラッキーアイテム
ビターチョコ

11月17日生まれ

性《せい》格《かく》

責任感《せきにんかん》が強くて曲《ま》がったことがキライな、まっすぐな性格《せいかく》。ガマン強さとねばり強さがあり、障害《しょうがい》が立ちはだかってもうまく乗《の》りこえるよ。何かをまとめたりすることが得意《とくい》。

ラッキーデイ
7月17日、9月18日

ラッキーアイテム
恋愛《れんあい》マンガ

11月18日生まれ

性《せい》格《かく》

落《お》ち着《つ》いて見えるけど、心の中には、激《はげ》しくゆれ動《うご》く感情《かんじょう》と、強いパワーを秘《ひ》めているよ。プライドが高くて負《ま》けずギライ。優《やさ》しい性格《せいかく》と皮肉屋《ひにくや》さんの、2つの面《めん》を持《も》っていそうだね。

ラッキーデイ
7月18日、9月19日

ラッキーアイテム
ベーグル

11月19日生まれ

性《せい》格《かく》

力強くて激《はげ》しい感情《かんじょう》を持《も》ち、古いことを改革《かいかく》して新しいことを作ることに興《きょう》味《み》があるみたい。心のおくでは愛《あい》や平《へい》和《わ》を求《もと》めているので、みんなが幸《しあわ》せになるためにがんばろうとするよ。

ラッキーデイ
7月19日、9月20日

ラッキーアイテム
双眼鏡《そうがんきょう》

11月20日生まれ

性《せい》格《かく》

タフで激《はげ》しい感情《かんじょう》を持《も》ち、笑顔《えがお》がステキでカリスマ性《せい》がある子。えんりょがちかと思うとワガママになるなど、いろいろな性格《せいかく》を持《も》っているね。家族《かぞく》や仲《なか》間《ま》をとても大事《だいじ》に思っているよ。

ラッキーデイ
7月20日、9月21日

ラッキーアイテム
月の写真《しゃしん》

11月21日生まれ

性《せい》格《かく》

落《お》ち着《つ》きと気品《きひん》があって、周《まわ》りにあこがれられる子。あまり感情《かんじょう》を出さずにクールに見えるけど、陽気《ようき》でアクティブな性格《せいかく》だよ。豊《ゆた》かな感情《かんじょう》を持《も》ち、傷《きず》つくことをおそれているみたい。

ラッキーデイ
7月22日、9月22日

ラッキーアイテム
音楽雑誌《ざっし》

11月22日生まれ

性《せい》格《かく》

気さくでハッキリと物《もの》を言う性格《せいかく》。自由《じゆう》になりたい願望《がんぼう》と、いつも何かにチャレンジしたいという願望《がんぼう》を持《も》っているね。人目を気にしないけど、人の役《やく》に立つことが好《す》きみたい。

ラッキーデイ
7月23日、9月23日

ラッキーアイテム
アニメキャラクターのカード

11月23日生まれ

性《せい》格《かく》

積極的《せっきょくてき》でエネルギッシュで、ジッとしていられない性格《せいかく》。新しいことを始《はじ》めたり、学んだりすることが大好《す》き。裏表《うらおもて》がなく正直で、不満《ふまん》やいかりもハッキリと言うからわかりやすいね。

ラッキーデイ

7月24日、9月24日

ラッキーアイテム

スケートボード

11月24日生まれ

性《せい》格《かく》

マジメで自分の役割《やくわり》を責任《せきにん》を持《も》ってこなす面《めん》と、楽観的《らっかんてき》で自由《じゆう》を求《もと》める面《めん》の、2つの性格《せいかく》を持《も》っているよ。心はせんさいで傷《きず》つきやすいけど、テーマを決《き》めて話し合うことが大好《す》き。

ラッキーデイ

7月25日、9月25日

ラッキーアイテム

大きめのポシェット

11月25日生まれ

性《せい》格《かく》

責任感《せきにんかん》が強く、自分の役割《やくわり》をダイナミックにこなすパワーがあるよ。大勢《おおぜい》の前ではだいたんでも、1対《たい》1で話すと、物《もの》静《しず》かでひかえめ。スピリチュアルな世界《せかい》に興味《きょうみ》を感《かん》じることも。

ラッキーデイ

7月26日、9月26日

ラッキーアイテム

エッセイ本

11月26日生まれ

性《せい》格《かく》

豊《ゆた》かな感情《かんじょう》と優《すぐ》れた直感《ちょっかん》力を持《も》ち、ジッとしていられない好奇《こうき》心あふれる性《せい》格《かく》。ドライな面《めん》とロマンチックな面《めん》の、2つの性質《せいしつ》があるね。何でも疑《うたが》ってかかる、疑《うたぐ》り深《ぶか》いところも。

ラッキーデイ

7月27日、9月27日

ラッキーアイテム

地球《ちきゅう》ぎ

11月27日生まれ

性《せい》格《かく》

ぼうけんと自由《じゆう》、ワクワクすることや何かを作り出すことが好《す》きで、好《す》きなことに向《む》かって一直線に走り出すタイプ。でも、人前では誠実《せいじつ》になって、人のためになろうと努力《どりょく》するはず。

ラッキーデイ

7月28日、9月28日

ラッキーアイテム

写真《しゃしん》のポストカード

11月28日生まれ

性《せい》格《かく》

マジメに見えても自由《じゆう》を好《この》み、自分の道をまっすぐにつき進《すす》む姿勢《しせい》があるね。情熱的《じょうねつてき》で楽観的《らっかんてき》、意見《いけん》をハッキリと言うストレートなタイプ。大ざっぱで、あきやすいところもありそう。

ラッキーデイ

7月29日、9月29日

ラッキーアイテム

ボストンバッグ

11月29日生まれ

性《せい》格《かく》

強い信念《しんねん》を持《も》ち、周《まわ》りを気にせずに自分の意見《いけん》を言う、正直な性格《せいかく》。ウソやおせじなどの曲《ま》がったことがキライで、真実《しんじつ》を大事《だいじ》にするね。人と言い合いになることが多いかも。

ラッキーデイ

7月30日、9月30日

ラッキーアイテム

世界《せかい》地図

11月30日生まれ

性《せい》格《かく》

優《すぐ》れた直感《ちょっかん》力と判断《はんだん》力があり、強い精《せい》神《しん》力もあるね。頭の回転《かいてん》も速《はや》いので、多くの子からたよりにされるよ。目標《もくひょう》に向《む》かってキチンと計画を立てて、準備《じゅんび》をしながら進《すす》んでいくはず。

ラッキーデイ

7月31日、10月1日

ラッキーアイテム

ポテトフライ

12月1日生まれ

性《せい》格《かく》

何でもハッキリと言い、思い立ったら動《うご》く、エネルギッシュでわかりやすい性《せい》格《かく》。気分のままにいそがしく動《うご》き回っていて、落《お》ち着《つ》きがないみたい。何かをガマンすることは難《むずか》しいね。

ラッキーデイ
8月1日、10月2日

ラッキーアイテム
地理の教科書

12月2日生まれ

性《せい》格《かく》

パワフルでジッとしていられず、周《まわ》りに大きなえいきょうをあたえるほどの行動《こうどう》力があるよ。危険《きけん》にも飛《と》びこんでいく勇気《ゆうき》があるね。少し大ざっぱで、細《こま》かいことはちょっと苦手《にがて》。

ラッキーデイ
8月2日、10月3日

ラッキーアイテム
旅行《りょこう》ガイドブック

12月3日生まれ

性《せい》格《かく》

自分を魅力的《みりょくてき》に見せることが得意《とくい》。明るく行動《こうどう》力があり、障害《しょうがい》がジャマをしていても、それを乗《の》りこえるパワーがあるよ。マイペースで、人からあれこれ言われるのはニガテ。

ラッキーデイ
8月3日、10月4日

ラッキーアイテム
ビーチサンダル

12月4日生まれ

性《せい》格《かく》

何でも熱心《ねっしん》に取《と》り組むガッツがあり、理《り》想《そう》を手に入れようとがんばるよ。自分の意見《いけん》を強く持《も》ち、周《まわ》りに流《なが》されずに自《じ》由《ゆう》でいたいみたい。優《やさ》しい心を持《も》ち、気配《きくば》りも忘《わす》れないタイプ。

ラッキーデイ
8月4日、10月5日

ラッキーアイテム
自転車《じてんしゃ》

12月5日生まれ

性《せい》格《かく》

自信《じしん》があって活動《かつどう》することが好《す》きで、ジッとしていない性格《せいかく》。深《ふか》く考えずに行動《こうどう》することが多いかも。おもしろいアイデアが多く、ハッキリと物《もの》を言うので、人をたいくつさせないよ。

ラッキーデイ
8月5日、10月6日

ラッキーアイテム
洋画《ようが》のDVD

12月6日生まれ

性《せい》格《かく》

大成功《せいこう》して目立ちたいと考え、ぼうけん心と行動《こうどう》力を持《も》って、いつも前進《ぜんしん》しようとするよ。役《やく》に立たないことやムダなことをバッサリと切るような、ドライな姿勢《しせい》もありそうだね。

ラッキーデイ
8月6日、10月7日

ラッキーアイテム
電車のきっぷ

12月7日生まれ

性《せい》格《かく》

頭の回転《かいてん》が速《はや》くて決断《けつだん》力と直感《ちょっかん》力があり、知識《ちしき》を集《あつ》めることに喜《よろこ》びを感《かん》じるよ。ちょっとユニークで、大勢《おおぜい》の中にいても目立ちそう。だいたんな行動《こうどう》で、人をおどろかせることも。

ラッキーデイ
8月7日、10月8日

ラッキーアイテム
英会話《えいかいわ》の本

12月8日生まれ

性《せい》格《かく》

未来《みらい》への情熱《じょうねつ》を燃《も》やして、目標《もくひょう》に向《む》かって全力《ぜんりょく》でがんばる努力《どりょく》家。強いパワーがあり、何かに熱中《ねっちゅう》すると、周《まわ》りが見えなくなるかも。しげきを求《もと》めて、危険《きけん》なことに飛《と》びこむことも。

ラッキーデイ
8月8日、10月9日

ラッキーアイテム
オレンジジュース

12月9日生まれ

性《せい》格《かく》

パワーがあって、強い意志《いし》と激《はげ》しい感《かん》情《じょう》を持《も》っているね。みんなから注目《ちゅうもく》されたいと願《ねが》い、えいゆうやヒロインにあこがれていそう。困難《こんなん》に立ち向《む》かい、乗《の》りこえることが好《す》きだよ。

ラッキーデイ
8月9日、10月10日

ラッキーアイテム
サンバイザー

12月10日生まれ

性《せい》格《かく》

好奇《こうき》心や競争《きょうそう》心が強く、ぼうけん好《ず》きでチャレンジ精神《せいしん》がおうせい。指図《さしず》されることをきらう、わが道を進《すす》むタイプだよ。でも、ふだんは自分より周《まわ》りのために動《うご》く優《やさ》しさがあるね。

ラッキーデイ
8月10日、10月11日

ラッキーアイテム
英単語《えいたんご》の本

12月11日生まれ

性《せい》格《かく》

あけっぴろげで感情《かんじょう》がそのまま顔に出る、裏表《うらおもて》のないわかりやすい性格《せいかく》。大らかだけど、根《ね》はマジメで何にでもしんけんに取《と》り組《く》むよ。目標《もくひょう》に向《む》かって一直線につき進《すす》むところもあるね。

ラッキーデイ
8月11日、10月12日

ラッキーアイテム
グレープフルーツジュース

12月12日生まれ

性《せい》格《かく》

だれからも、"明るく活発《かっぱつ》でバイタリティにあふれる子"というイメージを持《も》たれるあなた。正義感《せいぎかん》が強く、目標《もくひょう》を決《き》めたらまっしぐら。元気なときと、気力がないときの差《さ》が激《はげ》しいかも。

ラッキーデイ
8月12日、10月13日

ラッキーアイテム
デジタルうで時計

12月13日生まれ

性《せい》格《かく》

熱意《ねつい》あふれる楽天的《らくてんてき》な性格《せいかく》で、大きな目《もく》標《ひょう》を追《お》うことが好《す》き。ワクワクする変化《へんか》を求《もと》めているけど、ねばり強さもあり、1つのことに時間をかけて、計画通りにていねいに進《すす》めるよ。

ラッキーデイ
8月14日、10月14日

ラッキーアイテム
アボカド

12月14日生まれ

性《せい》格《かく》

新しいことへのちょうせんを好《この》む、ジッとしていられないタイプ。自信《じしん》にあふれてオープンに見えるけど、いろいろな感《かん》情《じょう》を持《も》つ複雑《ふくざつ》な性格《せいかく》。心のおくにある考えは、あまり話さないかも。

ラッキーデイ
8月15日、10月15日

ラッキーアイテム
洋楽《ようがく》のCD

12月15日生まれ

性《せい》格《かく》

いろいろなことに興味《きょうみ》を持《も》ち、いつも前進《ぜんしん》したいと思う、楽天的《らくてんてき》な性格《せいかく》。周《まわ》りのムードを明るくする力があるよ。どんなときでも何とかなると考え、難《むずか》しいことにもちょうせんするね。

ラッキーデイ
8月16日、10月16日

ラッキーアイテム
日本地図

12月16日生まれ

性《せい》格《かく》

大きな目標《もくひょう》を持《も》ち、堂々《どうどう》としていて、ユーモアで多くの人をひきつけるよ。大らかに見えて、心には複雑《ふくざつ》な感情《かんじょう》があるみたい。笑《わら》っていたかと思うと、すぐにだまるなど、感情《かんじょう》の変化《へんか》が激《はげ》しそう。

ラッキーデイ
8月17日、10月17日

ラッキーアイテム
レモン

12月17日生まれ

性《せい》格《かく》

野心《やしん》があり、だいたんで、いろいろなことを知りたいと思う知識欲《ちしきよく》がおうせい。でも、しんちょうで、落《お》ち着《つ》きのあるタイプ。手に届《とど》かない夢《ゆめ》を追《お》うことなく、現実《げんじつ》を見ながら進《すす》んでいくよ。

ラッキーデイ 8月18日、10月18日

ラッキーアイテム レターセット

12月18日生まれ

性《せい》格《かく》

カリスマ性《せい》があり、大きなことをなしとげるパワーがあるね。コツコツと時間をかけて、ねばり強く物事《ものごと》に取《と》り組《く》むよ。プライドが高く、人にどう見られているかを気にするところも。

ラッキーデイ 8月19日、10月19日

ラッキーアイテム トートバッグ

12月19日生まれ

性《せい》格《かく》

自信《じしん》家でガンコだけど、いつもありのままの自分を出す、かざらない性格《せいかく》。周《まわ》りに好《す》かれてもきらわれても、あまり気にせず、マイペース。困難《こんなん》があってもくじけずに乗《の》りこえるよ。

ラッキーデイ 8月20日、10月20日

ラッキーアイテム 百科事典《じてん》

12月20日生まれ

性《せい》格《かく》

頭の回転《かいてん》が速《はや》くてしっかり者《もの》だけど、実《じつ》はロマンチストで感激屋《かんげきや》さん。行動《こうどう》もスピーディーで、テキパキとしているね。人を感動《かんどう》させたり、おどろかせたりすることが好《す》きみたい。

ラッキーデイ 8月21日、10月21日

ラッキーアイテム 大学ノート

12月21日生まれ

性《せい》格《かく》

落《お》ち着《つ》いたムードとカリスマ性《せい》を持《も》ち、注目《ちゅうもく》されるよ。あまりペラペラと話したりせず、ひかえめで物静《ものしず》か。でも向上心《こうじょうしん》があり、勉強熱心《べんきょうねっしん》。将来《しょうらい》は何かで大成《せい》功《こう》したいと願《ねが》っているね。

ラッキーデイ 8月22日、10月22日

ラッキーアイテム 海外の風景写真《ふうけいしゃしん》

12月22日生まれ

性《せい》格《かく》

温《あたた》かくのびのびとしていて、周《まわ》りの空気をホッとさせる力があるよ。マジメで、役割《やくわり》を完《かん》ぺきにこなさないと気が済《す》まないみたい。何でも長く続《つづ》けられるように、ガマン強くがんばるはず。

ラッキーデイ 8月23日、10月23日

ラッキーアイテム 昔《むかし》のコイン

12月23日生まれ

性《せい》格《かく》

目標《もくひょう》に向《む》かって一歩ずつ時間をかけて前進《ぜんしん》する、ガマン強い努力《どりょく》家だよ。無《む》茶《ちゃ》なことはせずに、何でもキチンと計画を立てて、ていねいに進《すす》めていくね。お金持《かねも》ちにあこがれているかも。

ラッキーデイ 8月24日、10月24日

ラッキーアイテム サツマイモ料理《りょうり》

12月24日生まれ

性《せい》格《かく》

一歩一歩根気《こんき》強く、夢《ゆめ》や目標《もくひょう》に向《む》かって前進《ぜんしん》するよ。感《かん》じが良《よ》くて神秘的《しんぴてき》なので、多くの人をひきつけるはず。感情《かんじょう》のアップダウンが激《はげ》しく、疑《うたが》い深《ぶか》くて、ちょっと気難《きむずか》しい性格《せいかく》かも。

ラッキーデイ 8月25日、10月25日

ラッキーアイテム ひょうしょう状《じょう》

12月25日生まれ

性《せい》格《かく》

責任感《せきにんかん》が強く、困《こま》っている人にアドバイスしたり、手助《てだす》けをしたりと、周《まわ》りの人のために行動《こうどう》することを好《この》むよ。危険《きけん》なことにちょうせんする勇気《ゆうき》や、勉強《べんきょう》への前向《まえむ》きな姿勢《しせい》もあるね。

ラッキーデイ
8月26日、10月27日

ラッキーアイテム
歴史《れきし》の教科書

12月26日生まれ

性《せい》格《かく》

大きな夢《ゆめ》を持《も》って、エネルギッシュに行《こう》動《どう》するよ。規則《きそく》や大人にはんこうして、トラブルメーカーになることも。でも、難《むずか》しい問題《もんだい》に立ち向《む》かう勇気《ゆうき》と実行《じっこう》力、人をまとめる力があるね。

ラッキーデイ
8月27日、10月28日

ラッキーアイテム
ボストンバッグ

12月27日生まれ

性《せい》格《かく》

おだやかに見えても、実《じつ》は感情《かんじょう》のアップダウンが激《はげ》しい自信《じしん》家。でもガマン強いので、イヤなことがあってもジッとたえられるよ。家族《かぞく》など身近《みぢか》な人の世《せ》話《わ》を焼《や》き、親切につくすよ。

ラッキーデイ
8月28日、10月29日

ラッキーアイテム
ホットミルク

12月28日生まれ

性《せい》格《かく》

大勢《おおぜい》をひきつけるパワーがあり、目標《もくひょう》の実現《じつげん》のために努力《どりょく》するよ。たいくつがキライで、次々《つぎつぎ》と何かにチャレンジするね。目の前のことに熱中《ねっちゅう》して、ほかのことが見えなくなることも。

ラッキーデイ
8月29日、10月30日

ラッキーアイテム
バインダー

12月29日生まれ

性《せい》格《かく》

上品《じょうひん》なムードがあり、ひかえめだけど、リーダーをまかされるような、しんらいされる性格《せいかく》。マジメな印象《いんしょう》を持《も》たれても、実《じつ》はかなりのパワーがあるね。おこらせるとこわいかも。

ラッキーデイ
8月30日、10月31日

ラッキーアイテム
クリアファイル

12月30日生まれ

性《せい》格《かく》

気さくでれいぎ正しくて、何かを得《え》るために積極的《せっきょくてき》に努力《どりょく》するよ。マジメでしっかりしているので、自然《しぜん》と人の上に立つことに。お金への興味《きょうみ》が強く、節約《せつやく》してお金をためようとしがち。

ラッキーデイ
8月31日、11月1日

ラッキーアイテム
和《わ》がし

12月31日生まれ

性《せい》格《かく》

強いカリスマ性《せい》があり、はなやかな魅《み》力《りょく》があるね。目立ちたがり屋《や》で、みんなから注目《ちゅうもく》されることを好《この》むよ。だから、オシャレには力を入れて、自分を美《うつく》しく見せようと心がけるはず。

ラッキーデイ
9月1日、11月2日

ラッキーアイテム
新しいスケジュール帳《ちょう》

48ページのまちがい探《さが》しの答え

コラム②

風水

インテリアに取《と》り入れる開運術《かいうんじゅつ》

げんかん

ドアベル

ドアを開《あ》け閉《し》めするたびにきれいな音がすると、家族《かぞく》みんなのパワーがアップ。きれいな音には、悪《わる》いものをはね返《かえ》す力があるよ。

鏡《かがみ》

げんかんのわきに鏡《かがみ》があると、良《よ》いエネルギーだけを家の中に増《ふ》やしてくれるよ。観葉植物《かんようしょくぶつ》を鏡《かがみ》に映《うつ》るように置《お》くと、さらに◎！ただし、ドアの正面《しょうめん》に置《お》くのはNG。

たたきの上

げんかんは、家族の運気《うんき》を上げるために一番大事《だいじ》な場所《ばしょ》。たくさんのくつが散《ち》らかっていないように、いつも整理《せいり》せいとんして。

げんかんマット

お父さんやお母さんなど、仕事《しごと》をしている人の運気《うんき》を高めるよ。ちょっと厚《あつ》めの大人っぽいものを選《えら》んで。

リビング

照明《しょうめい》

リビングの照明《しょうめい》は明るいほど、家族《かぞく》の明るさもアップ！　ときどきピカピカにみがいてね。部屋《へや》のすみにスタンドライトを置《お》くのもいいよ。

観葉植物《かんようしょくぶつ》

テレビの近くに、ちょっと大きめの観葉植物《かんようしょくぶつ》を置《お》いて。テレビの電磁波《でんじは》や、部屋《へや》の中の悪《わる》いエネルギーを吸《す》い取《と》ってくれるよ。

テーブル

リビングに置《お》くテーブルは、四角くて低《ひく》いものがベスト。安定感《あんていかん》があって、家族《かぞく》みんなが安《やす》らいだ気分になれるよ。

クッションや座布団《ざぶとん》

2個《こ》、4個《こ》、6個《こ》など、偶数《ぐうすう》を置《お》くようにしよう。偶数《ぐうすう》は調和《ちょうわ》の数なので、家族《かぞく》みんなが仲《なか》良《よ》く過《す》ごせるポイントだよ。

Part 3

恋愛運《れんあいうん》がわかる！

人相《にんそう》うらない

人相《にんそう》うらないとは……

顔のりんかくや目、鼻《はな》、口などの形には、その人の性格《せいかく》や運命《うんめい》が表《あらわ》れているよ。顔の形をもとに、今のあなたの恋愛《れんあい》パターンをうらなってみよう！ ふだんの考え方や表情《ひょうじょう》によって顔は変《か》わっていくから、時間が経《た》ったら結果《けっか》も変《か》わるかも？　ときどきうらなってみてね。

あなたは恋愛《れんあい》体質《たいしつ》？

表情《ひょうじょう》がよく表《あらわ》れるまゆには、恋愛《れんあい》へのパワーが出ているよ。まゆであなたの恋《れん》愛体質度《あいたいしつど》がわかっちゃう。

まゆ

長いまゆ

恋愛体質度《れんあいたいしつど》30%

おだやかで落《お》ち着《つ》いた恋愛《れんあい》パワーを持《も》つので、恋愛体質度《れんあいたいしつど》は低《ひく》め。長く好《す》きな男の子がいなくても、勉強《べんきょう》や友だち関係《かんけい》をしっかりと楽しめるから、さみしさは感《かん》じないよ。恋《こい》に落《お》ちたとしても、カレに寄《よ》りかかりすぎることはないはず。

短《みじか》いまゆ

恋愛体質度《れんあいたいしつど》60%

恋愛《れんあい》パワーがかなり強いあなた。恋愛体《れんあいたい》質度《しつど》は、かなり高いと言えるよ。いつも恋《こい》をして、ドキドキ、ハラハラしていたいと感《かん》じるみたい。すぐに恋人《こいびと》をゲットしたいと思うから、カレに積極的《せっきょくてき》にアタックすることもできそう。

太いまゆ

恋愛体質度《れんあいたいしつど》 20%

男勝《まさ》りなところがあるから、恋愛《れんあい》にいぞんすることはあまりないみたい。恋愛《れんあい》体質度《たいしつど》は低《ひく》め。特《とく》に恋《こい》をしていなくても、部活《ぶかつ》に勉強《べんきょう》にと自分のやるべきことをしっかりとやって、イキイキと毎日を過《す》ごすことができそう。

細いまゆ

恋愛体質度《れんあいたいしつど》 70%

ちょっと気弱なので、いつも男の子にたよっていたいと思う恋愛体質度《れんあいたいしつど》が高いあなた。ステキな男の子を見つけたら、すぐにあまえたくなりそうだね。でも、愛情《あいじょう》を示《しめ》すことがニガテなので、誤解《ごかい》されやすいかも。あまえじょうずを目指して。

三日月まゆ

恋愛体質度《れんあいたいしつど》 90%

とても情《じょう》が深《ふか》くてせんさいで、恋愛《れんあい》が大好《す》きなタイプ。恋愛体質度《れんあいたいしつど》はチョー高いよ。男の子にかわいくあまえることがじょうずで、好《す》きなカレから愛《あい》されて、幸《しあわ》せな恋愛《れんあい》ができそう。恋《こい》に落《お》ちたら、素直《すなお》に愛情《あいじょう》を出していくといいね。

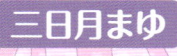

ピッタリの男の子タイプは？

顔の真《ま》ん中にある鼻《はな》には、どれだけ自分を強く持《も》っているかが表《あらわ》れるよ。そんなあなたに合う男の子はどんな子？

鼻《はな》

高い鼻《はな》

恋《こい》ではプライドが高いので、あなたの言うことを優《やさ》しく聞いてくれるような、おとなしい男の子が合っているよ。あなたの自由《じゆう》を許《ゆる》してくれる、そくばくしないタイプでもいいね。オレさまタイプの子とは大ゲンカしそう。

低《ひく》い鼻《はな》

恋《こい》におくびょうなところがあるので、グイグイとリードしてくれる情熱的《じょうねつてき》な男の子との相性《あいしょう》が◎。大きな夢《ゆめ》を追《お》っていたり、学級委員《がっきゅういいん》やスポーツをがんばるような男の子でもいいね。あなたの優《やさ》しいサポートを喜《よろこ》んでくれるはず。

丸い鼻《はな》

恋《こい》では気取《きど》らず、むじゃきなあなたには、頭が良《よ》くていろいろなことを知っている男の子がピッタリ。深《ふか》く考えないで動《うご》くあなたに、頭の回転《かいてん》が速《はや》いカレが的確《てきかく》なアドバイスをくれるよ。そんなカレは、明るいあなたといるとホッとするみたい。

上を向《む》いた鼻《はな》

恋《こい》では細《こま》かく考えるのがニガテで、だいたんなあなた。キチンとしたマジメなタイプの男の子があなたをサポートしてくれるよ。目立たないけど、マジメでしっかり者《もの》の男の子に注目《ちゅうもく》。カレもあなたを気に入っているはず。

曲《ま》がった鼻《はな》

男の子の前でなかなか素直《すなお》になれないあなたには、明るくてカラッとした男の子が相性《あいしょう》ピッタリ。勉強《べんきょう》の成績《せいせき》はイマイチだけど、スポーツが大好《す》きな男の子をチェックしてみて。勇気《ゆうき》を出して、ちょっとずつ好意《こうい》を見せてね。

ピッタリの恋《こい》人《びと》関《かん》係《けい》は？

気温《きおん》や感情《かんじょう》にえいきょうされるほおには、自分の行動《こうどう》力が出るよ。あなたにとって、どんな恋愛関係《れんあいかんけい》が理想的《りそうてき》？

ほお

ほおがふっくらしている

カレに深《ふか》い愛情《あいじょう》を注《そそ》いで、カレからも深《ふか》く愛《あい》されるあなた。おたがいに対等《たいとう》な、友だちみたいなカップルになるのがベスト。お休みの日は手をつないで、遊園地《ゆうえんち》やテーマパークで笑《わら》い合って過《す》ごして。おたがいに気を使《つか》う必要《ひつよう》はないよ。

ほおの骨《ほね》が出っ張《ば》っている

カレに合わせてばかりだとイライラしちゃうから、あなたがリーダーシップを取《と》る交際《こうさい》がベスト。恋《こい》人《びと》ができたら、カレに「こんなおつき合いがしたい」という希望《きぼう》をしっかりと伝《つた》えて。あなたがデートコースを考えてもいいね。

ほおにあまり肉がない

ちょっとやせているほおのあなたは、できるだけカレのペースに合わせる交際《こうさい》をするといいね。カレがどんな交際《こうさい》を求《もと》めているのか、しっかりと意見《いけん》を聞いてみて。あなたもカレのしゅみを好《す》きになれば、楽しい交際《こうさい》になりそう。

ほおがこけている

恋《こい》で勇気《ゆうき》が出にくいあなたには、カレに任《まか》せる受《う》け身《み》の交際《こうさい》が合っているよ。れんらくするのもデートコースを決《き》めるのも、できるだけカレにお願《ねが》いしてみて。そして、カレが決《き》めたことに、素直《すなお》についていくようにしてみよう。

ほおが赤い

恋《こい》でははずかしがり屋《や》のあなたには、カレにお母さんみたいに、かいがいしく、つくす交際《こうさい》が合っているみたい。デートのときは手作りのおかしを持《も》っていったり、カレが落《お》ちこんでいるときは、はげましの手紙を書いたりしてみよう。

あなたのモテタイプは？

よく動《うご》き、表情《ひょうじょう》が豊《ゆた》かな口には、人から好《す》かれるひみつやポイントがかくされているよ。どんなモテ方をするのかな？

口

くちびるがうすい

男の子から見ると話しやすく感《かん》じるので、たくさんの男の子から好《す》かれるタイプ。でも、チヤホヤされても、本気で思ってくれる男の子は少ないかも。男の子の前でサバサバしすぎず、女の子らしくあまえたしぐさをしてみるといいかも。

上のくちびるが厚《あつ》い

そこそこモテるのに、自分から好《す》きになるタイプのあなたは、なかなか両想《りょうおも》いにはなれないみたい。自分が相手《あいて》を好《す》きじゃなければ興味《きょうみ》を持《も》てないんだね。ときどき周《まわ》りを見回して、自分に気がある男の子がいないか、チェックして。

下のくちびるが厚《あつ》い

男の子に好意《こうい》を見せることがじょうずなので、かなりモテるタイプ。それも、しんけんにほれこんでくれている男の子が、何人かいるよ。それだけ魅力《みりょく》があるんだね。誤解《ごかい》されないように、本命《ほんめい》の男の子にだけ好《す》きな気持《きも》ちを見せるようにして。

口角《こうかく》が上がっている

おだやかなムードがウケて、いつもたくさんの男の子から好感《こうかん》を持《も》たれていそう。その中に、本気で思ってくれている男の子がいるはずだよ。好《す》きな男の子にだけじょうずに気持《きも》ちを出せるので、両想《りょうおも》いになることが多いみたい。

口角《こうかく》が下がっている

男の子にそっけなくふるまいやすいので、誤解《ごかい》されることが多いみたい。それでもあなたをよく理解《りかい》してくれる男の子が、あなたを好《す》きになるよ。ふだんから男の子にも明るくふるまって、自分をわかってもらうようにしてね。

あなたの浮《うわ》気《き》度《ど》は？

音や声をとらえることができる耳は、いちずな愛情《あいじょう》を持《も》つかどうかがわかるもの。耳を見れば浮気度《うわきど》がわかるよ。

耳

大きな耳

顔に比《くら》べて耳が大きいのは、心が安定《あんてい》していて変化《へんか》を好《この》まないタイプ。1つの恋愛《れんあい》を大事《だいじ》にしようとするから、浮気度《うわきど》はかなり低《ひく》いよ。男の子とつき合う期間《きかん》が長くなればなるほど、だんだんと愛情《あいじょう》が深《ふか》まっていく、しんちょうなタイプ。

小さな耳

顔に比《くら》べて耳が小さいのは、恋《こい》における好奇心《こうきしん》が強く、新しいことに次々《つぎつぎ》とチャレンジしたいタイプ。少しあきっぽいので、浮気度《うわきど》は高いみたい。でもいろいろな男の子に興味《きょうみ》を持《も》つことで、男の子を見る目をみがくことができるよ。

厚《あつ》くて固《かた》い耳

「ぜったいにカレが好《す》き！」という強い意志《いし》を持《も》つから、浮気《うわき》心はほとんど出てこないみたい。好《す》きなカレにイヤな思いをさせたくないというマジメさがあるんだね。ほかに好《す》きな男の子が現《あらわ》れたら、今の恋《こい》を終《お》わらせるはず。

うすくてやわらかい耳

ちょっと気分屋《や》のところがあるので、あのカレも好《す》きだし、でもこのカレもステキ……と、心がグラグラとゆれ動《うご》きがち。カレがいるのに、ほかの男の子からアプローチされたらフラフラしちゃう……という点にも要注意《ようちゅうい》だよ。

耳たぶが厚《あつ》い

恋愛《れんあい》が大好《す》きで、いつでもラブラブな恋《こい》をしていたいタイプ。カレとの仲《なか》が楽しくて幸《しあわ》せなら浮気《うわき》心は出ないけど、カレがそっけないとさみしくなって、浮気《うわき》に走りたくなりそう。浮気《うわき》をじょうずに楽しめちゃうところもあるね。

あなたはあきっぽい？

物事《ものごと》をしっかりと見る目は、意志《いし》の強さを表《あらわ》すよ。1つの恋《こい》が長続《ながつづ》きするかどうかがわかっちゃう!

目

大きな目

感情《かんじょう》が豊《ゆた》かなので、すぐに恋《こい》に落《お》ちちゃうタイプ。そのぶん、すぐに冷《さ》めちゃうところもあるよ。でも、好《す》きになっては冷《さ》める……ということをくり返《かえ》すから、いつでもだれかに恋《こい》をしているみたい。恋《こい》を長続《ながつづ》きさせるようにがんばろう。

小さな目

恋《こい》にはしんちょうだから、好《す》きな男の子を見つけるまでに時間がかかるよ。でも、一度《いちど》好《す》きになったら何年も冷《さ》めずに、1人のカレを想《おも》い続《つづ》けそう。両想《りょうおも》いになったら、カレにひたすらつくし続《つづ》けて、結婚《けっこん》を考えるマジメさがあるよ。

たれ目

男の子からアプローチをされたらあまり考えずに受《う》け入《い》れちゃう、受《う》け身《み》のあなた。1人の男の子にずっと想《おも》われ続《つづ》ければ、恋心《こいごころ》も長く続《つづ》くよ。でも、自分から好《す》きになった場合は、恋心《こいごころ》があまり長く続《つづ》かないところがあるみたい。

つり上がった目

一度《いちど》好《す》きになったら、いちずになって簡単《かんたん》には冷《さ》めないタイプ。カレがほかの女の子と仲良《なかよ》くしていると、ジェラシーが燃《も》え上がる激《はげ》しさもあるね。好《す》きになるほど、カレをいじめたくなるなんてことも。優《やさ》しさを忘《わす》れないで。

細い目

恋《こい》には気弱でしんちょうなので、簡《かん》単《たん》には恋《こい》に落《お》ちないあなた。好《す》きになる男の子もしっかりと選《えら》ぶよ。一《いち》度《ど》恋《こい》に落ちたらトコトンほれこんで、すぐに冷《さ》めるということはなさそう。一生1人の男性《だんせい》を愛《あい》し続《つづ》ける、なんてこともありそう。

あなたの結《けっ》婚《こん》運《うん》は?

顔全体《ぜんたい》の形を決《き》めるりんかくは、一生の運勢《うんせい》を表《あらわ》しているよ。あなたにとって、結婚《けっこん》ってどんなもの?

りんかく

丸顔

結婚《けっこん》したら、家族《かぞく》をとても大事《だいじ》にする専業主《せんぎょうしゅ》婦《ふ》になりそう。笑《わら》い声にあふれる家庭《かてい》を作るために、ダンナさんや子どもに明るくふるまうよ。子どもが小さいうちはいそがしいけど、成長《せいちょう》した後は自分の時間を持《も》てて、のんびりできそう。

四角形の顔

とてもガマン強く、ダンナさんにつくす結婚《けっこん》生活になりそう。家事《かじ》だけじゃなく、仕事《しごと》もバリバリとがんばって、自分から家計を助《たす》けようとするはず。ときどきがんばりすぎてつかれてしまうので、もっとダンナさんにあまえてもいいよ。

台形の顔

結婚《けっこん》したばかりのときは、ダンナさんと力を合わせて、よい家庭《かてい》を作るために努力《どりょく》をするはず。それが良《よ》い結果《けっか》になって、年令《ねんれい》を重《かさ》ねるほど貯《ちょ》金《きん》が増《ふ》えて、生活が豊《ゆた》かで楽しくなっていくね。良《よ》い家に住《す》める運気《うんき》を持《も》っているよ。

逆《ぎゃく》三角形の顔

結婚《けっこん》した後も家にこもらないで、自分のしゅみや好《す》きな勉強《べんきょう》を楽しんでいくタイプ。家事《かじ》ばかりやっているのでは、たいくつしちゃうみたい。おたがいのしゅみを尊重《そんちょう》できるダンナさんとなら、自分の時間を持《も》てる楽しく気楽な結婚《けっこん》生活になるはず。

卵型《たまごがた》の顔

結婚《けっこん》後も、家庭《かてい》や仕事《しごと》、友だちとの交際《こうさい》にバランス良《よ》く取《と》り組んでいけるタイプ。家族《かぞく》や親せきに助《たす》けられることが多いみたい。ダンナさんの希望《きぼう》にじょうずに合わせられるので、どんな人と結婚《けっこん》するかで人生が変《か》わりそうだね。

コラム③

これってどんな色？

カラーうらない

色にはそれぞれ意味《いみ》があって、その色を身《み》に着《つ》けることで、自分《じぶん》のテンションやイメージをがらりと変《か》えることができるよ。

赤

燃《も》えさかるほのおをイメージさせる、活発《かっぱつ》で元気になれる色。赤が多い場所《ばしょ》にいると、自然《しぜん》とテンションが上がるよ。赤が好《す》きな人は情熱的《じょうねつてき》でエネルギッシュ。強い、いかりを示《しめ》すことも。

ピンク

女の子らしい優《やさ》しさや恋愛《れんあい》をしょうちょうする色。ピンクを見たり身《み》に着《つ》けたりすると、心が温《あたた》かくなって、だれにでも優《やさ》しくできるよ。ピンクが好《す》きな人は、愛情《あいじょう》を求《もと》めているのかも。

黄

太陽《たいよう》の光をイメージする、快活《かいかつ》でカラッとした性質《せいしつ》を持《も》つ色。黄色を見ていると、楽しくユーモラスな気分になってくるはず。黄色が好《す》きな人は、ハッキリとしたことが好《す》きなタイプ。

緑《みどり》

寒色《かんしょく》と暖色《だんしょく》の真《ま》ん中にあり、植物《しょくぶつ》をイメージさせる緑《みどり》は、調和《ちょうわ》をしょうちょうする色。緑《みどり》をながめていると、とてもリラックスできるよ。緑《みどり》が好《す》きな人は、温厚《おんこう》で目立つことが苦手《にがて》かも。

青

空と海をイメージする、落《お》ち着《つ》いた気分になれる色。青が多い場所《ばしょ》にいると、頭がさえてアイデアが浮《う》かんだり、勉強《べんきょう》がはかどったりするよ。青が好《す》きな人は、頭がいいかも。

茶

大地をしょうちょうするアースカラーで、地味《じみ》だけど安心感《あんしんかん》を持てる色。茶を見ていると、にんたい強さが生まれるはず。茶が好《す》きな人は、ちょっとおとなっぽい考えを持《も》っているよ。

黒

暗《くら》いやみをイメージする、自分と周《まわ》りを引きはなす色。黒が多い場所《ばしょ》にいると、1人静《しず》かに自分の心を探究《たんきゅう》したくなるよ。黒が好きな人は、外から自分を守《まも》りたいと感《かん》じているかも。

白

神さまの服《ふく》の色である、とても強い色。白を身《み》に着《つ》けたり、見たりすると、けがれのない、じゅんすいな気持《きも》ちになり、心が強くなるよ。白が好《す》きな人は、何でも受《う》け止める強さがありそう。

Part. 4

運《うん》を開《ひら》くオシャレ術《じゅつ》&一生の運命《うんめい》がわかる!

運命数《うんめいすう》うらない

運命数《うんめいすう》うらないとは…

1から9までの数字には、宇宙《うちゅう》が持《も》つパワーがこめられていると考えられているよ。その中でも生年月日には、その人の一生の運命《うんめい》や性格《せいかく》が表《あらわ》れているんだ。運勢《うんせい》があまり良《よ》くない時期《じき》は、運《うん》を開《ひら》くオシャレ術《じゅつ》で運気《うんき》をアップさせよう。

運命数《うんめいすう》の出し方

自分の西暦《せいれき》の生年月日の数字を、すべてバラバラにして、足していってね。
10の位《くらい》と1の位《くらい》も足して、最後《さいご》の1ケタになった数字が、あなたの運命数《うんめいすう》だよ。

〔例〕2006年 9月 29日生まれの人

2+0+0+6+9+2+9=28 ⇨ 2+8=10 ⇨ 1+0= 1

運命数《うんめいすう》は1になるよ

運命数《うんめいすう》 1

運《うん》を開《ひら》く オシャレ術《じゅつ》

ヘアアクセサリー

麦わらぼうしや野球《やきゅう》ぼう。運命数《うんめいすう》1の人にとって、ぼうしは大事《だいじ》なアイテムだよ。

髪型《かみがた》

ショートカット。活動的《かつどうてき》で元気なイメージ。

アクセサリー

大きめの目立つペンダント。丸形や、太陽《たいよう》モチーフなら◎。

魅力《みりょく》を引き出す色

赤系統《けいとう》。行動的《こうどうてき》なあなたにピッタリの燃《も》える火のイメージ。

ファッションの種類《しゅるい》やコーデ

動《うご》きやすいパンツルック、スニーカーなど、カジュアルで動《うご》きやすい服装《ふくそう》。

魅力的《みりょくてき》なしぐさ

走りながら手をふるなど、大きなしぐさ。

一生《いっしょう》の運命《うんめい》

運命《うんめい》のバイオリズムグラフ

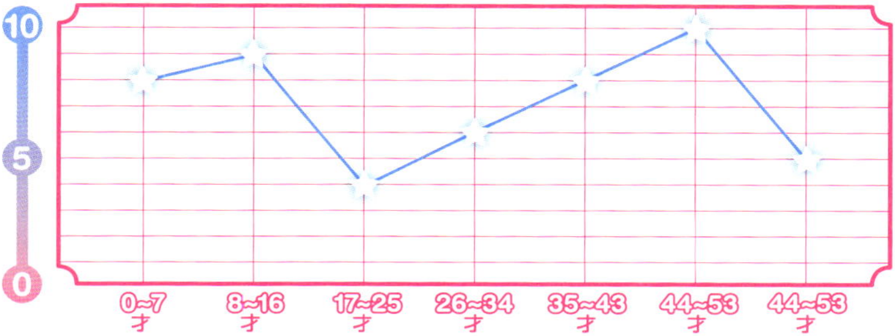

子ども期《き》

元気いっぱいで、人にえんりょせずに言いたいことを言って、自分らしさを存分《ぞんぶん》に発揮《はっき》するあなた。クラスや友だちのリーダー役《やく》になることが多いみたいだよ。友だちと派手《はで》にケンカすることもしばしば。

ティーンズ期《き》

高校生になって大学受験《じゅけん》が近づくと、かんきょうに厳《きび》しさを感《かん》じがち。自分の好《す》きなように行動《こうどう》していてはダメだと気づいて、周《まわ》りの人たちと歩調《ほちょう》を合わせられるようになると、うまくいくよ。子ども期よりもひかえめになるはず。

大人期《き》

社会に出始《はじ》めのころは、世間《せけん》の厳《きび》しさを感《かん》じるけど、仕事《しごと》で独立《どくりつ》したり、相性《あいしょう》のいい人とけっこんしたりして、だんだんと人生が楽しくなるように。1人でできるしゅみや仕事《しごと》をするなど、自由《じゆう》気ままに過《す》ごせるかんきょうを作ろう。

運命数《うんめいすう》2

運《うん》を開《ひら》くオシャレ術《じゅつ》

ヘアアクセサリー

髪《かみ》オンリーで勝負《しょうぶ》！　きれいな黒髪《くろかみ》を生かすにはアクセはないほうが魅力的《みりょくてき》。

髪型《かみがた》

黒いストレートロング。男の子に人気のスタイルでモテモテに。

魅力《みりょく》を引き出す色

ホワイト。せいそでピュアなイメージで、気《き》持《も》ちも引きしまるよ。

アクセサリー

ビーズのブレスレット、花のコサージュで優《やさ》しく＆女の子らしく。

魅力的《みりょくてき》なしぐさ

静《しず》かに読書をしている、文学少女的《てき》なイメージ。

ファッションの種類《しゅるい》やコーデ

がらの少ないシンプルなワンピース、やわらかさを強調《きょうちょう》したニットカーディガン。

一生《いっしょう》の運命《うんめい》

運命《うんめい》のバイオリズムグラフ

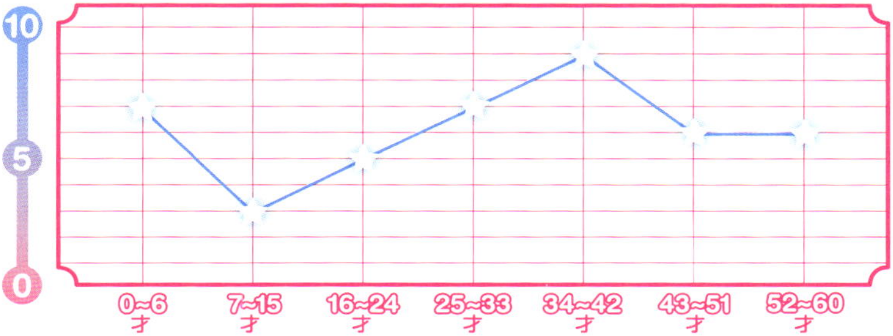

子ども期《き》

小学校に入るまでは、おだやかな日々《ひび》を送《おく》れるよ。その後はおとなしいことがマイナスに出て、イヤな用事《ようじ》をおしつけられたりするかも。クヨクヨしていると運気《うんき》が下がるので、明るい笑顔《えがお》を忘《わす》れずに。

ティーンズ期《き》

なかなか自信《じしん》を持《も》てずに、大勢《おおぜい》の中にいても意見《いけん》を言えずにいそう。元気いっぱいの子と自分を比《くら》べて、落《お》ちこんでしまうことも。でも、マジメなので、学校の勉強《べんきょう》はコツコツとがんばって、良《よ》い成績《せいせき》を取《と》れるはず。

大人期《き》

いろいろな経験《けいけん》を積《つ》んで、だんだんと自信《じしん》がついてくるよ。優《やさ》しくて行動的《こうどうてき》な男性《だんせい》を射止《いと》めて結婚《けっこん》し、温《あたた》かい家庭《かてい》を築《きず》けるはず。結婚《けっこん》後は、仕事《しごと》よりも夫《おっと》や子どもを優先《ゆうせん》する、家庭的《かていてき》な良《よ》い妻《つま》で、良《よ》い母になりそう。

運命数《うんめいすう》 3

運《うん》を開《ひら》くオシャレ術《じゅつ》

髪型《かみがた》

ツインテールかポニーテール。元気で快活《かいかつ》なイメージに。

アクセサリー

長めのイヤリング。元気に動《うご》くたびにかわいくゆれるのがチャームポイント。

魅力的《みりょくてき》なしぐさ

ピースサイン。友だちがたくさんいるイメージ。

ヘアアクセサリー

派手《はで》に着《き》かざるよりも、ヘアピン程《てい》度《ど》のシンプルなほうが似合《にあ》うよ。

魅力《みりょく》を引き出す色

イエロー。元気いっぱいになれるカラーだよ。

ファッションの種類《しゅるい》やコーデ

快活《かいかつ》な感《かん》じのミニスカート、ボーダーがらのシャツとハイソックスでカジュアル感《かん》を。

一生《いっしょう》の運命《うんめい》

運命《うんめい》のバイオリズムグラフ

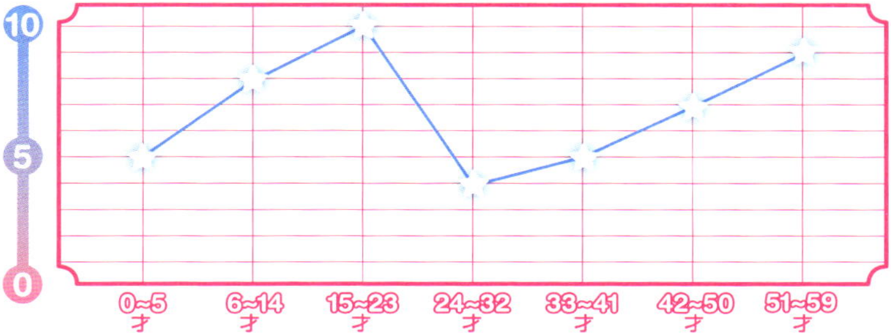

子ども期《き》

小学校に入ってからは、いろいろな子とおしゃべりができて、毎日が楽しくなりそう。だれとでもすぐに仲良《なかよ》くなれるよ。勉強熱心《べんきょうねっしん》なので成績《せいせき》も良《よ》く、みんなから「できる子」と思われて尊敬《そんけい》されるはず。

ティーンズ期《き》

社交性《せい》をトコトン発揮《はっき》して、中学でも高校でもたくさんの友だちができそう。みんなで勉強《べんきょう》会を開《ひら》いたり、しゅみのサークルに参加《さんか》したりと、にぎやかで楽しい毎日に。勉強をがんばるので、良《よ》い高校や大学に入って、ますます自信《じしん》が高まるよ。

大人期《き》

学校を出て就職《しゅうしょく》をすると、ガマンすることが増《ふ》えて、社会の厳《きび》しさを実感《じっかん》しそう。ハードな仕事からにげたくなって、転《てん》職《しょく》をする回数は多めかも。でも、年令《ねんれい》を重《かさ》ねるごとに自分がみがかれて、再《ふたた》び人生が楽しくなってくるよ。

運命数《うんめいすう》 4

運《うん》を開《ひら》くオシャレ術《じゅつ》

髪型《かみがた》

セミロングで三つ編《あ》み入り。ちょっと古風な大人のイメージが◎。

ヘアアクセサリー

小さなリボン程度《ていど》のひかえめなオシャレが魅力《みりょく》を引き出すよ。

アクセサリー

大人っぽいブローチで、高級感《こうきゅうかん》を出して。

魅力《みりょく》を引き出す色

青系統《けいとう》。心が落《お》ち着《つ》き、頭の回《かい》転《てん》が速《はや》くなるよ。

ファッションの種類《しゅるい》やコーデ

チェックがらのワンピース、革《かわ》ぐつでしっかり者《もの》のイメージ。

魅力的《みりょくてき》なしぐさ

バッグを両手《りょうて》で持《も》つ、包《つつ》みこむようなしぐさ。

一生《いっしょう》の運命《うんめい》

運命《うんめい》のバイオリズムグラフ

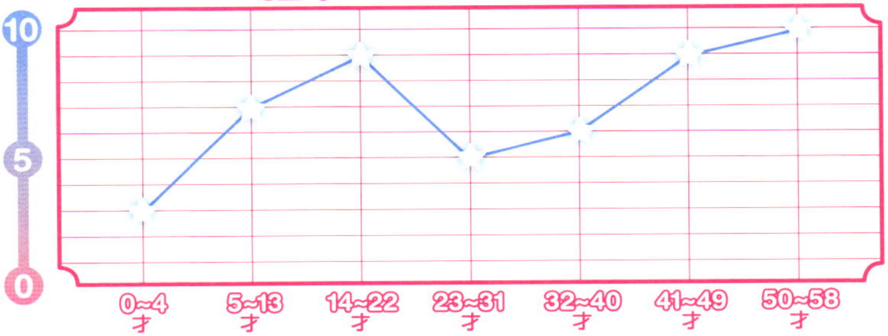

子ども期《き》

クラスの中で派手《はで》に目立つことはないけど、リラックスして友だちとの関係《かんけい》を楽しめるよ。みんなの世話《せわ》を焼《や》いて、たよりにされることもありそう。勉強《べんきょう》も体育《たいいく》もコツコツとがんばり、成績《せいせき》もいいはず。

ティーンズ期《き》

勉強《べんきょう》をマジメにがんばり、決《き》められた自分の役割《やくわり》をキチンと果《は》たすので、波風《なみかぜ》が少ない安定《あんてい》した毎日になるはず。良《よ》い高校や大学に入って、勉強《べんきょう》がますます楽しくなるよ。将来《しょうらい》の夢《ゆめ》に向《む》けて、コツコツと努力《どりょく》し続《つづ》けるがんばり屋《や》さん。

大人期《き》

社会に出ると、新しいことをいろいろと学ぶ必要《ひつよう》が出てきて、大変《たいへん》だと感《かん》じることが多いかも。でも、持《も》ち前《まえ》のねばり強さを持《も》ち続《つづ》けて苦労《くろう》を乗《の》りこえるので、年令《ねんれい》を重《かさ》ねるごとに、運気《うんき》はアップし続《つづ》けるよ。

運命数《うんめいすう》 5

運《うん》を開《ひら》くオシャレ術《じゅつ》

髪型《かみがた》

大きく盛《も》るなど、派手《はで》で個性的《こせいてき》に。目立つほど人気者《もの》になれるよ。

アクセサリー

たくさん重《かさ》ねたブレスレットと、いくつかの指輪《ゆびわ》でゴージャス感《かん》を出して。

ファッションの種類《しゅるい》やコーデ

派手《はで》目のワンピースなど。自由《じゆう》でいたいことをアピールしよう。

ヘアアクセサリー

キラキラ光る派手《はで》なヘアアクセサリーやカチューシャ。

魅力《みりょく》を引き出す色

グリーン。はっきりと目立つ色で魅力《みりょく》アップ！

魅力的《みりょくてき》なしぐさ

大きな口を開《あ》けて笑《わら》うなど、開《かい》放的《ほうてき》なしぐさ。

一生《いっしょう》の運命《うんめい》

運命《うんめい》のバイオリズムグラフ

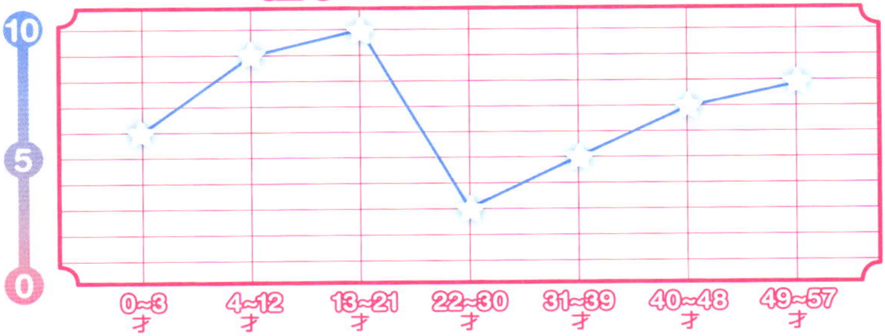

子ども期《き》

ユニークな性格《せいかく》がウケて、ようち園や小学校ではいつもクラスの人気者。先生からも、変《か》わっている子として注目《ちゅうもく》されそう。将来《しょうらい》の大きな夢《ゆめ》を持《も》っていて、ワクワクしながら過《す》ごしているかも。

ティーンズ期《き》

中学生から大学生までの間が、人生の中で一番楽しい時期《じき》。アイデアを活かして、みんながおどろくような研究《けんきゅう》をしたり、いろいろな男の子と自由《じゆう》に恋《こい》をしたりしそう。旅行《りょこう》もたくさんするなど、いろいろな遊《あそ》びを経験《けいけん》できるみたい。

大人期《き》

学校を出て仕事《しごと》が始《はじ》まると、自由《じゆう》気ままに行動《こうどう》できないという社会の厳《きび》しさを実感《じっかん》しそう。上司《じょうし》にしかられて自信《じしん》をなくすようなことが、ときどきあるみたい。でも、40代ごろから、また自由《じゆう》に自分の世界《せかい》を楽しめるようになるよ。

運命数《うんめいすう》 6

運《うん》を開《ひら》くオシャレ術《じゅつ》

髪型《かみがた》

ゆるく巻《ま》いた女性《じょせい》らしいロングヘアー。マジメなムードを少しくずして。

ヘアアクセサリー

シンプルなバレッタで、髪《かみ》をまとめてスッキリと。

アクセサリー

チェーンベルトでウエストにアクセントをつけて。

魅力《みりょく》を引き出す色

ピンク。女の子らしく、キュートな魅力《みりょく》を引き出すよ。

魅力的《みりょくてき》なしぐさ

胸《むね》の前で両手《りょうて》を重《かさ》ねるなど、思慮《しりょ》深《ぶか》いイメージで。

ファッションの種類《しゅるい》やコーデ

上下セットや上下おそろいの服《ふく》。きちんとした性格《せいかく》をアピールして。

一生《いっしょう》の運命《うんめい》

運命《うんめい》のバイオリズムグラフ

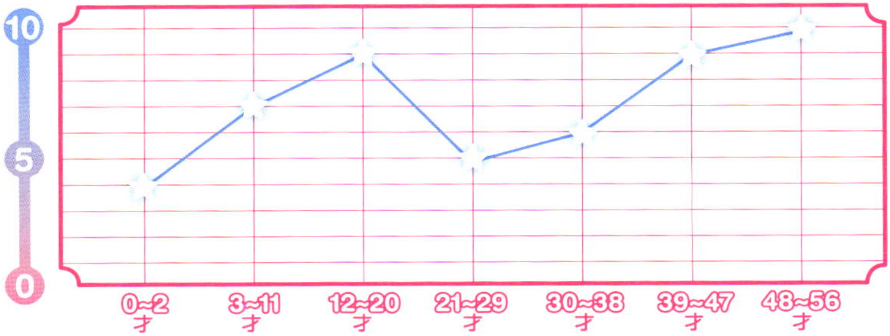

子ども期《き》

あまり目立たないけど、みんなとじょうずに交際《こうさい》できるので、おだやかな毎日が送《おく》れるよ。勉強《べんきょう》もコツコツとがんばり、ほどほどの成績《せいせき》が取《と》れるはず。変化《へんか》が少なくて、たいくつを感《かん》じることも。

ティーンズ期《き》

地道ながんばりが実《みの》って、仲《なか》の良《よ》い友だちがたくさんできたり、勉強《べんきょう》の成績《せいせき》が上がって良《よ》い大学に入れたりしそう。遊《あそ》びも勉強《べんきょう》もバランス良《よ》く取《と》り組めるので、トラブルの少ないおだやかな毎日になるみたいだよ。

大人期《き》

社会に出てからしばらくの間は、自分の能力《のうりょく》不足《ぶそく》になやみがち。でも、毎日コツコツと努力《どりょく》を重《かさ》ねて、だんだんと知識《ちしき》が増《ふ》えて、能力《のうりょく》も高まっていくよ。結婚《けっこん》して、パートナーともおだやかに過《す》ごせるはず。

運命数《うんめいすう》7

運《うん》を開《ひら》くオシャレ術《じゅつ》

髪型《かみがた》

きっちりとまとめたお団子《だんご》ヘアーで、キュートさをアピール。

ヘアアクセサリー

シュシュでお団子《だんご》をとめて優《やさ》しく、やわらかなイメージ。

アクセサリー

二重《にじゅう》のロングネックレスでアクセントをつけて。

魅力《みりょく》を引き出す色

あい色。落《お》ち着《つ》いた色合いでオトナの魅力《みりょく》も。

ファッションの種類《しゅるい》やコーデ

カジュアルなジャケットを羽織《はお》り、細いタイをして、知的《ちてき》なムード作りを。

魅力的《みりょくてき》なしぐさ

手帳《てちょう》にメモを取《と》るなど、いっしょうけんめいなしぐさ。

一生《いっしょう》の運命《うんめい》

運命《うんめい》のバイオリズムグラフ

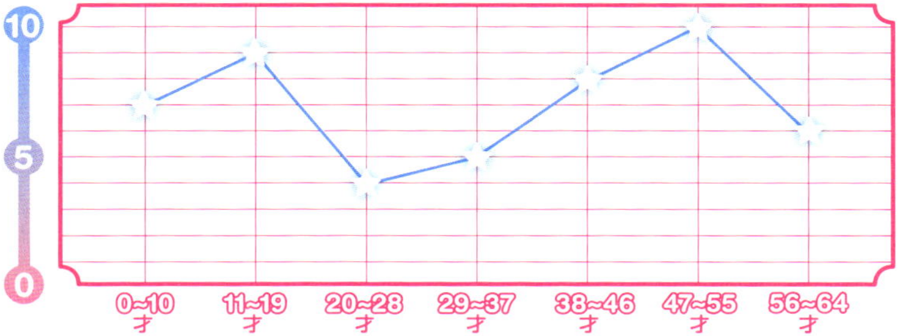

子ども期《き》

子どものころから勉強《べんきょう》好《ず》きで、成績《せいせき》はだんだんと上がっていくはず。でも、ワイワイさわぐのが苦手《にがて》で、クラスの中では目立たないみたい。1人でできるしゅみにはまって、静《しず》かに過《す》ごすことが多いかも。

ティーンズ期《き》

勉強熱心《べんきょうねっしん》で頭がいいので、クラスメートから尊敬《そんけい》されるはず。良《よ》い高校や大学に入り、自信《じしん》が高まるよ。何でもテキパキとこなせるので、生徒《せいと》会長など大きな役《やく》をまかされることが多いかも。でも、できない子を見下してしまう面《めん》に注意《ちゅうい》して。

大人期《き》

20代と 30代は、周《まわ》りから理解《りかい》されないことが多くて、こどくを感《かん》じやすいみたい。周《まわ》りの人に批判的《ひはんてき》になってしまうことも多いかも。でも、40代から温《あたた》かい性格《せいかく》が出てきて、人生が楽しくなってくるよ。

運命数《うんめいすう》 8

運《うん》を開《ひら》くオシャレ術《じゅつ》

ヘアアクセサリー

布製《ぬのせい》のバンダナをリボンのように巻《ま》いてみて。

髪型《かみがた》

おでこを見せたボブカット。かわいく快活《かいかつ》なふんいきに。

魅力《みりょく》を引き出す色

オレンジ。明るいビタミンカラーがピッタリだよ。

アクセサリー

ワッペンやかんバッジなど、カジュアルなイメージがいいね。

魅力的《みりょくてき》なしぐさ

スナックがしを食べるなど、無《む》造作《ぞうさ》なしぐさ。

ファッションの種類《しゅるい》やコーデ

活動的《かつどうてき》なショートパンツ、Gジャンなどデニム素材《そざい》の服《ふく》。

一生《いっしょう》の運命《うんめい》

運命《うんめい》のバイオリズムグラフ

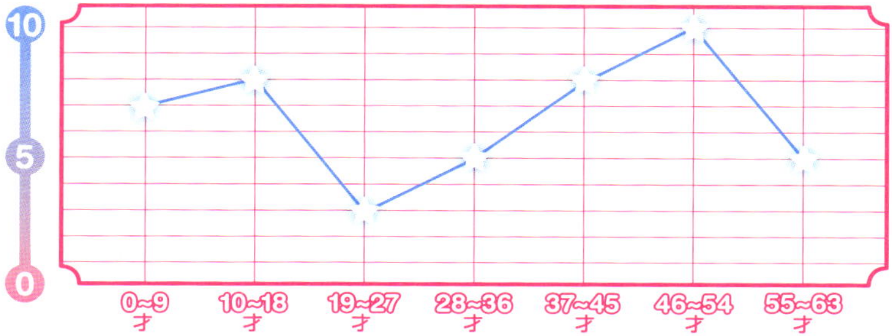

子ども期《き》

パワフルで、小学校でも元気いっぱいなので、みんなの人気者《もの》になれそう。授業《じゅぎょう》中にジョークを言《い》って、みんなを笑《わら》わせることも。スポーツが得意《とくい》で、体育《たいいく》や運動会《うんどうかい》では注目《ちゅうもく》されるはず。

ティーンズ期《き》

将来《しょうらい》の夢《ゆめ》や目標《もくひょう》をしっかりと持《も》っていて、それに向《む》かってうでをみがいたり、勉強《べんきょう》をしたりと、がんばるはず。ガッツがあり、イヤなことがあっても、乗《の》りこえるパワーがあるよ。大学へ進《すす》むのではなく、仕事《しごと》をする道を選《えら》ぶ人も少なくないよ。

大人期《き》

20代《だい》はなかなか夢《ゆめ》がかなわずに、ガマンすることが多くなりがち。でも、30代《だい》からはだんだんと能力《のうりょく》が高まり、夢《ゆめ》に近づいていけるよ。愛《あい》する人と結婚《けっこん》して、仕事《しごと》を辞《や》めずに家《か》庭《てい》と両立《りょうりつ》させようと、がんばり続《つづ》けるよ。

運命数《うんめいすう》 9

運《うん》を開《ひら》く オシャレ術《じゅつ》

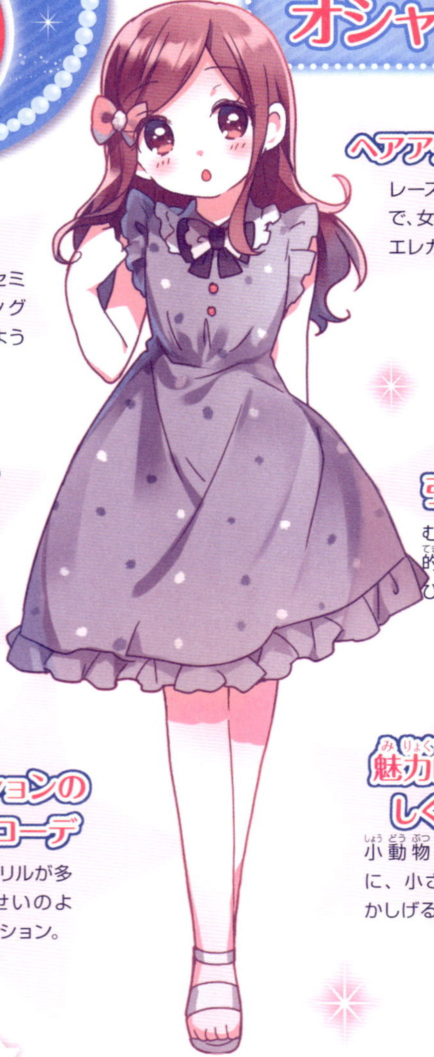

ヘアアクセサリー

レース製《せい》のリボンで、女の子らしく、エレガントに。

髪型《かみがた》

ふわっとしたセミロングやロングで、包《つつ》みこむような魅力《みりょく》を。

魅力《みりょく》を引き出す色

むらさき色。神秘《しんぴ》的《てき》なムードで人をひきつけるよ。

アクセサリー

胸《むな》もとのレース製《せい》のリボン、足元をしっかり見るという意味《いみ》でアンクレット。

魅力的《みりょくてき》なしぐさ

小動物《しょうどうぶつ》のように、小さく首をかしげるしぐさ。

ファッションの種類《しゅるい》やコーデ

レースやフリルが多い、ようせいのようなファッション。

一生《いっしょう》の運命《うんめい》

運命《うんめい》のバイオリズムグラフ

子ども期《き》

人当たりが良《よ》く、だれにでも優《やさ》しいので、クラスメートから好《す》かれるはず。たくさんの友だちに囲《かこ》まれて、楽しい毎日を過《す》ごせそう。将来《しょうらい》になりたいものがたくさんあって、夢《ゆめ》や希《き》望《ぼう》にあふれているよ。

ティーンズ期《き》

17才までは好調《こうちょう》。とくに、芸術的《げいじゅつてき》な才能《さいのう》を発揮《はっき》して、みんなから注目《ちゅうもく》されているかも。でも、18才になると、夢《ゆめ》や理想《りそう》と現実《げんじつ》のギャップになやんで、あれこれと考えがち。勉強《べんきょう》と仕《し》事《こと》のどちらを選《えら》ぶかで、なやんでしまうかも。

大人期《き》

社会に出てからも、本当に自分のやりたいことを求《もと》めて、考えこむことが多くなりそう。でも、だんだんと道がハッキリ見えてくるよ。愛《あい》する人と結婚《けっこん》して、いっしょに仕事《しごと》をがんばっている可能性《かのうせい》も。

幸《しあわ》せになれる ビューティーアドバイス

運命数《うんめいすう》1

遊《あそ》びに行くときは、レモンやオレンジなど、かんきつ系《けい》のコロンを、耳たぶや首に少しつけて。動《うご》くたびに、さわやかなかおりがするよ。

運命数《うんめいすう》2

髪《かみ》がツヤツヤなら、あなたの魅力《みりょく》がさらにアップ！ シャンプー前のブラッシングと、シャンプー後のドライヤーを念入《ねんい》りにして。

運命数《うんめいすう》3

人にはあまり見せない足の裏《うら》も、しっかりケア。足の裏《うら》や足の指《ゆび》の間もていねいに洗《あら》って、おふろから出たら足の裏《うら》をマッサージして。

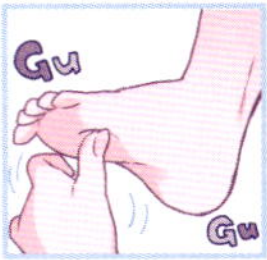

運命数《うんめいすう》4

自分で手作りした小《こ》物《もの》にワンポイントをそえると、注《ちゅう》目《もく》されるはず。手作りのトートバッグにマスコットをプラスしてみよう。

運命数《うんめいすう》5

ふだんは、はなやかなファッションでも、家にいるときはシンプルな服《ふく》でリラックスして。タオル素材《そざい》の部屋着《へやぎ》が、つかれをいやしてくれるはず。

運命数《うんめいすう》6

つめのオシャレで遊《あそ》び心《こころ》を出してみよう。とうめいや、うすいピンクのマニキュアをぬったり、光るストーンのついたネイルシールをはって。

運命数《うんめいすう》7

知的《ちてき》なあなたは、本や雑誌《ざっし》からオシャレを学ぶと、一気にセンスアップするはず。好《す》きなタイプのファッション雑《ざっ》誌《し》に、毎月目を通してみて。

運命数《うんめいすう》8

良《よ》いかおりのする石けんで、手を洗《あら》うようにすれば、清《せい》潔感《けつかん》をアピールできるよ。ポケットに良《よ》いかおりの石けんを入れておくのも◎。

運命数《うんめいすう》9

姿勢《しせい》を良《よ》くすることも、美《うつく》しく見せる大事《だいじ》なポイント。背《せ》すじが曲《ま》がらないように、ときどき両手《りょうて》を組んで上にのばして、大きく背《せ》のびをしよう。

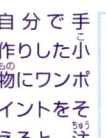

Part.
5

才能《さいのう》や職業《しょくぎょう》がわかる!

名前うらない

名前うらないとは…

一生の中で、呼《よ》ばれたり書いたりする自分の名前は、自分の性格《せいかく》や才能《さいのう》に強い影響《えいきょう》をあたえる大事《だいじ》なもの。特《とく》に、自分の名前の頭文字が出す音は、あなたのすべてをかくし持《も》っているよ。名前の頭文字から、どんな才能《さいのう》を持《も》っていて、どんな職業《しょくぎょう》に向《む》いているのかをうらなおう。

あなたの頭文字は何？

名前の最初《さいしょ》の文字で、才能《さいのう》や、ぴったりの職業《しょくぎょう》がわかるよ。

あ

どのような才能《さいのう》がある？

明るくてパワーがあるので、多くの人を引っ張《ぱ》っていけるよ。人の心を簡単《かんたん》に開《ひら》ける才能《さいのう》があるから、とくに小さな子どもたちからしんらいされて、大人気になれそう。

向《む》いている職業《しょくぎょう》

保育士《ほいくし》、ようち園の先生、体育《たいいく》の先生

い

どのような才能《さいのう》がある？

自分の意志《いし》をしっかりと持《も》ち、周《まわ》りを元気にするパワーを持《も》っているあなた。困《こま》っている人にアドバイスをしたり、自分のパワーを人にあげたりできるよ。人を引っ張《ぱ》る力もあるね。

向《む》いている職業《しょくぎょう》 カウンセラー、開運《かいうん》アドバイザー、習《なら》い事《ごと》の先生

う

どのような才能《さいのう》がある？

マジメでコツコツ型《がた》の、仕事《しごと》熱心《ねっしん》なタイプ。自分から動《うご》くのではなく、あたえられた仕事《しごと》を完《かん》ぺきにこなす才能《さいのう》を持《も》っているね。ひかえめだけど、とてもガマン強いよ。

向《む》いている職業《しょくぎょう》 経理《けいり》事務《じむ》、医療《いりょう》事務《じむ》、パソコンの打《う》ちこみ作業《さぎょう》

え

どのような才能《さいのう》がある？

明るくて行動《こうどう》力のある自由《じゆう》人。自分が好《す》きな道を、自由《じゆう》に動《うご》いて切り開《ひら》く才能《さいのう》を持《も》っているよ。お金のあつかい方がじょうずなので、独立《どくりつ》した仕事《しごと》のほうが、かせげそうだね。

向《む》いている職業《しょくぎょう》 プロスポーツ選手《せんしゅ》、グラフィックデザイナー、俳優《はいゆう》

お　を

どのような才能《さいのう》がある？

ちょっとガンコでけいかい心が強いけど、自分が正しいと思うことをねばり強く進《すす》める根気《こんき》があるよ。変化《へんか》の少ない仕事《しごと》でも、投《な》げ出すことなく、最後《さいご》まで取《と》り組めるのが長所《ちょうしょ》。

向《む》いている職業《しょくぎょう》

パン作り、わがし店、機械《きかい》の組み立て

か

どのような才能《さいのう》がある?

パワフルで、直《ちょっ》感《かん》力と行動《こうどう》力に優《すぐ》れているよ。何か新しいことを始《はじ》めて成功《せいこう》する能力《のうりょく》があり、世間《せけん》にしんせんなおどろきや感動《かんどう》をあたえることを、目標《もくひょう》としているところがあるね。

向《む》いている職業《しょくぎょう》 ゲームデザイナー、作曲家《さっきょくか》、テレビディレクター

き

どのような才能《さいのう》がある?

知識欲《ちしきよく》がとても強くて、好《す》きなジャンルの勉強《べんきょう》が大好《す》き。文章《ぶんしょう》を書いたり、大勢《おおぜい》の前で話したりして、自分の知識《ちしき》を使《つか》い、たくさんの人の役《やく》に立てる才能《さいのう》があるよ。

向《む》いている職業《しょくぎょう》 大学の先生、気象予報士《きしょうよほうし》、雑誌《ざっし》の編集者《へんしゅうしゃ》

く

どのような才能《さいのう》がある?

勉強熱心《べんきょうねっしん》で研究《けんきゅう》をすることが好《す》きで、物事《ものごと》をぶんせきする才能《さいのう》に優《すぐ》れているよ。大勢《おおぜい》でワイワイするより、1人で集中《しゅうちゅう》したほうが、才能《さいのう》を発揮《はっき》できるみたい。研究《けんきゅう》家タイプだね。

向《む》いている職業《しょくぎょう》 薬剤師《やくざいし》、商品開発員《しょうひんかいはついん》、自然学者《しぜんがくしゃ》

け

どのような才能《さいのう》がある?

社交的《てき》で意見《いけん》をハッキリと言う、めんどう見のよいタイプ。頭の回《かい》転《てん》が速《はや》くて、何かを教えることがじょうず。ちょっと厳《きび》しいと思われるけど、相《あい》手《て》をヤル気にさせる魅力《みりょく》も。

向《む》いている職業《しょくぎょう》 学習《がくしゅう》じゅくの先生、英会話《えいかいわ》の先生、専門《せんもん》学校の先生

こ

どのような才能《さいのう》がある?

マジメで何事《なにごと》もコツコツとこなす、根気《こんき》強さがあるよ。毎日の生活を大事《だいじ》にし、生活を楽しくするコツを知っているね。料理《りょうり》やインテリアなど、家《か》庭的《ていてき》なことに才能《さいのう》を活かせるよ。

向《む》いている職業《しょくぎょう》 料理研究家《りょうりけんきゅうか》、食器《しょっき》はんばい、インテリアコーディネイター

さ

どのような才能《さいのう》がある?

元気で行動《こうどう》力があり、1人で何かを成功《せいこう》させる力があるよ。わくにはまるより、気ままに動《うご》くほうが才能《さいのう》を活かせるみたい。クリエイティブな才能《さいのう》で、人を楽しませられるはず。

向《む》いている職業《しょくぎょう》 小説《しょうせつ》家、きゃくほん家、マンガ家

し

どのような才能《さいのう》がある?

楽しいことが好《す》きで、人を楽しませる能力《のうりょく》にも優《すぐ》れているあなた。頭の回転《かいてん》が速《はや》く、多くの人たちやたくさんの物事《ものごと》を、じょうずにまとめられるよ。リーダー役《やく》もできそう。

向《む》いている職業《しょくぎょう》 司会者《しかいしゃ》、映画《えいが》かんとく、イベントきかく者《しゃ》

す

どのような才能《さいのう》がある?

女性《じょせい》らしく感受性《かんじゅせい》が豊《ゆた》かで、流行《りゅうこう》を読むことが得意《とくい》だね。美《うつく》しさへのセンスが優《すぐ》れていて、美容《びよう》やファッションの世界《せかい》でかつやくできる予感《よかん》。何かを作り出すこともじょうずだよ。

向《む》いている職業《しょくぎょう》 アクセサリー作家、ファッションデザイナー、パタンナー

せ

どのような才能《さいのう》がある?

集中《しゅうちゅう》力があり、1つの道をつき進《すす》んでいくタイプ。正義感《せいぎかん》が強いから、世《よ》の中《なか》を良《よ》くしていくことに能力《のうりょく》を発揮《はっき》することができるよ。正しいことを、社会に広める力があるね。

向《む》いている職業《しょくぎょう》 ルポライター、報道《ほうどう》カメラマン、裁判官《さいばんかん》

そ

どのような才能《さいのう》がある?

ひかえめに見えるけど、とても大きなことをなしとげるパワーを持《も》つ、努力《どりょく》家。少しくらい大変《たいへん》でも、めげずにがんばる前進《ぜんしん》する力を持《も》っているはず。大勢《おおぜい》をまとめられる器《うつわ》の大きな人物《じんぶつ》。

向《む》いている職業《しょくぎょう》 飲食《いんしょく》店の店長、小さな会社の社長、演奏《えんそう》の指揮者《しきしゃ》

た

どのような才能《さいのう》がある?

高い目標《もくひょう》をかかげてがんばる情《じょう》熱《ねつ》家で、負《ま》けずギライ。堂々《どうどう》としていてタフな心を持《も》っているから、みんなからたよられがち。勝《か》ち負《ま》けがハッキリと出る場面《ばめん》で、全力《ぜんりょく》を出せるよ。

向《む》いている職業《しょくぎょう》 プロスポーツ選手《せんしゅ》、生命保険《せいめいほけん》レディ、証券《しょうけん》会社

ち

どのような才能《さいのう》がある?

強い情熱《じょうねつ》を持《も》ち、仕事《しごと》では好《す》きなことにトコトンはまるタイプ。素《す》晴《ば》らしいものを作り出して、多くの人を喜《よろこ》ばせることができるよ。それが自分の喜《よろこ》びにもなるんだね。

向《む》いている職業《しょくぎょう》 パティシエ、商品開発員《しょうひんかいはついん》、イラストレーター

つ

どのような才能《さいのう》がある？

物静《ものしず》かに見えて、心の中で情熱《じょうねつ》を燃《も》やしているよ。じっくりと静《しず》かに考える力があるので、次々《つぎつぎ》と良《よ》いアイデアが浮《う》かぶはず。静《しず》かにじっくりと取り組む仕事《しごと》に向《む》いているね。

向《む》いている職業《しょくぎょう》

しょうぎ士《し》、ゲームプランナー、画家

て

どのような才能《さいのう》がある？

あれこれと手を出すのではなく、1つのことにトコトン向《む》き合《あ》うこだわり屋《や》。同じ仕事《しごと》がずっと続《つづ》いても、あきることなく根気《こんき》よく取《と》り組めるよ。マジメな職人《しょくにん》タイプ。

向《む》いている職業《しょくぎょう》

ウェブデザイナー、工芸家《こうげいか》、わがし職人《しょくにん》

と

どのような才能《さいのう》がある？

広い視野《しや》を持《も》っていて、じょうきょうを冷静《れいせい》に観察《かんさつ》できるあなた。人の役《やく》に立つアドバイスをして、助《たす》けることができるよ。感情的《かんじょうてき》にならず、だれにでも平等《びょうどう》にふるまえるところも。

向《む》いている職業《しょくぎょう》

裁判官《さいばんかん》、弁護士《べんごし》、ファイナンシャルプランナー

な

どのような才能《さいのう》がある？

責任感《せきにんかん》が強くて、細《こま》かい作業《さぎょう》でも完《かん》ぺきにこなせるあなた。理想《りそう》が高いから、自分にも周《まわ》りの人にも厳《きび》しくなってしまうかも。大勢《おおぜい》で働《はたら》くより、1人のほうが才能《さいのう》を発揮《はっき》できそう。

向《む》いている職業《しょくぎょう》

手芸家《しゅげいか》、フラワーデザイナー、書道家

に

どのような才能《さいのう》がある？

周《まわ》りとはちがう変《か》わったセンスや感《かん》性《せい》を持《も》っているよ。個性的《こせいてき》なアイデアやファッションで、みんなに注目《ちゅうもく》されそう。好《す》きキライが強く、好《す》きなことにトコトン集中《しゅうちゅう》するところも。

向《む》いている職業《しょくぎょう》

バッグデザイナー、ファッションモデル、ミュージシャン

ぬ

どのような才能《さいのう》がある？

ひかえめに見えても、高い目標《もくひょう》をかかげ、情熱《じょうねつ》を燃《も》やしてがんばるタイプ。イヤなことがあっても投《な》げ出さず、コツコツと前進《ぜんしん》できそう。何かを少しずつ作ることに向《む》いているよ。

向《む》いている職業《しょくぎょう》

建築家《けんちくか》、ほんやく家、和服《わふく》を作る人

ね

どのような才能《さいのう》がある?

周《まわ》りのじょうきょうやムードを読《よ》み取《と》ることが得意《とくい》で、人の心も何となく読めてしまう才能《さいのう》があるよ。相手《あいて》にゆずる思いやりもあるから、人としょうとつすることも少ないみたい。

向《む》いている職業《しょくぎょう》

カウンセラー、うらない師《し》、美容師《びようし》

の

どのような才能《さいのう》がある?

周《まわ》りに流《なが》されないで、自分のペースでのんびりと、でもしっかりと物事《ものごと》を進《すす》めていくよ。おっとりしているから、多くの人に安心感《あんしんかん》を持《も》ってもらえるはず。しんらいもされそう。

向《む》いている職業《しょくぎょう》

看護師《かんごし》、かいご士《し》、アニメーター

は

どのような才能《さいのう》がある?

明るくおおらかで、周《まわ》りの人を元気にするパワーを持《も》っているよ。あなたがいるだけで、場がパッと明るくなるはず。多くの人に会うほど、周《まわ》りを幸《しあわ》せにすることができるんだね。

向《む》いている職業《しょくぎょう》

お笑《わら》い芸人《げいにん》、タレント、ツアーコンダクター

ひ

どのような才能《さいのう》がある?

優《やさ》しい心を持《も》っているけど、自分らしさを大事《だいじ》にして、自分を認《みと》めてもらうことを望《のぞ》んでいるよ。目立った行動《こうどう》で注目《ちゅうもく》されることが多そうだけど、それだけはなやかだということ。

向《む》いている職業《しょくぎょう》

ミュージシャン、ダンサー、モデル

ふ

どのような才能《さいのう》がある?

情《じょう》が深《ふか》くて思いやりがあり、人をホッといやす温《あたた》かいムードを持《も》っているよ。自分が目立つのではなく、人を支《ささ》えたり助《たす》けたりするような仕事《しごと》にぴったり。女性《じょせい》らしさを活かして。

向《む》いている職業《しょくぎょう》

りんしょう心理士《し》、調理師《ちょうりし》、ホームヘルパー

へ

どのような才能《さいのう》がある?

周《まわ》りに流《なが》されないで、自分の好《す》きなことをやろうとする強い意志《いし》があるよ。みんなと同じだということがイヤみたい。だれもやったことのないようなことに、チャレンジできるはず。

向《む》いている職業《しょくぎょう》

フリーライター、イラストレーター、詩人《しじん》

ほ

どのような才能《さいのう》がある？

落《お》ち着《つ》いていて大人っぽく、周《まわ》りの人たちをホッとさせたり、ほがらかなムードにする才能《さいのう》があるよ。職場《しょくば》や小さなグループのまとめ役《やく》ができそう。接客業《せっきゃくぎょう》にも向《む》いているね。

向《む》いている職業《しょくぎょう》 カフェの経営《けいえい》、趣味《しゅみ》の教室の先生、エステティシャン

ま

どのような才能《さいのう》がある？

自分の考えをストレートに伝《つた》えられる、まっすぐさがあるよ。大勢《おおぜい》の前に出ても物《もの》おじしない、だいたんさが魅力《みりょく》。正義感《せいぎかん》が強く、社会を良《よ》くするために積極的《せっきょくてき》に行動《こうどう》できるよ。

向《む》いている職業《しょくぎょう》 政治家《せいじか》、警察官《けいさつかん》、ボランティアスタッフ

み

どのような才能《さいのう》がある？

一歩引いて人を立てるけど、いつも笑顔《えがお》で人の心を明るくする才能《さいのう》があるよ。女性《じょせい》らしいやわらかなムードがあるので、接客業《せっきゃくぎょう》などの人気商売《しょうばい》では、ファンがたくさんできそう。

向《む》いている職業《しょくぎょう》 ウェイトレス、メイクアップアーティスト、受付《うけつけ》じょう

む

どのような才能《さいのう》がある？

好《す》きなことへの情熱《じょうねつ》が深《ふか》くて、どっぷりとはまるタイプ。好《す》きなジャンルの才能《さいのう》を、トコトンまで高めていくことができるよ。それも、できる人が少ないめずらしいジャンルみたい。

向《む》いている職業《しょくぎょう》 照明《しょうめい》デザイナー、動物園《どうぶつ》の飼育《しいく》スタッフ、霊能者《れいのうしゃ》

め

どのような才能《さいのう》がある？

好《す》きなことを大事《だいじ》にして、それを守《まも》っていく力があるよ。小さなグループの中で、家族《かぞく》みたいな温《あたた》かいムードを作り出せるはず。たくさんのものを望《のぞ》まずに満足《まんぞく》できるみたい。

向《む》いている職業《しょくぎょう》 家庭教師《かていきょうし》、野菜《やさい》作り、パン職人《しょくにん》

も

どのような才能《さいのう》がある？

温《あたた》かい心を持《も》っていて、人のめんどうを見ることがじょうず。おっとりしたムードで人を安心《あんしん》させ、心を開《ひら》かせることができるよ。あなたをたよってくる人が、たくさんいるはず。

向《む》いている職業《しょくぎょう》 歯科衛生士《しかえいせいし》、看護師《かんごし》、心理カウンセラー

や

どのような才能《さいのう》がある？

好奇《こうき》心がおうせいで、いろいろなことにチャレンジする行動《こうどう》力があるよ。同じことのくり返《かえ》しより、変化《へんか》があったほうがイキイキと過《す》ごせるみたい。自分の感情《かんじょう》もハッキリと出すよ。

向《む》いている職業《しょくぎょう》 ジャーナリスト、レポーター、雑誌《ざっし》の編集者《へんしゅうしゃ》

ゆ

どのような才能《さいのう》がある？

ロマンチストで、ステキなストーリーを作る空想《くうそう》力や創造《そうぞう》力があるよ。人が思いつかないようなことを考えることができる才能《さいのう》が豊《ゆた》か。見えないところでの努力《どりょく》もおしまないよ。

向《む》いている職業《しょくぎょう》 ファンタジー作家、マンガ家、カメラマン

よ

どのような才能《さいのう》がある？

コツコツとがんばる努力《どりょく》家で、物《もの》を作り出すことへの才能《さいのう》を持《も》っているよ。日常《にちじょう》生活で使《つか》う物《もの》へのセンスは、人一倍《ひといちばい》高いみたい。それだけ毎日の生活を、大事《だいじ》に過ごしているんだね。

向《む》いている職業《しょくぎょう》 食器《しょっき》デザイナー、家具職人《かぐしょくにん》、インテリアデザイナー

ら

どのような才能《さいのう》がある？

明るく元気に苦《く》労《ろう》を乗《の》りこえるパワーがあるよ。あなたの情熱《じょうねつ》を積極的《せっきょくてき》に表《おもて》に出していくことで、周《まわ》りに元気や勇気《ゆうき》をあたえることができるね。パワフルさをアピールして。

向《む》いている職業《しょくぎょう》 ダンサー、ミュージシャン、タレント

り

どのような才能《さいのう》がある？

美《うつく》しいものが大《だい》好《す》きで、芸術的《げいじゅつてき》、美的《びてき》センスはとても高いよ。自分を美《うつく》しくかざることも、とってもじょうず。好《す》きなことには、ねるのも忘《わす》れて取《と》り組《く》む集中《しゅうちゅう》力もあるはず。

向《む》いている職業《しょくぎょう》 ファッションモデル、ヘアメイクアーティスト、ちょうこく家

る

どのような才能《さいのう》がある？

社交的《てき》で明るくて、人を楽しませる才能《さいのう》があるよ。あなたがいるだけで、周《まわ》りのムードが明るく、元気になりそう。多くの人に流《なが》されずに、自分の好《す》きな世界《せかい》を大切にするところも。

向《む》いている職業《しょくぎょう》 マジシャン、お笑《わら》い芸人《げいにん》、落語《らくご》家

れ

どのような才能《さいのう》がある？

とってもはなやかなムードを持《も》っているよ。オシャレのセンスもあり、自分をステキに見せることがじょうずみたい。あなたを尊敬《そんけい》する女の子が、たくさん出てきそう。

向《む》いている職業《しょくぎょう》

雑誌《ざっし》モデル、ブティックはんばい員《いん》、美容部員《びようぶいん》

ろ

どのような才能《さいのう》がある？

エネルギッシュで、好《す》きなことに向《む》かってだいたんにつき進《すす》んでいくタイプ。大きな夢《ゆめ》や野心を心の中にかかえていて、大きな役割《やくわり》や難《むずか》しい仕事《しごと》に取《と》り組むほどパワーアップするよ。

向《む》いている職業《しょくぎょう》

プロスポーツ選手《せんしゅ》、会社の経営《けいえい》、映画《えいが》かんとく

わ

どのような才能《さいのう》がある？

おだやかで人に合わせることがじょうずで、周《まわ》りのムードを温《あたた》かくほがらかなものにする才能《さいのう》があるよ。幸《しあわ》せなムードを作れるから、人が集《あつ》まるところでは、いつも必要《ひつよう》とされそう。

向《む》いている職業《しょくぎょう》

ブライダル業《ぎょう》、コンパニオン、みこさん

が

どのような才能《さいのう》がある？

人が思いつかないことを新しく始《はじ》めて、世間《せけん》をアッとおどろかせるような才能《さいのう》を持《も》っているよ。あふれるパワーがあるので、目立ちたくなくても自然《しぜん》と目立ってしまうみたい。

向《む》いている職業《しょくぎょう》

発明家《はつめいか》、商品開発員《しょうひんかいはついん》、作曲家《さっきょくか》

ぎ

どのような才能《さいのう》がある？

好《す》きなジャンルの知識《ちしき》や情報《じょうほう》を集《あつ》める力に優《すぐ》れていて、その才能《さいのう》を活かしてたくさんの人たちに何かを教えることができるよ。自分の考えを周《まわ》りに伝《つた》えるのもじょうずで、注目《ちゅうもく》されるよ。

向《む》いている職業《しょくぎょう》

講演者《こうえんしゃ》、コメンテーター、ルポライター

ぐ

どのような才能《さいのう》がある？

自分の好《す》きな世界《せかい》にどっぷりとはまって深《ふか》く調《しら》べていく、研究《けんきゅう》家タイプ。人が簡単《かんたん》には見つけられないことを発見《はっけん》することができるから、ひかえめなのに、注目《ちゅうもく》されそう。

向《む》いている職業《しょくぎょう》

天文学者《てんもんがくしゃ》、考古学者《こうこがくしゃ》、和楽器《わがっき》の演奏《えんそう》家

げ

どのような
才能《さいのう》がある?

頭の回転《かいてん》が速《はや》く、自分の意見《いけん》を持《も》っているあなた。それをじょうずにアピールして、多くの人を説得《せっとく》できるよ。教えることを通して、周《まわ》りに強いえいきょうをあたえられるはず。

向《む》いている職業《しょくぎょう》 大学の先生、専門《せんもん》学校の先生、コラムニスト

ご

どのような
才能《さいのう》がある?

ふだんの生活を大事《だいじ》にして、よく観察《かんさつ》しているので、生活を楽しくするコツを知っているよ。それを仕事《しごと》で活かせば、多くの人の生活を、よりよく幸《しあわ》せなものにできそうだね。

向《む》いている職業《しょくぎょう》 料理《りょうり》研究《けんきゅう》家、フラワーショップ、ガーデンデザイナー

ざ

どのような
才能《さいのう》がある?

人にたよらずに、何でも自力でがんばれる強いパワーがあるよ。クリエイティブな才能《さいのう》にもめぐまれていて、ほかの人が考えつかないだいたんな作《さく》品《ひん》を作れるはず。個性《こせい》が強いね。

向《む》いている職業《しょくぎょう》 ウェブデザイナー、絵本作家、イラストレーター

じ

どのような
才能《さいのう》がある?

頭が良《よ》くてアイデアが豊富《ほうふ》なので、人を楽しませる会話ができるよ。堂々《どうどう》としていて、多くの人をまとめるパワーもありそう。自信《じしん》を持《も》っているから、みんなからたよりにされるんだね。

向《む》いている職業《しょくぎょう》 アナウンサー、司会者《しかいしゃ》、予備校《よびこう》の先生

ず

どのような
才能《さいのう》がある?

何かを作り出すセンスに優《すぐ》れているよ。特《とく》に、ファッションやメイクなどオシャレの世界《せかい》で、強く才能《さいのう》をアピールできそう。あなたの個性的《こせいてき》な才能《さいのう》に、多くの人が感心《かんしん》するはず。

向《む》いている職業《しょくぎょう》 美容師《びようし》、ヘアメイクアーティスト、ファッションデザイナー

ぜ

どのような
才能《さいのう》がある?

自分の力で世界《せかい》を変《か》えるような、だいたんで、いだいな行動《こうどう》ができるタイプ。世《よ》の中《なか》のまちがっていることに、声をあげることができるはず。正《せい》義感《ぎかん》が強く、しんらいされているよ。

向《む》いている職業《しょくぎょう》 政治家《せいじか》、弁護士《べんごし》、NGOの責任者《せきにんしゃ》

そ

どのような才能《さいのう》がある?

おとなしく見えるけど、心の中では社会に働《はたら》きかけていきたいという強い願望《がんぼう》を持《も》つよ。文章《ぶんしょう》を書いて、自分の考えをアピールできる才能《さいのう》があるね。ブログやSNSを活用すると◎。

向《む》いている職業《しょくぎょう》 コピーライター、ルポライター、新聞記者《きしゃ》

だ

どのような才能《さいのう》がある?

強い向上心《こうじょうしん》があり、高い目標《もくひょう》を目指《めざ》してがんばり続《つづ》けるパワーがあるよ。負《ま》けずギライなので、ライバルがいるほどパワーアップするはず。目立ちたがり屋《や》なところもあるね。

向《む》いている職業《しょくぎょう》 プロスポーツ選手《せんしゅ》、ゲームプランナー、しょうぎ士《し》

ぢ

どのような才能《さいのう》がある?

自分の好《す》きなことにトコトンはまって、好《す》きなものをじょうずに作り出す才能《さいのう》を持《も》っているね。作るだけでもハッピーだけど、みんなが喜《よろこ》んでくれたらもっとハッピーになれるよ。

向《む》いている職業《しょくぎょう》 パズル作家、パティシエ、フードコーディネーター

づ

どのような才能《さいのう》がある?

物静《ものしず》かだけど頭の働《はたら》きは活発《かっぱつ》で、いつも静《しず》かにいろいろなことを考えているよ。だから、おもしろい案《あん》が浮《う》かぶことが多いはず。理論的《りろんてき》な考え方もできるので、計算が得意《とくい》かも。

向《む》いている職業《しょくぎょう》 プログラマー、ウェブデザイナー、エコノミスト

で

どのような才能《さいのう》がある?

コツコツと取《と》り組《く》むことが得意《とくい》で、特《とく》に自分の手で何かを作ることに喜《よろこ》びを感《かん》じそう。人から何かをたのまれたら、喜《よろこ》んで応《こた》える優《やさ》しさや親切心も持《も》っているよ。

向《む》いている職業《しょくぎょう》 くつ職人《しょくにん》、とうげい家、手芸家《しゅげいか》

ど

どのような才能《さいのう》がある?

周《まわ》りの目を気にすることなく、何でもどんどんおし進《すす》めていくパワーがあるね。観察《かんさつ》力もあるから、いつも正しい行動《こうどう》ができるよ。周《まわ》りの人に、役立《やくだ》つアドバイスもできそう。

向《む》いている職業《しょくぎょう》 客室乗務員《きゃくしつじょうむいん》、不動産《ふどうさん》かんてい士《し》、美術《びじゅつ》かんてい士《し》

ばぱ

どのような才能《さいのう》がある？

たくさんの人から注《ちゅう》目《もく》される、勢《いきお》いとパワーを持《も》っているね。何をしても目立つので、どこへ行っても中心人《じん》物《ぶつ》になれるはず。人を笑《わら》わせてムードを明るくする才能《さいのう》に優《すぐ》れているよ。

向《む》いている職業《しょくぎょう》

お笑《わら》い芸人《げいにん》、大道芸人《だいどうげいにん》、歌手

びぴ

どのような才能《さいのう》がある？

認《みと》められたいという強い願《ねが》いがあるので、自分の個性《こせい》を出すことで魅力《みりょく》がかがやくタイプ。感受性《かんじゅせい》が豊《ゆた》かで、芸《げい》術的《じゅつてき》な才能《さいのう》とセンスがあり、美《うつく》しいことを見きわめる才能《さいのう》を持《も》っているよ。

向《む》いている職業《しょくぎょう》

ネイリスト、スタイリスト、モデル

ぶぷ

どのような才能《さいのう》がある？

女性《じょせい》らしくて優《やさ》しいところを仕事《しごと》に活かせるので、人を助《たす》けるような職《しょく》業《ぎょう》に向《む》いているね。特《とく》に心と心が通い合う仕事《しごと》をすると、人をいやせて、あなた自身《じしん》も幸《しあわ》せな気分になれるよ。

向《む》いている職業《しょくぎょう》

アロマセラピスト、うらない師《し》、マッサージ師《し》

べぺ

どのような才能《さいのう》がある？

みんなとはちがう変《か》わったアイデアや考えを持《も》ち、それをアピールする才能《さいのう》があるよ。自分でも、みんなと同じはイヤだと思っているみたい。特《とく》に、芸術的《げいじゅつてき》な面《めん》で目立てそうだね。

向《む》いている職業《しょくぎょう》

グラフィックデザイナー、写真《しゃしん》家、画家

ぼぽ

どのような才能《さいのう》がある？

周《まわ》りの人たちをホッとリラックスさせる才能《さいのう》を持《も》っているので、いろいろな人と会って、話をする仕事《しごと》が向《む》いているみたい。特《とく》に、つかれている人をいやすことができそうだよ。

向《む》いている職業《しょくぎょう》

産業《さんぎょう》カウンセラー、リフレクソロジスト、開運《かいうん》アドバイザー

January February March April May June

Part. 6

未来《みらい》がわかる！

星《せ》座《いざ》うらない

星座《せいざ》うらないとは…

今から約《やく》4000年以上《いじょう》も前に、古代《こだい》メソポタミアで生まれた西洋占星術《せいようせんせいじゅつ》を、わかりやすくしたうらないだよ。生まれたしゅんかんに、太陽《たいよう》がどの星座《せいざ》を通っていたかで、自分の星座《せいざ》が決《き》まるんだ。才能《さいのう》や人生の運《うん》などがよくわかる星座《せいざ》うらないで、未来《みらい》をうらなおう。

July August September October November December

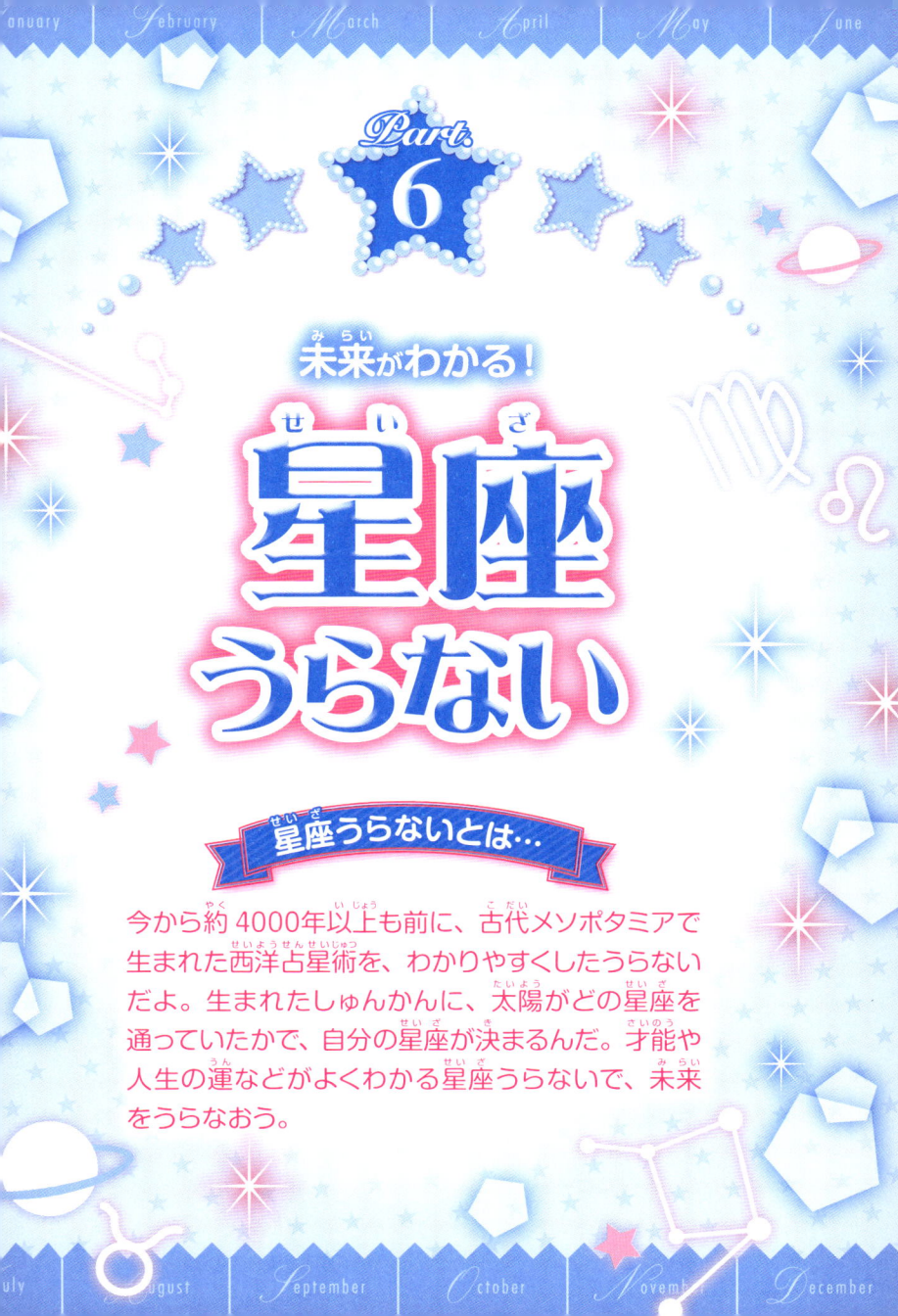

未来《みらい》がわかる
おひつじ座《ざ》

(3/21～4/20)

**思い立ったらすぐ動《うご》く
アクティブ派《は》**

セールスポイント

これだ！と思ったことは
すぐにチャレンジ
するところ。

結婚時期《けっこんじき》

かなり早いほうで、
20代の前半くらいに
結婚《けっこん》しそう。

運命《うんめい》のパートナー

大きな夢《ゆめ》を
追《お》っている、
積極的《せっきょくてき》で
行動的《こうどうてき》な男性《だんせい》。

幸《しあわ》せをつかむ開運《かいうん》グッズ

ボールなどの
スポーツグッズ。

ハッピーおまじない

大事《だいじ》な日は
赤いシャツを
着《き》よう。

恋愛《れんあい》・結婚運《けっこんうん》

早くから燃《も》えるような恋《こい》をする積極的《せっきょくてき》なタイプ。自分から好《す》きな男の子にアプローチして、両想《りょうおも》いになれるよ。男の子からアプローチされても心が動《うご》かないので、あなたにフラれる男の子は多いかも。交際《こうさい》がスタートしたら、深《ふか》く考えずに結婚《けっこん》したいと思うので、結婚《けっこん》は早いほう。でも、あきっぽいところがあるので、何年かたつと、別《べつ》の男性《だんせい》が気になってしまうことも。そんなときはスッパリと別《わか》れ、新しい恋《こい》につき進《すす》んでいく思い切りの良《よ》さもあるよ。

勉強《べんきょう》・仕事運《しごとうん》

好《す》きな教科や好《す》きな仕事《しごと》に、トコトン熱中《ねっちゅう》するタイプ。だから、好《す》きなジャンルではトップクラスの成績《せいせき》を取《と》れるけど、そのぶん、ほかはどれもイマイチ……なんてことになりそう。でも、1つの才能《さいのう》をしっかりとみがき続《つづ》けて、その道のスペシャリストになれるよ。

友情運《ゆうじょううん》

自分の意見《いけん》をハッキリと言うので、周《まわ》りの子から理解《りかい》されやすいよ。でもマイペースすぎて、「空気が読めない子」なんて思われることも。一生を通して友だちの数は少なめだけど、いつもしんらいできる子がそばに1人いて、それだけで満足《まんぞく》できるはずだよ。

健康運《けんこううん》

スポーツの才能《さいのう》が高くて、元気いっぱい。でも、あまり健康《けんこう》を気にせずに自由《じゆう》気ままに動《うご》くので、ふだんは元気でも、とつぜん体調《たいちょう》をくずしちゃうことがありそう。好《す》きなことに熱中《ねっちゅう》すると、すいみん時間が減《へ》ったり、あまり食べなくなったりするので、気をつけて。

金運《きんうん》

自分の能力《のうりょく》を活かし、積極的《せっきょくてき》にお金をかせごうとするから、大人になるとかなりの収入《しゅうにゅう》を得《え》られそう。でも、趣味《しゅみ》や遊《あそ》びなど好《す》きなことにえんりょなく使《つか》ってしまうので、あまり貯《た》まらないかも。でも、お金より心の満足感《まんぞくかん》を求《もと》めるタイプだから、不満《ふまん》はないはずだよ。

未来《みらい》がわかる
おうし座《ざ》
(4/21～5/21)

女の子らしい、のんびりおっとりタイプ。

セールスポイント
オシャレじょうずで
自分をかわいく
見せられるところ。

結婚時期《けっこんじき》
だいたい、
てきれい期で、
20代《だい》後半くらい。

運命《うんめい》のパートナー
年上で、
仕事熱心《しごとねっしん》な
マジメな男性《だんせい》。

幸《しあわ》せをつかむ開運《かいうん》グッズ
かわいいデザインの
おサイフ。

ハッピーおまじない
自分で作った
おかしを
食べよう。

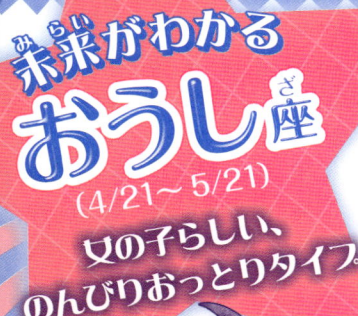

恋愛《れんあい》・結婚運《けっこんうん》

さみしがり屋《や》で、あまえんぼうなので、いつでも恋《こい》をしていたいタイプ。たよれる男の子に弱いから、学校の先生やせんぱいなど、年上の男性《だんせい》を好《す》きになることが多そう。とても愛情《あいじょう》が深《ふか》く、結婚願望《けっこんがんぼう》も強いので、恋人《こいびと》にはトコトンつくして、好《す》きなカレとスムーズに結婚《けっこん》できるよ。結婚《けっこん》後もダンナさまにつくして、いつまでもラブラブムードを続《つづ》けられるはず。子どももできて、とっても温《あたた》かい家庭《かてい》を作り、自分の人生を家族《かぞく》に注《そそ》ぐことができるんだね。

勉強《べんきょう》・仕事運《しごとうん》

自分のやるべきことをキチッとがんばるあなた。その努《ど》力《りょく》が実《みの》って、学校の成績《せいせき》は、ねんれいを重《かさ》ねるごとにアップしていくよ。仕事《しごと》は、学校卒《そつ》業《ぎょう》後にきちんとした会社に就職《しゅうしょく》して、はじめは大変《たいへん》でもコツコツとがんばり続《つづ》けて、円《えん》満《まん》に結婚退職《けっこんたいしょく》できそう。

友情運《ゆうじょううん》

ちょっと人見知りをするので、友だちを作るまでに時間はかかりそう。でも、一度仲良《いちどなかよ》くなったら何年でも友情《ゆうじょう》が続《つづ》くから、数少ない友だちと、いつまでも長く交際《こうさい》できるよ。その中には、おばあちゃんになっても家族《かぞく》ぐるみでつき合っている友だちもいそう。

健康運《けんこううん》

ムチャはしないから、大きなケガをする心配《しんぱい》は少ないよ。でも、食べることが大好《す》きで、あまり運動《うんどう》をしないので、だんだん太っていく心配《しんぱい》があるかも。おかしやジュースを少し減《へ》らして、野菜《やさい》をたくさん食べるようにしてね。できるだけ毎日、ラジオ体操《たいそう》をやってみよう。

金運《きんうん》

すべての星座《せいざ》の中で、一番お金に強い興味《きょうみ》があるあなた。おこづかいも大事《だいじ》に使《つか》うから、年を重《かさ》ねるほどに、貯金額《ちょきんがく》が増《ふ》えていくはず。大人になっても、収入《しゅうにゅう》の良《よ》い仕事《しごと》を選《えら》ぶので、一生お金に困《こま》ることはなさそうだよ。将来《しょうらい》は大きな家で、豊《ゆた》かな生活を送《おく》れるはず。

未来《みらい》がわかる ふたご座《ざ》

(5/22〜6/21)

興味《きょうみ》が広く、社交的《てき》で話し好《ず》き

セールスポイント

話題《わだい》のニュースや流行《りゅうこう》にびんかんなところ。

結婚時期《けっこんじき》

ちょっとおそめの30代《だい》前半くらい。

運命《うんめい》のパートナー

趣味《しゅみ》のサークルで出会った男性《だんせい》とゴールイン。

幸《しあわ》せをつかむ開運《かいうん》グッズ

小さなメモノート。

ハッピーおまじない

好《す》きな言葉《ことば》を日記やノートに書こう。

恋愛《れんあい》・結婚運《けっこんうん》

社交的《てき》でだれとでも気さくに話すあなたは、一生の中でたくさんのボーイフレンドができるはず。だから、その気はないのに、「恋《こい》多き女の子」なんてウワサされてしまうことも。でも、ちょっといいなと思う子はいても、なかなか本気になれる男の子が出てこないので、恋愛《れんあい》の回数は、それほど多くなさそう。みんなでワイワイとにぎやかに過《す》ごす中で、フィーリングの合う男性と仲良《なかよ》くなり、友だちムードのままで、その男性と結婚《けっこん》しそうだね。

勉強《べんきょう》・仕事運《しごとうん》

多くのことに興味《きょうみ》があるので、勉強《べんきょう》は好《す》きなほう。でも、あきっぽいから集中《しゅうちゅう》力が続《つづ》かず、どの教科も少しずつ取《と》り組《く》むことになりそうだね。どれも平均以上《へいきんいじょう》だけど、飛《と》びぬけた教科は少ないかも。仕事《しごと》はいろいろな職業《しょくぎょう》を経験《けいけん》してから、好《す》きな仕事《しごと》にめぐり合えそうだよ。

友情運《ゆうじょううん》

おしゃべりじょうずだから、どこへ行っても何人もの友だちを作り、にぎやかに過《す》ごせるよ。おしゃべりを通して、ますます情報通《じょうほうつう》になれる予感《よかん》。でも、クラスがえで、えんが切れちゃうなど、その場だけの友だちが多くなるみたい。深《ふか》い話ができる親友作りを目指《めざ》してみて。

健康運《けんこううん》

よく頭を使《つか》い、活発《かっぱつ》に動《うご》くので、年令《ねんれい》を重《かさ》ねてもスラリとした体《たい》型《けい》でいられるよ。食べ物《もの》の好《す》ききらいもないから、大きな病気《びょうき》とも、えんがないよ。気をつけたいのは、スポーツやアウトドア中の小さなケガくらい。栄養不足《えいようぶそく》が気になるので、毎日3食しっかりと食べて。

金運《きんうん》

お金はそこそこあればいいと感《かん》じるタイプで、しゅうちゃくがないみたい。仕事《しごと》もお給料《きゅうりょう》の多さより、楽しいかどうかを優先《ゆうせん》するところがあるよ。大金持《も》ちになるのは難《むずか》しいけど、周《まわ》りに助《たす》けてくれる友人や知人がたくさんいるから、一生お金に困《こま》ることはないはず。

未来《みらい》がわかる かに座《ざ》

(6/22～7/22)

家庭的《かていてき》で世話焼《せわや》きな
あたたかいふんいき

セールスポイント

家族《かぞく》に優《やさ》しく
親切にするところ。

結婚時期《けっこんじき》

わりと早いほうで
20代《だい》前半くらい。

運命《うんめい》のパートナー

家族《かぞく》を
大事《だいじ》にする、
おっとりとした
性格《せいかく》の人。

幸《しあわ》せをつかむ開運《かいうん》グッズ

自分専用《せんよう》の
マグカップ。

ハッピーおまじない

元気が欲《ほ》しい
ときにホットミルクを
飲《の》もう。

恋愛《れんあい》・結婚運《けっこんうん》

男の子の前ではシャイだけど、一度恋《いちどこい》に落《お》ちたら、1人の男の子をトコトン想《おも》い続《つづ》けるあなた。さみしがり屋《や》でもあるので、恋《こい》をしていないときはあまりないかも。料理《りょうり》やそうじが好《す》きな家庭的《かていてき》なタイプなので、両想《りょうおも》いになったらすぐに結婚《けっこん》を考《かんが》えるところがありそう。同じように、家庭的《かていてき》なふんいきの男の子となら、トントンびょうしに結婚《けっこん》の話がまとまるよ。結婚《けっこん》した後は、子どもを何人も産《う》んで家族《かぞく》をしっかりと守《まも》る、理想的《りそうてき》な奥《おく》さんになりそう。

勉強《べんきょう》・仕事運《しごとうん》

机《つくえ》の前で冷静《れいせい》に勉強《べんきょう》をするのが苦手《にがて》で、好《す》きキライも激《はげ》しいから、キライな教科は完全《かんぜん》に無視《むし》してしまいそう。美術《びじゅつ》や体育《たいいく》の成績《せいせき》はいいかも。仕事《しごと》ではあまり欲《よく》ばらずに、ハデな成功《せいこう》を目指《めざ》すことなく、コツコツとこなすタイプ。どんな仕事《しごと》でもソツなくこなしていけるよ。

友情運《ゆうじょううん》

好《す》きキライが激《はげ》しいので、友だちだと思う子にはトコトン親切にするけど、そうじゃない子には冷《つめ》たく接《せっ》しがち。少数の友だちとのグループ交際《こうさい》が多そう。大人になって結婚《けっこん》したら、家族《かぞく》と親せきを大事《だいじ》にするので、友だちとはきょりを置《お》きがちになるかも。

健康運《けんこううん》

好《す》きなものばかりを食べたり、好《す》きなスポーツばかりをしたりして、健康管理《けんこうかんり》にはあまり興味《きょうみ》が持《も》てないかも。でも、ちょっとやそっとのことでは、体調《たいちょう》をくずしたりしないみたい。大人になると少し太りやすくなるので、外に出て運動《うんどう》をするように心がけてね。

金運《きんうん》

毎日のおかしを買ったりはするけど、ブランド物《もの》など、高いものに興味《きょうみ》がないので、パーッと散財《さんざい》することはないみたい。少しのお金でもじょうずに使《つか》って、おだやかな生活を送《おく》れるよ。結婚《けっこん》した後は、自分のことより家族《かぞく》のために、たくさんお金を使《つか》うことになりそう。

未来《みらい》がわかる

しし座《ざ》

(7/23～8/22)

ユーモラスではなやかな目立ち好《ず》き

セールスポイント

周《まわ》りの子を、たくさん笑《わら》わせられるところ。

結婚時期《けっこんじき》

ちょっとおそめで30代《だい》前半くらい。

運命《うんめい》のパートナー

芸能人《げいのうじん》など、人前に出る職業《しょくぎょう》の男性《だんせい》かも。

幸《しあわ》せをつかむ開運《かいうん》グッズ

キラキラとかがやくアクセサリー。

ハッピーおまじない

朝陽《あさひ》を浴《あ》びて、背《せ》のびをしよう。

恋愛《れんあい》・結婚運《けっこんうん》

ドラマチックなことが好《す》きなあなたは、かなりの恋愛《れんあい》好《す》き。レジャー先や趣味《しゅみ》の関係《かんけい》で出会った男の子と、恋人同士《こいびとどうし》になることが多いみたい。男の子から告白《こくはく》されるシーンを、ドキドキしながら期待《きたい》しているよ。楽しいことが好《す》きでドキドキ、ハラハラしていたいから、結婚願望《けっこんがんぼう》はうすいかも。でも、ちゃんとフィーリングが合う人と恋愛結婚《れんあいけっこん》をして、結婚《けっこん》した後は夫婦《ふうふ》や子どもといろいろなところへ遊《あそ》びに行く、楽しい家庭《かてい》を作れるよ。

勉強《べんきょう》・仕事運《しごとうん》

頭の回転《かいてん》は速《はや》いけど、ジッとしていることにあきるタイプ。がんばればできるのに、成績《せいせき》はパッとしないかも。動《うご》くことは好《す》きだから、体育《たいいく》や音《おん》楽《がく》の成績《せいせき》は良《よ》いはず。仕事《しごと》は、会社勤《かいしゃづと》めではなくフリーで、自分が楽しいと思うものを選《えら》び、自由《じゆう》気ままに働《はたら》くことになりそう。

友情運《ゆうじょううん》

みんなを笑《わら》わせることが好《す》きなので、いつも仲間《なかま》に囲《かこ》まれてにぎやかに過《す》ごすはず。仕事《しごと》をしたり結婚《けっこん》をしたりしても、趣味《しゅみ》の習《なら》い事《ごと》をしたり、自分でコミュニティーを作ったりと、仲間《なかま》と過《す》ごすかんきょうを作り続《つづ》けていくよ。それがあなたの元気の源《みなもと》になるんだね。

健康運《けんこううん》

ふだんから体を動《うご》かしているので、基本的《きほんてき》に体調《たいちょう》をくずすことは少ないよ。よく笑《わら》うことも、健康《けんこう》にプラスになっているみたい。でも、危険《きけん》なスポーツに熱中《ねっちゅう》したり、ジャンクフードを食べすぎたりと、自分から健康《けんこう》を悪化《あっか》させることがあるかも。早ね早起《お》きも大切。

金運《きんうん》

周《まわ》りからすごいと思われたいので、大人になると高いバッグや洋《よう》服《ふく》を買って、散財《さんざい》してしまいそう。楽しいことが好《す》きだから、趣味《しゅみ》やレジャーでもたくさんのお金を使《つか》ってしまうかも。少しずつでも、節約《せつやく》する方法《ほうほう》を学ぶことが大切だよ。

未来《みらい》がわかる おとめ座《ざ》

(8/23～ 9/23)

ひかえめでマジメな努力《どりょく》家

セールスポイント

約束《やくそく》の時間や決《き》まり事《ごと》を、しっかりと守《まも》るところ。

結婚時期《けっこんじき》

仕事熱心《しごとねっしん》なのでおそめで30代《だい》後半くらい。

運命《うんめい》のパートナー

良《よ》い会社に勤《つと》めるマジメなサラリーマン。

幸《しあわ》せをつかむ開運《かいうん》グッズ

真《ま》っ白いハンカチ。

ハッピーおまじない

机《つくえ》の上をきれいにふいてから勉強《べんきょう》しよう。

恋愛《れんあい》・結婚運《けっこんうん》

「何でもキチンとしなければ」と思うあなたは、恋愛《れんあい》でもマジメ。一目《ひとめ》ボレするようなことはなく、性格《せいかく》をよく知っている男の子を、時間をかけて好《す》きになるはず。恋人同士《こいびとどうし》になったら、おかしを作ったり、マメにれんらくしたりと、カレのためにつくす、いちずな女性《じょせい》になるよ。結婚相手《けっこんあいて》を選《えら》ぶのも、とてもしんちょう。男性《だんせい》をじっくりと観察《かんさつ》してから、結婚《けっこん》を決意《けつい》するみたい。結婚《けっこん》後も仕事《しごと》を続《つづ》けながら家事《かじ》をこなす、スーパーウーマンになりそう。

勉強《べんきょう》・仕事運《しごとうん》

マジメなあなたは、勉強《べんきょう》も仕事《しごと》も熱心《ねっしん》にがんばるタイプ。遊《あそ》びよりも、勉強《べんきょう》や仕事《しごと》のほうが好《す》きかもしれないね。だから、どの教科も高い成績《せいせき》を取《と》り続《つづ》けて、みんなに尊敬《そんけい》されるよ。良《よ》い大学を出て良《よ》い会社に就職《しゅうしょく》するというエリートコースを、順調《じゅんちょう》に歩みそう。

友情運《ゆうじょううん》

あまり感情《かんじょう》を出さないから、友だちを作るまでに時間がかかるかも。でも、一度仲良《いちどなかよ》くなったら相手《あいて》を大事《だいじ》にするので、友情《ゆうじょう》が長く続《つづ》くよ。特《とく》に学校で作った友だちは、一生を通して大事《だいじ》な存在《そんざい》になるみたい。大人になって結婚《けっこん》した後も、おたがいに支《ささ》え合っていけるはずだよ。

健康運《けんこううん》

健康《けんこう》作りは、あなたの人生にとって大事《だいじ》なテーマ。規則正《きそくただ》しい生活を心がけたり、おかしを食べすぎないようにしたりと、いつも健康《けんこう》には気を使《つか》っていくはず。だから健康《けんこう》作りの知識《ちしき》も、どんどん増《ふ》えていくよ。そのおかげで、大きな病気《びょうき》もすることなく、長生きできそう。

金運《きんうん》

お金の大切さを、よく知っているあなた。ムダ使《づか》いをしないで、少しのお金でも大切に使《つか》っていくよ。だから、ねんれいを重《かさ》ねれば重《かさ》ねるほど、貯《ちょ》金額《きんがく》が増《ふ》えていきそう。仕事《しごと》もお給料《きゅうりょう》の高いものを選《えら》ぶので、お金に困《こま》ることはないみたい。ぜいたくもしないほう。

未来《みらい》がわかる てんびん座《ざ》

(9/24〜10/23)

オシャレで社交的《てき》な恋《こい》多き女の子

セールスポイント

ファッションの
トータルコーディネイト
にこだわるところ。

結婚時期《けっこんじき》

だいたい、
てきれい期《き》で、
20代《だい》後半くらい。

運命《うんめい》のパートナー

オシャレで
話しじょうずな
カッコいい男性《だんせい》。

幸《しあわ》せをつかむ開運《かいうん》グッズ

持《も》ち運《はこ》べる
小さなミラー。

ハッピーおまじない

自分の持《も》ち物《もの》に
自分のイニシャルを
書こう。

恋愛《れんあい》・結婚運《けっこんうん》

人と楽しく過《す》ごすことが好《す》きなあなたは、いつでも恋《こい》をしていたいタイプ。1つ1つの恋《こい》はしんけんだけど、ダメだと思ったらさっと終《お》わらせて、次の恋《こい》に進《すす》むドライさもありそう。そんなさわやかなあなたは、いつもモテモテで、恋《こい》の相《あい》手《て》には困《こま》らないね。パートナーを大切に思うので、結婚《けっこん》はスムーズなはず。2人の生活を大事《だいじ》にするから、共働《ともばたら》きで子どもは作らないかも。休日は旅行《りょこう》をするような、恋人《こいびと》みたいな夫婦《ふうふ》になりそうだね。

勉強《べんきょう》・仕事運《しごとうん》

頭の回転《かいてん》が速《はや》いから、勉強《べんきょう》をうまく進《すす》めるコツをつかみ、そんなに勉強《べんきょう》をしなくても高い成績《せいせき》が取《と》れるみたい。国語や英語《えいご》など、語学の力が優《すぐ》れているね。仕事面《しごとめん》は、どんな仕事《しごと》でもソツなくこなせる有能《ゆうのう》なタイプ。人目を気にして、ちょっとオシャレな職種《しょくしゅ》を選《えら》ぶかも。

友情運《ゆうじょううん》

人と楽しくおしゃべりをするのが大好《す》きなので、どこへ行っても気の合う友だちが何人もできるよ。でも、本音を話せる友だちは、一生を通してかなり少ないかも。親しい人にそっけなくして、それほど親しくない人にばかりイイ顔をしがちなので、気をつけて。

健康運《けんこううん》

何でもバランスを大事《だいじ》にするあなたは、栄養《えいよう》バランスや生活リズムにも気を使《つか》っているはず。だから、ふだんは健康《けんこう》体でいられるよ。でも、ちょっと体力がないので、ハードに動《うご》き回るとグッタリしがち。休息《きゅうそく》を大事《だいじ》にして、つかれをためないように注意《ちゅうい》しよう。

金運《きんうん》

人目を気にするので、オシャレな洋服《ようふく》やアクセサリー、文ぼう具《ぐ》など、いつでも欲《ほ》しいものがいっぱいあるよ。友だちづき合いも多いから、食事《しょくじ》やプレゼントでどんどんお金が出ていくことに。仕事《しごと》をがんばるので収入《しゅうにゅう》は多いよ。計画的《てき》に少しでも貯金《ちょきん》に回すようにして。

未来《みらい》がわかる さそり座《ざ》

(10/24～11/22)

情熱的《じょうねつてき》で神秘的《しんぴてき》なムードが魅力《みりょく》

セールスポイント

神秘的《しんぴてき》で
ふしぎなムードを
持《も》っているところ。

結婚時期《けっこんじき》

かなりおそめで
30代《だい》後半くらいに
なりそう。

運命《うんめい》のパートナー

自分の好《す》きな仕事《しごと》に
打《う》ちこんでいる
芸術家《げいじゅつか》タイプ。

幸《しあわ》せをつかむ開運《かいうん》グッズ

良《よ》いかおりのする
石けん。

ハッピーおまじない

月がかがやく夜は、
月にお願《ねが》い事《ごと》を
しよう。

恋愛《れんあい》・結婚運《けっこんうん》

おとなしく見えるあなただけど、恋《こい》にはとっても情熱《じょうねつ》的《てき》。一度恋《いちどこい》に落《お》ちたら恋《こい》の炎《ほのお》が燃《も》え上がり、カレのことで頭がいっぱいになりそう。どの恋も全力投球《ぜんりょくとうきゅう》で、恋人《こいびと》としてのトキメキを大《だい》事《じ》にするぶん、結婚願望《けっこんがんぼう》はうすいかも。一生結婚《けっこん》しないで、趣味《しゅみ》や仕事《しごと》に打《う》ちこむ人もいるみたいだよ。それでも結婚《けっこん》したら、とても愛情《あいじょう》が深《ふか》い奥《おく》さんになって、ダンナさんや子どもを心から大事《だいじ》にするよ。結婚《けっこん》した後は、家族《かぞく》につくす人生になりそうだね。

勉強《べんきょう》・仕事運《しごとうん》

とても集中《しゅうちゅう》力があるけど、好《す》きキライがハッキリしているあなた。好《す》きな教科だけ集中《しゅうちゅう》して勉強《べんきょう》するので、それだけ飛《と》びぬけて、良《よ》い成績《せいせき》を取《と》ることができるよ。美術《びじゅつ》や音楽の才能《さいのう》も高まるはず。仕事《しごと》は何かの研究《けんきゅう》など、好《す》きな世《せ》界《かい》にどっぷりとつかることになりそう。

友情運《ゆうじょううん》

好《す》きな友だちには自分のすべてをさらけ出すけど、そのぶん傷《きず》つけられることが多くなるかも。年令《ねんれい》を重《かさ》ねるごとに、友だちをしんちょうに選《えら》ぶようになるよ。心がつながっていれば満足《まんぞく》なので、だれかとベッタリ過《す》ごすより、1人の時間を大事《だいじ》にしたいと思うタイプ。

健康運《けんこううん》

とても情《じょう》が深《ふか》くて、自分の気持《きも》ちを見つめているぶん、健康《けんこう》にはあまり関心《かんしん》がないみたい。好《す》きなことにハマってねなかったり、食べる時間を取《と》らなかったりしそう。ふだんは元気でも、無理《むり》を重《かさ》ねて急《きゅう》に体調《たいちょう》をくずす心配《しんぱい》があるので、油断《ゆだん》をしないようにしてね。

金運《きんうん》

心の満足感《まんぞくかん》を求《もと》めているから、お金にはそれほど興味《きょうみ》がないかも。困《こま》っている人のためにお金をつぎこんだり、趣味《しゅみ》に使《つか》ったりするので、お金がないと感《かん》じるときのほうが多いみたい。大人になってから困《こま》らないように、少しずつ貯《ちょ》金《きん》をするクセをつけるのがオススメ。

未来《みらい》がわかる いて座《ざ》 (11/23～12/21)

外出好《ず》きで陽気《ようき》な行動《こうどう》派《は》

セールスポイント

物《もの》おじせずに、いろいろなことにちょうせんできるところ。

結婚時期《けっこんじき》

ちょっとおそめの30代《だい》前半くらい。

運命《うんめい》のパートナー

大自然《だいしぜん》の中で暮《く》らす男性《だんせい》や、外国人の可能性《かのうせい》も。

幸《しあわ》せをつかむ開運《かいうん》グッズ

写真《しゃしん》のポストカード。

ハッピーおまじない

いつも大きな声であいさつをしよう。

恋愛《れんあい》・結婚運《けっこんうん》

いろいろなことに興味《きょうみ》のあるあなたは、恋愛《れんあい》にどっぷりとつかることは少ないみたい。いいなと思ってもすぐに冷《さ》めて、しんけんに好《す》きになる男性《だんせい》の数は多くないかも。でもそのぶん、考えすぎずに楽しい恋《こい》ができるはずだよ。自由《じゆう》でいたいあなたは、結婚願望《けっこんがんぼう》もかなりうすめ。結婚《けっこん》しても自由《じゆう》でいられるとわかったら、結婚《けっこん》を決《き》めるはず。結婚《けっこん》後も家にこもらずに、仕事《しごと》や遊《あそ》び、趣味《しゅみ》を楽しんで、アクティブな毎日を送《おく》るお母さんになりそうだね。

勉強《べんきょう》・仕事運《しごとうん》

好奇《こうき》心はおうせいだけど、ジッと座《すわ》って勉強《べんきょう》をするのは苦手《にがて》。でも、体育《たいいく》や理科の実験《じっけん》など、動《うご》ける授業《じゅぎょう》は楽しめるよ。語学の才能《さいのう》があるから、年令《ねんれい》を重《かさ》ねるごとに、国語や英語《えいご》が得意《とくい》になるはず。海外にえんがあるので、外国や外資系《がいしけい》の会社に就職《しゅうしょく》しそう。

友情運《ゆうじょううん》

友だちとにぎやかに過《す》ごすのは好《す》きだけど、だれかにベッタリするより自分のペースで過《す》ごしたいあなた。その場その場で交際《こうさい》する人が変《か》わりがちで、1人の人との友情《ゆうじょう》を長続《ながつづ》きさせるのは難《むずか》しいかも。広く浅《あさ》く交際《こうさい》できるので、ほかの学校や外国にも友だちができるよ。

健康運《けんこううん》

ジッとしていないから、自然《しぜん》と運動《うんどう》している時間が増《ふ》えそう。だから体力がついて、エネルギッシュでいられるはず。でも、健康《けんこう》にはあまり関心《かんしん》がないので、夜ふかししたり、好《す》きなものばかりを食べたりしがち。年令《ねんれい》を重《かさ》ねていくと、太りやすくなる点に注意《ちゅうい》。

金運《きんうん》

今を楽しむことを大事《だいじ》にして先の心配《しんぱい》をしないので、お金を貯《た》めようとは思わないみたい。お金は手元にあるだけ使《つか》ってしまうかも。でも、仕事《しごと》でたくさんかせげたり、周《まわ》りの人が助《たす》けてくれるので、お金に困《こま》ることはないよ。物《もの》やお金より、楽しさのほうが大切なんだね。

未来《みらい》がわかる やぎ座《ざ》

(12/22〜1/20)

マジメでしっかり者《もの》の“できる人”

セールスポイント

何でも計画通りに、きっちりとこなす才能《さいのう》があるところ。

結婚時期《けっこんじき》

少しおそめで30代《だい》前半くらい。

運命《うんめい》のパートナー

仕事熱心《しごとねっしん》で、たよれる年上の男性《だんせい》。

幸《しあわ》せをつかむ開運《かいうん》グッズ

木でできたもの。

ハッピーおまじない

丘《おか》など高い場所《ばしょ》へ行って空を見よう。

恋愛《れんあい》・結婚運《けっこんうん》

責任感《せきにんかん》が強いあなたは、恋愛《れんあい》にもマジメに向《む》き合うよ。遊《あそ》びの恋《こい》や軽《かる》いノリの恋《こい》には興味《きょうみ》がないはず。一度恋《いちどこい》に落《お》ちたら、カレにしっかりと気《き》持《も》ちを伝《つた》えて、いちずにつくすよ。愛情《あいじょう》が何年も続《つづ》くので、一生の中で好《す》きになる男性《だんせい》は、ほんの数人。結婚《けっこん》のこともマジメに考えて、スムーズに結婚《けっこん》できるよ。お見合いやしょうかいで結婚《けっこん》する人もいそう。結婚《けっこん》した後は、仕事《しごと》を続《つづ》けながら家事《かじ》と育児《いくじ》をこなす、たよれるお母さんになりそうだよ。

勉強《べんきょう》・仕事運《しごとうん》

自分の役割《やくわり》をしっかりとこなすあなたは、勉強《べんきょう》も仕事《しごと》も全力《ぜんりょく》でがんばるタイプ。周《まわ》りにほめられるほど、ヤル気がアップするよ。勉強《べんきょう》でも仕事《しごと》でも良《よ》い結果《けっか》を出して、どんなときでも「できる人」と思われるね。会社で社長にまで出世《しゅっせ》したり、自分で会社を作ったりしそう。

友情運《ゆうじょううん》

友だちにも責任感《せきにんかん》を持《も》って自分かられんらくしたり、相手《あいて》の手助《てだす》けをしたりするから、1つの友情《ゆうじょう》が長続《ながつづ》きするタイプ。年下の友だちのめんどうを見るぶん、年上の友だちには素直《すなお》にたよるよ。特《とく》に仕事《しごと》を通してできた友だちは、あなたの人生を支《ささ》えてくれるはず。

健康運《けんこううん》

わりとがんじょうな体を持《も》っているので、ちょっとやそっとじゃ病気《びょうき》をせずにがんばれるよ。でも、がんばり続《つづ》けていると、ある日ねこんでしまうなんて心配《しんぱい》が。大丈夫《だいじょうぶ》だと思っても、キチンと休むようにね。体がかたくならないようにストレッチをするのもオススメ。

金運《きんうん》

働《はたら》き者《もの》で、しかもお金をとっても大事《だいじ》にするので、一生を通して金運《うん》にめぐまれるよ。ムダ使《つか》いは少ないから、年令《ねんれい》を重《かさ》ねるほど、貯金額《ちょきんがく》が増《ふ》えていくね。大人になったら、大きな家や高級《こうきゅう》な車を買ったりして、周《まわ》りから「お金持《も》ちの人」と、うらやましがられそう。

未来《みらい》がわかる

みずがめ座《ざ》

(1/21～2/18)

知的《ちてき》で話しじょうずな個性派《こせいは》

セールスポイント

どんな人とでも
気さくにおしゃべりが
できるところ。

結婚時期《けっこんじき》

かなりおそめで
30代《だい》後半くらい。

運命《うんめい》のパートナー

好《す》きな分野の
研究《けんきゅう》をしている
頭のいい男性《だんせい》。

幸《しあわ》せをつかむ開運《かいうん》グッズ

好《す》きな色の
ボールペン。

ハッピーおまじない

元気が
欲《ほ》しいときに
ノリのいい曲《きょく》を聞く。

恋愛《れんあい》・結婚運《けっこんうん》

だれとでも気さくに話せるから、ボーイフレンドはたくさんできるあなた。でも、いざ恋愛《れんあい》になるときんちょうして、ギクシャクしてしまいがち。好《す》きな男性《だんせい》にそっけなくして、誤解《ごかい》されちゃうことも。だから恋人《こいびと》になる男性《だんせい》は、一生の中で少しだけかも。ワイワイと過《す》ごせる気の合うグループの中で、恋人《こいびと》を見つけられそうだね。結婚願望《けっこんがんぼう》はかなりうすくて、一生独身《どくしん》でもいいと思っているかも。好《す》きなことをする自由《じゆう》な生き方を求《もと》めているよ。

勉強《べんきょう》・仕事運《しごとうん》

頭の回転《かいてん》が速《はや》いから、どんな勉強《べんきょう》でも良《よ》い成績《せいせき》を出し続《つづ》けられるよ。計算が多い理科や算数は、楽しく取《と》り組《く》めるね。勉強《べんきょう》が好《す》きなあなたは受験勉強《じゅけんべんきょう》もがんばり、良《よ》い大学へ行って良《よ》い会社に就職《しゅうしょく》できるよ。結婚《けっこん》して子どもができても、一生仕事《しごと》を続《つづ》けていきそう。

友情運《ゆうじょううん》

好奇《こうき》心が強いあなたは、いろいろな子とおしゃべりをしたいと思うタイプ。だから、年上や年下、ほかの学校の子や遠くに住んでいる子など、いろいろな子と友だちになっていくよ。特《とく》に、たくさんのことを知っている頭のいい子が、あなたの人生を支《ささ》えてくれそうだね。

健康運《けんこううん》

頭はよく使《つか》うけど、体をあまり動《うご》かなさいので、運動不足《うんどうぶそく》が心配《しんぱい》かも。体がかたくならないように、ラジオ体操《たいそう》やストレッチを積極的《せっきょくてき》にやってみて。パソコンやスマホの使《つか》いすぎによる、視力《しりょく》ダウンにも注意《ちゅうい》が必要《ひつよう》。ときどき自然《しぜん》の中で過《す》ごすと、体力がアップするよ。

金運《きんうん》

お金をかせぐことや貯《た》めることには、そんなに関心《かんしん》がないみたい。だから、欲《ほ》しい物《もの》があったらガマンをしないで買うし、趣味《しゅみ》など好《す》きなことにはお金をつぎこむよ。将来困《しょうらいこま》ることがないように、節約《せつやく》や貯金《ちょきん》を心がけて。趣味《しゅみ》を副業《ふくぎょう》にすると、金運《きんうん》アップにつながるよ。

未来《みらい》がわかる うお座《ざ》

(2/19～3/20)

女の子らしく、優《やさ》しくせんさいなタイプ。

セールスポイント

ロマンチストで芸術の才能《さいのう》に優《すぐ》れているところ。

結婚時期《けっこんじき》

ちょっとおそめで30代《だい》前半くらい。

運命《うんめい》のパートナー

自分の夢《ゆめ》を追《お》い続《つづ》けている芸術家《げいじゅつか》の男性《だんせい》。

幸《しあわ》せをつかむ開運《かいうん》グッズ

魚の形や絵《え》が描《か》かれているグッズ。

ハッピーおまじない

夜ねむる前に、楽しかったことを思い出そう。

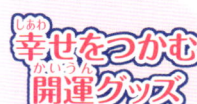

恋愛《れんあい》・結婚運《けっこんうん》

優《やさ》しくてロマンチストなあなたは、すぐに恋《こい》に落《お》ちてしまう恋愛体質《れんあいたいしつ》。いつもだれかに恋《こい》しているみたい。男の子にあまえるのがじょうずなので、大人になってもモテモテでいられそう。クラスや職場《しょくば》のアイドル的《てき》な存在《そんざい》だよ。結婚《けっこん》願望《がんぼう》はあるけど、たくさん恋《こい》をしたいと思うので、結婚《けっこん》を急《いそ》ぎたくないかも。結婚《けっこん》後は、家族《かぞく》に愛情《あいじょう》を注《そそ》いでいく、とても優《やさ》しいお母さんになるよ。年令《ねんれい》を重《かさ》ねても、テレビの中のアイドルや俳優《はいゆう》に夢中《むちゅう》になることも。

勉強《べんきょう》・仕事運《しごとうん》

直感《ちょっかん》力が優《すぐ》れているけど、書いたり計算したりする勉強《べんきょう》は苦手《にがて》。授業《じゅぎょう》中にねむくなることも多いかも。でも、美術《びじゅつ》や音楽では、周《まわ》りがおどろくほど良《よ》い結果《けっか》を出せるはずだよ。わくにはまるのが苦手《にがて》なので、仕事《しごと》はフリーになって、思いのままに取《と》り組《く》むことになりそう。

友情運《ゆうじょううん》

優《やさ》しくてほんわかしているあなたは、だれからも好《す》かれる人気者《もの》に。でも、意見《いけん》をハッキリと言えなくて、損《そん》をしてしまうことも多いみたい。合わないなと思う子とは、自分からきょりを置いて。大人になるほどだいたんになって、リーダーシップを発揮《はっき》できるはず。

健康運《けんこううん》

体力がなさそうに見えて、意外《いがい》と強いあなた。でも、運動不足《うんどうぶそく》が原因《げんいん》で、かぜやインフルエンザなどの感染《かんせん》症《しょう》にかかりやすいよ。お風呂にゆっくりとつかって、体を冷《ひ》やさないようにして。チョコレートなど、あまい物《もの》の食べすぎも、体力ダウンにつながるので要注意《ようちゅうい》。

金運《きんうん》

将来《しょうらい》はごうかな家に住《す》みたい……など、大きな夢《ゆめ》を持《も》っているので、お金持《も》ちになりたいと思っているはず。でも、地道な努力《どりょく》が苦手《にがて》なので、宝《たから》くじにたよってしまうことも。好《す》きな道で大成功《せいこう》すれば、理想《りそう》通りの大金持《も》ちになれるはず。ふだんのムダ使《つか》いもおさえてね。

12星座《せいざ》 もっとも かがやく時期《じき》は?

おひつじ座《ざ》
3/21〜4/20

調子《ちょうし》のいい時期《じき》 4月 〜春〜

入学やクラスがえ、就職《しゅうしょく》でしんせんな気分に。

おうし座《ざ》
4/21〜5/21

調子《ちょうし》のいい時期《じき》 5月 〜春〜

新《あたら》しいかんきょうに慣《な》れてきたころ、調子《ちょうし》が良《よ》くなるよ。

ふたご座《ざ》
5/22〜6/21

調子《ちょうし》のいい時期《じき》 6月 〜初夏《しょか》〜

夏のムードが高まり、テンションアップ!

かに座《ざ》
6/22〜7/22

調子《ちょうし》のいい時期《じき》 7月 〜夏〜

かに座《ざ》と相性《あいしょう》の良《よ》い水辺《みずべ》に出かける機会《きかい》が増《ふ》えて◎。

しし座《ざ》
7/23〜8/22

調子《ちょうし》のいい時期《じき》 8月 〜夏〜

元気いっぱいの夏の王者《おうじゃ》は、真夏《まなつ》にかがやくよ!

おとめ座《ざ》
8/23〜9/23

調子《ちょうし》のいい時期《じき》 9月 〜初秋《しょしゅう》〜

暑《あつ》さがおさまって、頭が働《はたら》きやすくなるよ。

てんびん座《ざ》
9/24〜10/23

調子《ちょうし》のいい時期《じき》 10月 〜秋〜

ファッションを楽しめる時《じ》期《き》なので、魅力《みりょく》アップ!

さそり座《ざ》
10/24〜11/22

調子《ちょうし》のいい時期《じき》 11月 〜晩秋《ばんしゅう》〜

秋の夜長で、しんみり、のんびりとできる時間が増《ふ》えるよ。

いて座《ざ》
11/23〜12/21

調子《ちょうし》のいい時期《じき》 12月 〜冬〜

クリスマスなどのイベントがいっぱいで楽しめるよ。

やぎ座《ざ》
12/22〜1/20

調子《ちょうし》のいい時期《じき》 1月 〜冬〜

新しい目標《もくひょう》を立てて、前進《ぜんしん》できるはず。

みずがめ座《ざ》
1/21〜2/18

調子《ちょうし》のいい時期《じき》 2月 〜冬〜

寒《さむ》さで頭の働《はたら》きがクリアになり、活発《かっぱつ》になれるよ。

うお座《ざ》
2/19〜3/20

調子《ちょうし》のいい時期《じき》 3月 〜初春《しょしゅん》〜

気候《きこう》が良《よ》くなり、ボーッとできることで元気満《まん》タン!

Part 7

迷《まよ》ったときにどうすればいい？

易《えき》うらない

易《えき》うらないとは

易《えき》うらないは、宇宙《うちゅう》を陰《いん》と陽《よう》に分けて、それをさらに陰《いん》と陽《よう》に分け続《つづ》けて 8種類《しゅるい》の卦《け》にしたもの。本当は、ぜいちくという棒《ぼう》やサイコロを使《つか》うけど、コインを使《つか》ってうらなうこともできちゃうよ。コインを 3回投《な》げて、表《おもて》と裏《うら》が出た順番《じゅんばん》がどうだったかで結果《けっか》を出そう。

8種類《しゅるい》の「卦《け》」が持《も》つ意味《いみ》は？

易《えき》うらないは、コインを3回投《な》げて、表《おもて》と裏《うら》が出た順番《じゅんばん》がどうだったかで結果《けっか》を出すよ。その順番《じゅんばん》が8種類《しゅるい》の「卦《け》」で表《あらわ》されるよ。ここでは、それぞれの持《も》つ「卦《け》」の意味《いみ》をしょうかいするよ。

乾《けん》

表《おもて》▶表《おもて》▶表《おもて》

天のように高くて大きいものや、完《かん》ぺきなもの、活動的《かつどうてき》でしっかりしているものを表《あらわ》しているよ。乾《けん》が出たら物事《ものごと》が完《かん》ぺきに進《すす》む様子《ようす》を示《しめ》していて、イエスかノーかというと、答えはイエス。

離《り》

表《おもて》▶裏《うら》▶表《おもて》

火のように明るくハデなものや、美術《びじゅつ》やファッションなど美《うつく》しいものを表《あらわ》すよ。離《り》が出たらハデに目立てるけど、中《なか》身《み》はスカスカかも。イエスかノーかの答えはイエスだよ。

巽《そん》

表《おもて》▶表《おもて》▶裏《うら》

風のように軽《かろ》やかで、ゆれ動《うご》くものや不安定《ふあんてい》なことを表《あらわ》し、人が出入りする場所《ばしょ》や遠くの場所《ばしょ》を表《あらわ》すよ。巽《そん》が出たら迷《まよ》いが多くなることを示《しめ》していて、イエスかノーかの答えはノーだよ。

艮《ごん》

表《おもて》▶裏《うら》▶裏《うら》

山のように重《おも》くて動《うご》かないものや、ガンコな人や欲張《よくば》りな人、高い場所《ばしょ》や止まることを表《あらわ》すよ。艮《ごん》が出たら、物事《ものごと》が動《うご》かないことや止まることを示《しめ》し、イエスかノーかの答えはノーだよ。

兌《だ》

裏《うら》▶表《おもて》▶表《おもて》

食べることや話すことなど口に関《かん》することや、レジャーなどを楽しむことを表《あらわ》すよ。兌《だ》が出たら、今後、楽しみなことが訪《おとず》れることを示《しめ》していて、イエスかノーかの答えはイエスだよ。

震《しん》

裏《うら》▶裏《うら》▶表《おもて》

雷《かみなり》や地震《じしん》のようにおどろくことや、楽器《がっき》や放送《ほうそう》など、音が出てさわがしいことを表《あらわ》すよ。震《しん》が出たら急《きゅう》に何かが動《うご》いたり、さわがしくなったりすることを示《しめ》し、イエスかノーかの答えはイエス。

坎《かん》

裏《うら》▶表《おもて》▶裏《うら》

冷《つめ》たい水のような暗《くら》さや苦《くる》しみを表《あらわ》し、なやむことや、地下室や水があるところ、寒《さむ》いところを表《あらわ》すよ。坎《かん》が出たら考えて思いなやんでしまうことを示《しめ》し、イエスかノーかの答えはノーだよ。

坤《こん》

裏《うら》▶裏《うら》▶裏《うら》

大地のようにそぼくなことや、母親や田んぼや畑《はたけ》、静《しず》かな場所《ばしょ》など、ホッとできるムードを表《あらわ》すよ。坤《こん》が出たら落《お》ち着《つ》いたムードになることを示《しめ》していて、イエスかノーかの答えはノーだよ。

易《えき》うらないのやり方

何かを選《えら》ぶときや、どうしたらいいか迷《まよ》っているときに、
易《えき》うらないで答えを教えてもらおう!

1 質問《しつもん》を頭の中で思い浮《う》かべながら、1枚《まい》のコインを3回投《な》げて。

2 コインの表《おもて》は絵が描《か》いてあるほうで、裏《うら》は数字が描《か》いてあるほうだよ。

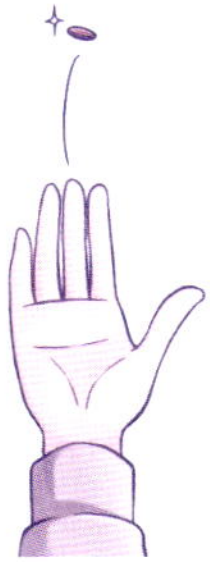

あなたが投《な》げた

1回目のコインは 表《おもて》? 裏《うら》?

2回目のコインは 表《おもて》? 裏《うら》?

3回目のコインは 表《おもて》? 裏《うら》?

どの順番《じゅんばん》で表《おもて》と裏《うら》が出たかをチェックしてね。

例

1回目・裏《うら》、2回目・表《おもて》、3回目・表《おもて》が出た場合、

裏《うら》▶表《おもて》▶表《おもて》で 兌《だ》 になるよ。

3 8種類《しゅるい》の結果《けっか》の中から、どれに当たるかを探《さが》してみよう。そこに書かれている結果《けっか》に、あなたが取《と》るべき行動《こうどう》が示《しめ》されているよ。

今、告白《こくはく》してもいい？

好《す》きな子に思いを伝《つた》えたい！　これってOK？　待《ま》ったほうがいい？　頭の中で質問《しつもん》を思い浮《う》かべながら、1枚《まい》のコインを3回投《な》げよう。さて、表《おもて》と裏《うら》が出た順番《じゅんばん》は？

乾《けん》　表《おもて》▶表《おもて》▶表《おもて》

告白《こくはく》してもOKだけど、カレはプライドが高いので、返事《へんじ》はすぐには来ないかも。でも、チャンスがあったら迷《まよ》わずに伝《つた》えてみよう。

離《り》　表《おもて》▶裏《うら》▶表《おもて》

告白《こくはく》するには良《よ》いチャンスで、カレからの返事《へんじ》がイエスかノーかがハッキリと出るはず。どちらになっても、「告白《こくはく》して良《よ》かった」と心から思えるよ。

巽《そん》　表《おもて》▶表《おもて》▶裏《うら》

今はまだ、告白《こくはく》する時期《じき》ではないみたい。今気持《きも》ちを伝《つた》えても、カレは迷《まよ》ってしまいそう。もう少し仲良《なかよ》くなれるようにがんばってみて。

艮《ごん》　表《おもて》▶裏《うら》▶裏《うら》

今は動《うご》きがないときだから、告白《こくはく》はしないほうがいいみたい。気持《きも》ちを伝《つた》えても、カレの心が動《うご》かないときなのかもしれないよ。もう少し様子《ようす》を見てみて。

兌《だ》　裏《うら》▶表《おもて》▶表《おもて》

チャンスがありそうだから、告《こく》白《はく》してもOK！　楽しいムードの中で気持《きも》ちを伝《つた》えられそうだね。カレからの返事《へんじ》も明るいものが期待《きたい》できそう。

震《しん》　裏《うら》▶裏《うら》▶表《おもて》

「今すぐに告白《こくはく》したほうがいい」と易《えき》が告《つ》げているね。告白《こくはく》するとカレはとてもおどろくけど、それからどんどん2人の仲《なか》が進展《しんてん》する可能性《かのうせい》が高いよ。

坎《かん》　裏《うら》▶表《おもて》▶裏《うら》

告白《こくはく》するには、まだ早すぎるみたいだよ。カレがまだあなたに心を開《ひら》いていないのかも。自分がどんな子なのか、もっとわかってもらってからがいいね。

坤《こん》　裏《うら》▶裏《うら》▶裏《うら》

告白《こくはく》するほど強い運気《うんき》ではないから、今は静《しず》かに様子《ようす》を見たほうが良《よ》さそう。今は告白《こくはく》するよりも、ごく自然《しぜん》な流《なが》れで仲良《なかよ》くなるようにするといいよ。

今は、がんばるとき？

頭の中で思《おも》い描《えが》いたあのこと…今ががんばりどきかしら？　それとも様子《ようす》を見るとき？　質問《しつもん》を思い浮《う》かべながら、1枚《まい》のコインを3回投《な》げて。表《おもて》と裏《うら》が出た順番《じゅんばん》は何？

乾《けん》　表《おもて》▶表《おもて》▶表《おもて》

今のあなたはその願《ねが》いのことで、すでにいっしょうけんめいがんばっているね。だから、無理《むり》にアクションを変《か》えずに、今のまま進《すす》んでいけばだいじょうぶだよ。

離《り》　表《おもて》▶裏《うら》▶表《おもて》

今は無理《むり》をしない程度《ていど》に、がんばっていくといいよ。がんばっているあなたはとても魅力的《みりょくてき》で、多くの人が注目《ちゅうもく》するはず。ただ、中身《なかみ》をみがくことを忘《わす》れないで。

巽《そん》　表《おもて》▶表《おもて》▶裏《うら》

その願《ねが》うことでは、今は無理《むり》に動《うご》かないほうがいいみたい。もし今がんばったとしても、思うような結果《けっか》が出にくいようだよ。もう少し様子《ようす》を見て。

艮《ごん》　表《おもて》▶裏《うら》▶裏《うら》

その思い願《ねが》っていることは、今はがんばっても動《うご》きがなさそうだよ。だから、今は動《うご》かずに、変化《へんか》があるまで待《ま》ってみてね。計画を練《ね》っておくのもいいよ。

兌《だ》　裏《うら》▶表《おもて》▶表《おもて》

その願《ねが》うことに、今は楽しみながらがんばっていくといいね。自分の気《き》持《も》ちに素直《すなお》に動《うご》いてみよう。協力《きょうりょく》してくれる友だちが出てくる予感《よかん》があるよ。

震《しん》　裏《うら》▶裏《うら》▶表《おもて》

今は深《ふか》く考えすぎず、気持《きも》ちに正直にがんばっていこう。できることがあるなら、すぐに行動《こうどう》を起《お》こして。結果《けっか》がどうなるか、考えすぎないことが大切だよ。

坎《かん》　裏《うら》▶表《おもて》▶裏《うら》

あなたのその願《ねが》いは、もしかしたらそれほど必要《ひつよう》がないことなのかも。だから、今は無理《むり》に動《うご》かないで、ジッとそのことについて深《ふか》く考えてみてね。

坤《こん》　裏《うら》▶裏《うら》▶裏《うら》

あなたのその願《ねが》いは、自分でがんばるより、自然《しぜん》の流《なが》れに任《まか》せたほうが成功《せいこう》するみたい。だから無理《むり》にがんばらずに、静《しず》かに様子《ようす》を見ているといいよ。

心に思ったこと……これでいい?

心に思い描《えが》いたあのこと、こうしようと思うけど、それでいいかしら? これでいきたいと思うことを強く考えながら、1枚《まい》のコインを3回投《な》げて。表《おもて》と裏《うら》が出た順番《じゅんばん》は?

乾《けん》 表《おもて》▶表《おもて》▶表《おもて》

あなたが今心に思ったことは、それで完《かん》ぺきだと易《えき》が告《つ》げているよ。だから「ぜったい、それでいい!」という強いイエスの意味《いみ》。

離《り》 表《おもて》▶裏《うら》▶表《おもて》

あなたが思ったことは、それでもいいんだけど、少し見直《みなお》す必要《ひつよう》もありそう。特《とく》に、見た目にばかりこだわって、中身《なかみ》がスカスカじゃないかをチェックして。

巽《そん》 表《おもて》▶表《おもて》▶裏《うら》

今思ったことは決《けっ》して悪《わる》くないけど、完全《かんぜん》に良《よ》いわけでもないみたい。まだ考え直したほうがいいところも、いくつかありそう。あせらずに考えて。

艮《こん》 表《おもて》▶裏《うら》▶裏《うら》

その思ったことは悪《わる》くはないけど、それに関《かん》する動《うご》きはないみたい。だから、どちらかというと、やめておいたほうが良《よ》さそうだよ。

兌《だ》 裏《うら》▶表《おもて》▶表《おもて》

心に思ったことは、あなたにとっても周《まわ》りにとっても楽しいことみたい。だからやめる必要《ひつよう》はなく、そうしてもいいみたいだよ。気楽に取《と》り組《く》んでみよう。

震《しん》 裏《うら》▶裏《うら》▶表《おもて》

今心で思ったことは、それでいいと易《えき》が告《つ》げているよ。動《うご》けることがあれば、すぐに動《うご》くといいみたいだね。でも、急《いそ》ぎすぎて雑《ざつ》にならないように注意《ちゅうい》!

坎《かん》 裏《うら》▶表《おもて》▶裏《うら》

あなたが思ったことは、あまり良《よ》くないと易《えき》が教えてくれているよ。やめておいたほうがいいみたい。時間が経《た》つと、その理由《りゆう》がわかるはずだよ。

坤《こん》 裏《うら》▶裏《うら》▶裏《うら》

心で思ったことは、おだやかなムードだから悪《わる》くはないみたい。でも、あまり動《うご》きはないから、ハッキリした結果《けっか》が欲《ほ》しいならやめておいたほうがいいかも。

Part. 8

“今”の私《わたし》がわかる！

手《て》相《そう》うらない

手相《てそう》うらないとは…

インドで生まれて4000年以上《いじょう》の歴史《れきし》を持《も》つ、世界《せかい》でもポピュラーなうらないだよ。手相《てそう》には、人間の体や心の動《うご》きが、細《こま》かく出ているといわれていて、どんどん変化《へんか》していくのがとくちょう。手相《てそう》うらないで、今のあなたのじょうきょうがどうなっているのかをうらなおう。

手相《てそう》うらないの見方

左手にある手相《てそう》は、生まれたときから持《も》っている運命《うんめい》を表《あらわ》し、右手にある手相《てそう》は、生まれた後に、自分で作り上げてきた運命《うんめい》を表《あらわ》すよ。ここでは、右手を見てうらなってね。

代表的《だいひょうてき》な4つの線

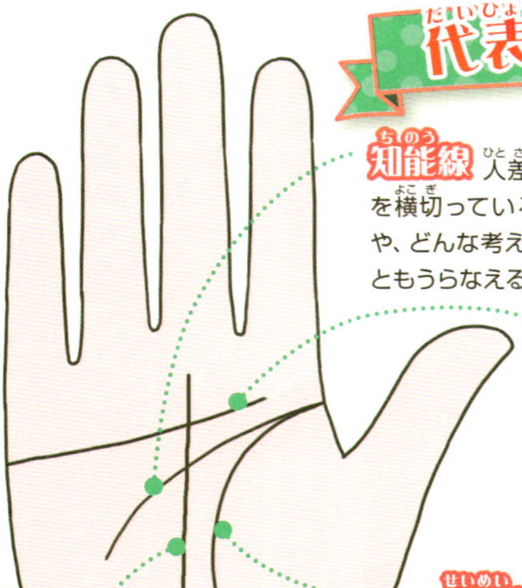

知能《ちのう》線 人差《ひとさ》し指《ゆび》と親指《おやゆび》の間から出て、てのひらを横切《よこぎ》っている線。どんな才能《さいのう》を持《も》っているのかや、どんな考え方をするのかがわかるよ。勉強《べんきょう》のこともうらなえるね。

感情《かんじょう》線 小指《こゆび》の下から出て、人差《ひとさ》し指《ゆび》のほうに向《む》かってのびている線。どんな恋愛《れんあい》をするかなど、愛情《あいじょう》に関《かん》することを示《しめ》しているよ。ふだんの感情《かんじょう》の流《なが》れもわかるね。

生命《せいめい》線 人差《ひとさ》し指《ゆび》と親指《おやゆび》の間から出て、カーブを描《えが》いて手首のほうにのびている線。体力や気力があって元気かどうかなど、健康運《けんこううん》がどうなっているのかがわかるよ。

運命《うんめい》線 下のほうから中指《なかゆび》に向《む》かって、たてにのびている線。仕事《しごと》をがんばれるかなど、自分の使命《しめい》を果《は》たせるかがわかるよ。子どものころは、まだ線がない子が多いよ。

今、あなたは恋愛《れんあい》モード？

感情《かんじょう》線で、あなたが今、恋愛《れんあい》に向《む》いているかどうかがわかるよ。

長い感情《かんじょう》線

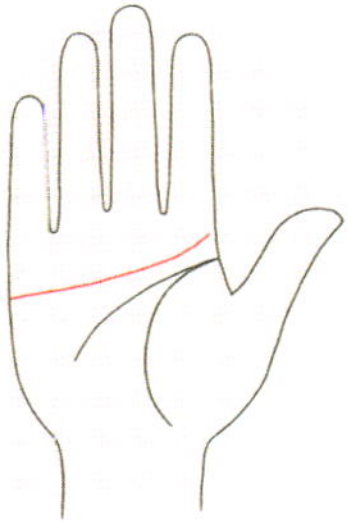

長いほど思いやりが深《ふか》くて、恋愛《れんあい》モードが高いよ。

短《みじか》い感情《かんじょう》線

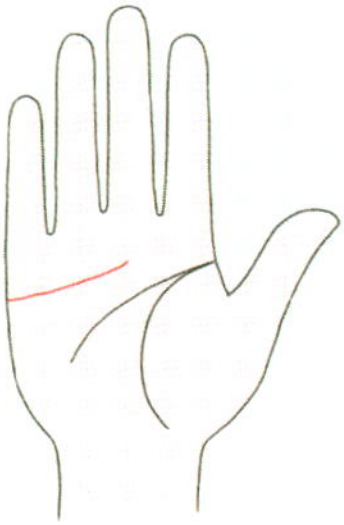

短《みじか》いほど自分のことを考え、恋愛《れんあい》モードは低《ひく》いほう。

くさり状《じょう》の感情《かんじょう》線

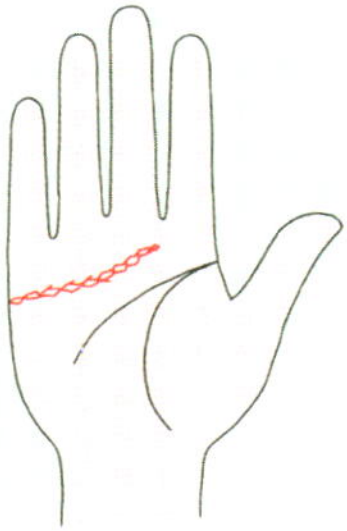

いつも恋《こい》をしていたいタイプで、かなり高い恋愛《れんあい》モード。

先が2つに分かれている感情《かんじょう》線

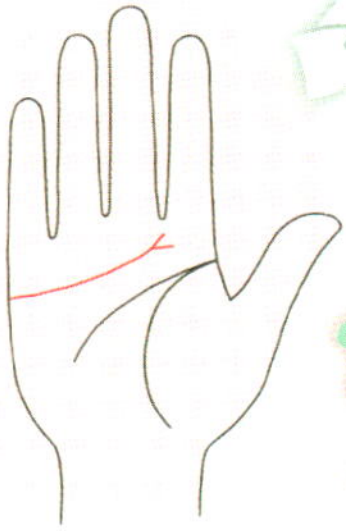

熱《ねっ》しやすくて冷《さ》めやすく、本気の恋《こい》はまだ少し先のよう。

先が上にはねている感情《かんじょう》線

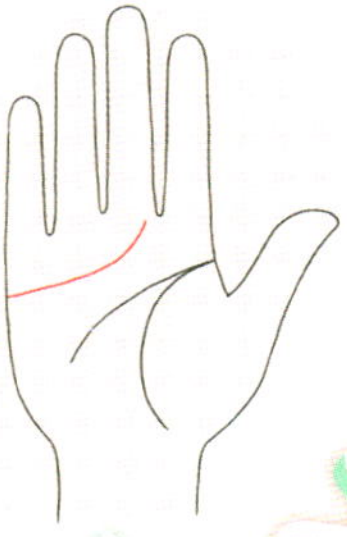

自分のことで頭がいっぱいで、恋愛《れんあい》に興味《きょうみ》を持《も》ちにくいみたい。

先が下を向《む》いている感情《かんじょう》線

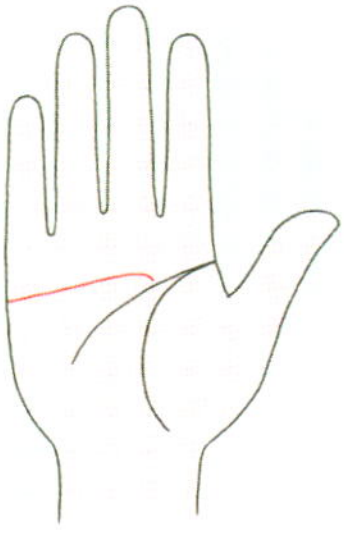

恋《こい》に夢中《むちゅう》になりやすい状態《じょうたい》で、かなり高い恋愛《れんあい》モードだよ。

今の友だちとの関係《かんけい》は？

太陽《たいよう》線（薬指《くすりゆび》の下に出る、短《みじか》いたての線）で、友だちとの関係《かんけい》がわかるよ。

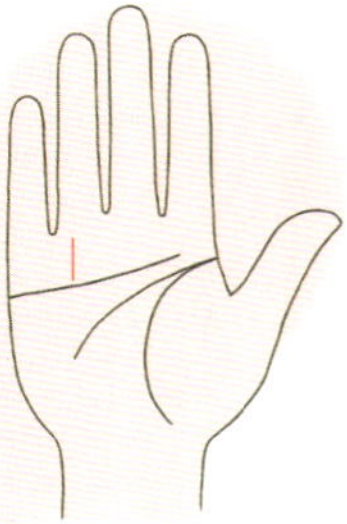

1本の太陽《たいよう》線

友だちの数は少なくても、その友だちを、しっかり大事にしているね。

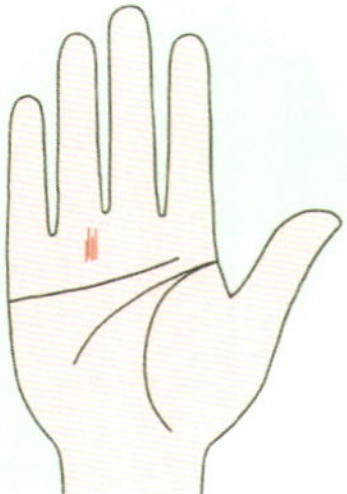

細い太陽《たいよう》線が数本ある

いろいろな子と仲《なか》良《よ》くなるけど、親友と呼《よ》べる子はいないみたい。

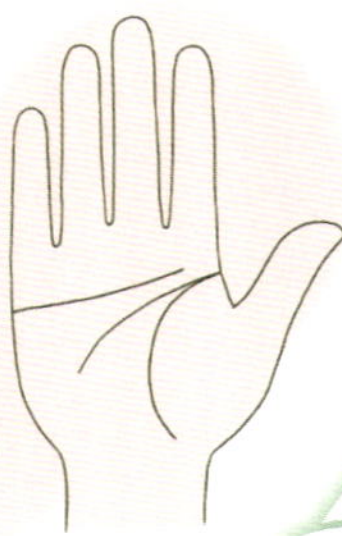

太陽《たいよう》線がない

友だちに合わせてばかりで、流《なが》されているね。あまり自分を出せていないのかな。

星型になった太陽《たいよう》線

人気運《うん》がとても高くて、みんなからあこがれられているよ。

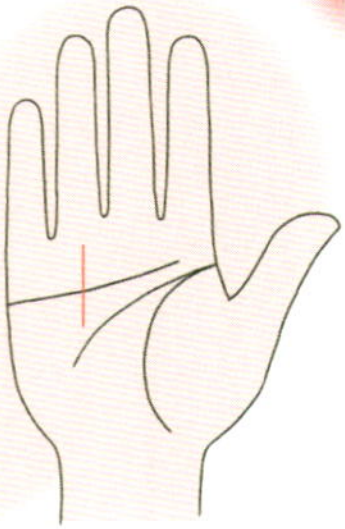

感情《かんじょう》線の下までのびた長い太陽《たいよう》線

多くの子から好《す》かれていて、人気者《もの》の状態《じょうたい》。目立っているね。

今のあなたの勝負運《しょうぶうん》は？

直感《ちょっかん》線と神秘《しんぴ》十字線があるかで、
今、勝負《しょうぶ》のツキがあるかどうかがわかるよ。

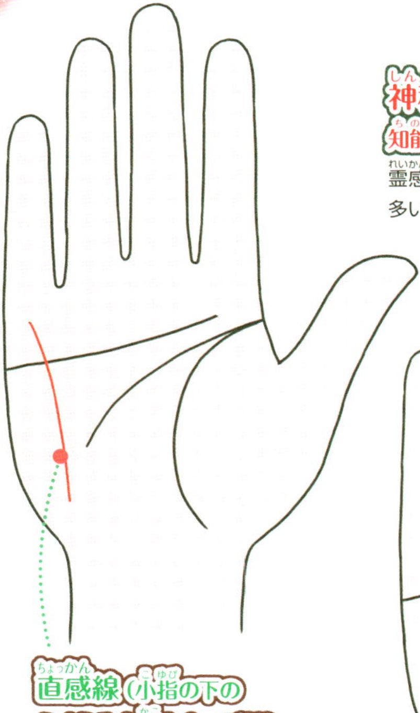

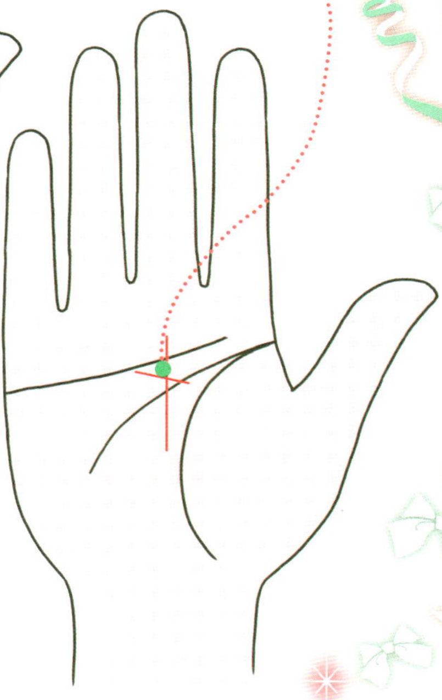

神秘《しんぴ》十字線（感情《かんじょう》線と知能線《ちのうせん》の間の十字）

霊感《れいかん》や直感《ちょっかん》が強くて、ラッキーな出来事《できごと》も多いね。くじにも当たりやすいみたい。

直感《ちょっかん》線（小指《こゆび》の下のふくらみを囲《かこ》むカーブ線）

この線を持《も》つ子は少ないけど、直感《ちょっかん》線があると、直感《ちょっかん》で勝負《しょうぶ》に勝《か》てるよ。

今、体力・気力はあるほう？

生命線《せいめい》で、心と体の健康状態《けんこうじょうたい》がわかるよ。

大きくカーブしている生命線《せいめい》

パワーがあって元気がいっぱい！どんなに動《うご》いてもつかれないよ。

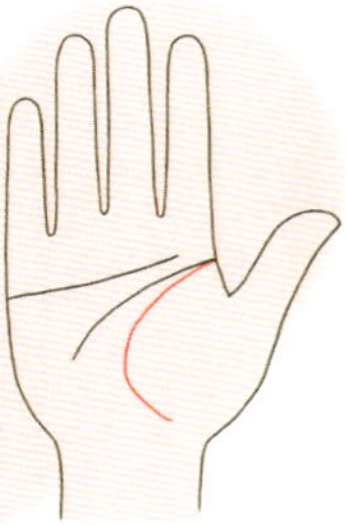

カーブが小さい生命線《せいめい》

あまり体力がなく、つかれやすい状態《じょうたい》。運動《うんどう》で体力アップをはかろう。

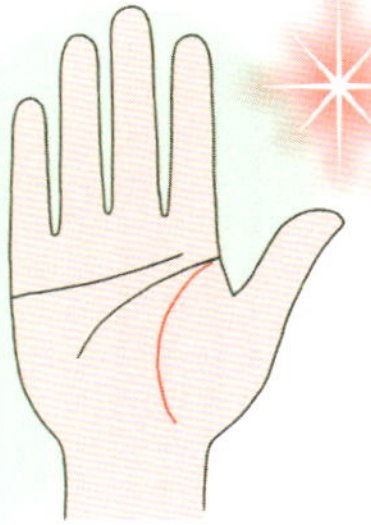

太くてしっかりした生命線《せいめい》

エネルギッシュで病気《びょうき》知らずのとき。スポーツを思う存分《ぞんぶん》に楽しめるよ。

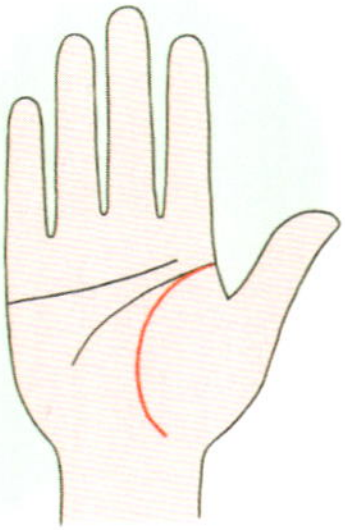

切れ切れになっている生命線《せいめい》

すぐにつかれたり、かぜをひいたりしそう。無理《むり》は禁物《きんもつ》。

くさり状《じょう》になっている生命線《せいめい》

せんさいで、小さなことでクヨクヨしがち。太陽《たいよう》の光を浴《あ》びて。

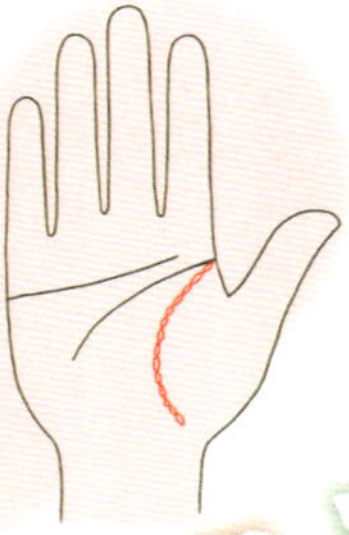

二重《じゅう》になっている生命線《せいめい》

かぜをひいたりつかれたりしても、すぐに回復《かいふく》できるよ。

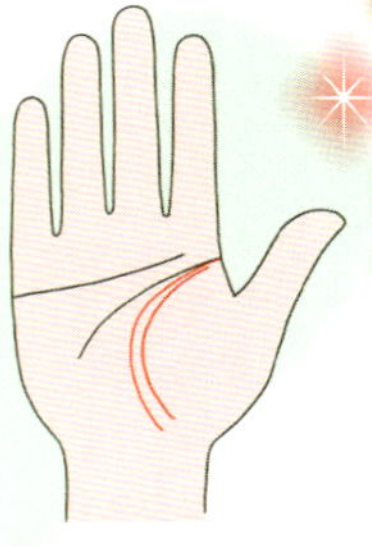

今、金運《きんうん》はアリ？ ナシ？

金運線《きんうんせん》（小指《こゆび》の下に出る、短《みじか》いたての線）で、
金運《きんうん》があるかどうかがわかるよ。

まっすぐの金運線《きんうんせん》

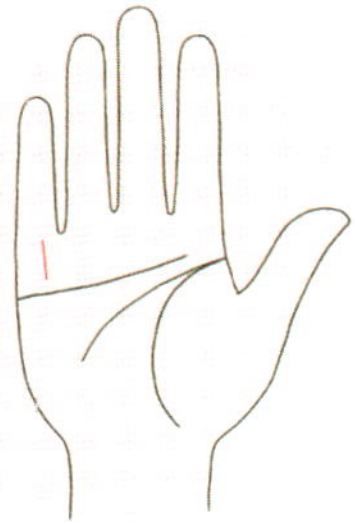

とても良《よ》い金運《きんうん》。順調《じゅんちょう》にお金を貯《た》められるよ。

細《ほそ》い金運線《きんうんせん》が数本ある

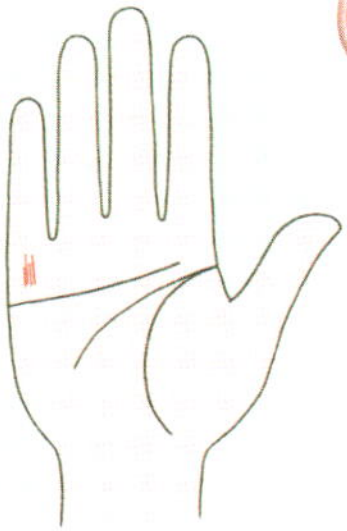

小さなムダ使《づか》いが多いから、お金が貯《た》まらないみたい。

曲《ま》がった金運線《きんうんせん》

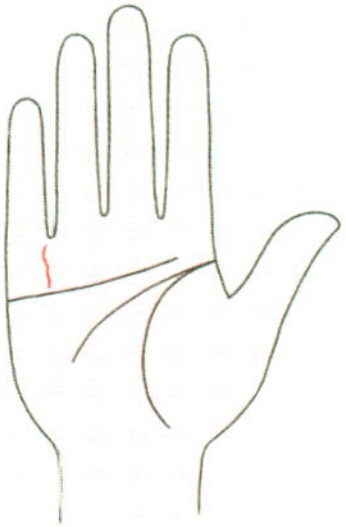

金運《きんうん》が良《よ》くないとき。買《か》い物《もの》で失敗《しっぱい》しがちなので、ムダ使《づか》いをひかえて。

切れ切れの金運線《きんうんせん》

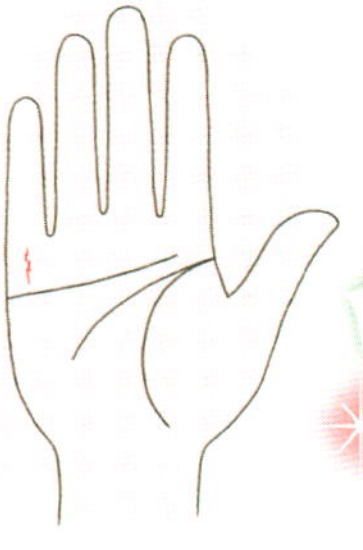

おこづかいが足りないなぁと思うことが多いよ。お金に不安《ふあん》を持《も》ちやすいとき。

金運線《きんうんせん》がない

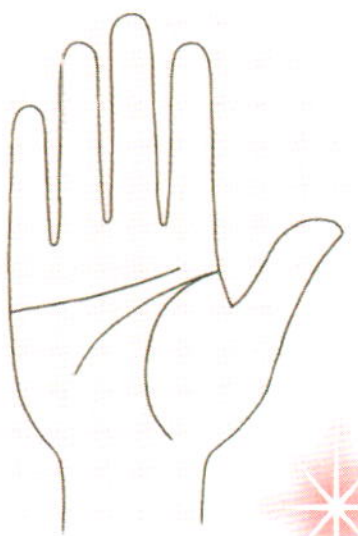

お金にあまり興《きょう》味《み》がないようだね。お金に困《こま》っていないのかな。

今、あなたが持《も》っている才能《さいのう》は？

知能線《ちのう》で、あなたがどんな才能《さいのう》を持《も》っているかがわかるよ。

長い知能線《ちのう》

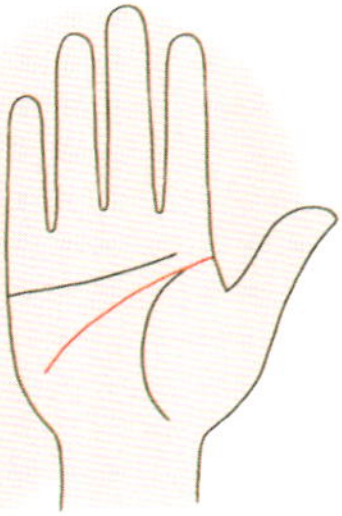

頭が切れて、素早《すばや》い判断《はんだん》ができるみたい。いろいろな人間関係《かんけい》をじょうずにこなせる才能《さいのう》があるよ。

下がらず水平《すいへい》の知能線《ちのう》

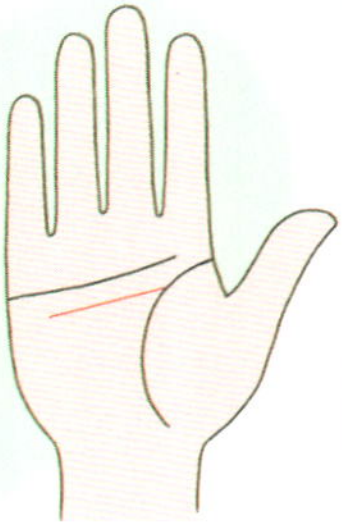

冷静《れいせい》な判断《はんだん》力があるね。計算をする能力《のうりょく》に優《すぐ》れているよ。

2本ある知能線《ちのう》

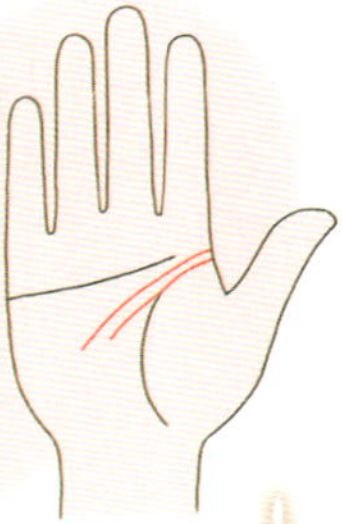

とても頭が良《よ》くて、何をしてもじょうずにできる天才タイプ。特《とく》に、話がじょうずにできるよ。

短《みじか》い知能線《ちのう》

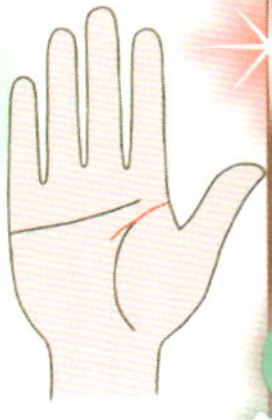

好《す》きなことに一直線。ハッキリと自分の意見《いけん》を言って、周《まわ》りを納得《なっとく》させる才能《さいのう》が。

大きくたれ下がる知能線《ちのう》

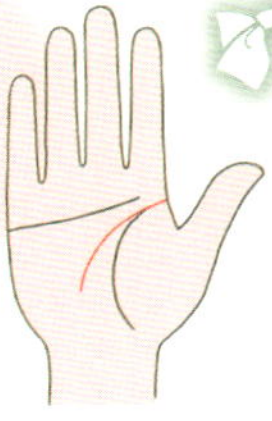

空想《くうそう》が好《す》きなロマンチスト。ステキな作品《さくひん》を作る、芸術《げいじゅつ》の才能《さいのう》を持つよ。

くさり状《じょう》の知能線《ちのう》

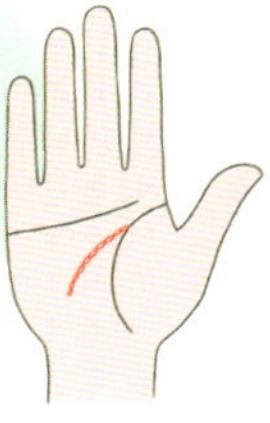

目上の人や男の子にあまえるのがじょうずな、人たらしタイプだよ。

先が2つにわかれる知能線《ちのう》

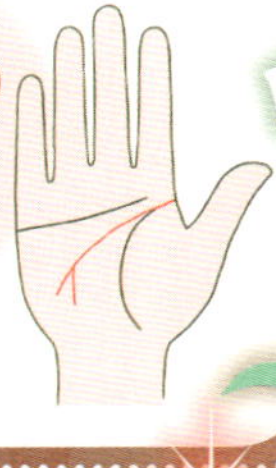

ほかの人が思いつかないような、変《か》わったアイデアが浮《う》かぶ才能《さいのう》が！

Part. 9

“今”の私《わたし》と“ちょっと先”の私《わたし》がわかる!

夢《ゆめ》うらない

夢《ゆめ》うらないとは…

ねむっている間、人の心は神秘的《しんぴてき》な世界《せかい》とつながっていて、心のおく深《ふか》くにしずんでいる感情《かんじょう》が、表《おもて》に浮《う》かびやすくなるよ。だから夢《ゆめ》の中には、あなたのかくされた気持《きも》ちや、神《かみ》さまが教えてくれる未来《みらい》のできごとが表《あらわ》れるみたい。夢《ゆめ》に出てきたものを思い出してうらなってみよう。

人物《じんぶつ》

自分自身《じしん》

夢《ゆめ》に自分自身《じしん》が出てきておどろいたり、自分と話したりするのは、自分のことを冷静《れいせい》になって考えたほうがいいよ……というアドバイス。ちょっと感《かん》情的《じょうてき》になっているのかも。

母親

夢《ゆめ》の中の母親のイメージは、あなたが心のおくで持《も》っている母親のイメージそのもの。それ以外《いがい》は家庭《かてい》運《うん》を表《あらわ》しているよ。母親と仲良《なかよ》くしているなら、家《か》族《ぞく》と楽しく過《す》ごせるはず。

父親

夢《ゆめ》の中の父親のイメージは、あなたが心《こころ》のおくで持《も》っている父親のイメージ。あなたの学校での立場も示《しめ》すよ。父親《ちちおや》と仲《なか》が良《よ》ければ、みんなのために役立《やくだ》っているということ。

きょうだい

自分の兄弟姉妹は、夢《ゆめ》の中《なか》では自分の人間関係《かんけい》やライバルを示《しめ》しているよ。夢《ゆめ》の中できょうだいと仲《なか》良《よ》くしているのなら、実《じっ》際《さい》に周《まわ》りの人たちやライバルと仲良《なかよ》くできるよ。

友だち

夢《ゆめ》の中に出てきた友だちとは、えんが深《ふか》いのかも。現実《げんじつ》でも仲良《なかよ》くしてみるといいね。友だちとケンカしている夢《ゆめ》を見たら、現実《げんじつ》になりやすいので、言葉《ことば》や態度《たいど》に気をつけて。

好《す》きな子

好《す》きなカレとラブラブになっている夢《ゆめ》は、あなたの願望《がんぼう》が表《あらわ》れたもの。現《げん》実《じつ》では仲良《なかよ》くなるのが難《むずか》しそう。カレとケンカしていたり、告白《こくはく》されたりする夢《ゆめ》は、うまくいく予感《よかん》。

先生

夢《ゆめ》の中で先生が言った言《こと》葉《ば》に、良《よ》いヒントがありそう。先生と楽しく過《す》ごしているのは良《よ》い夢《ゆめ》。しかられている夢《ゆめ》は、自分のおこないを見直す必要《ひつよう》があるとき。

知らない人

夢《ゆめ》の中の知らない人が女の子や大人の女性《じょせい》なら、その人が持《も》つ性格《せいかく》をあなたも持《も》っているということ。男の子や大人の男性《だんせい》なら、その人が今のあなたが求《もと》めているタイプ。

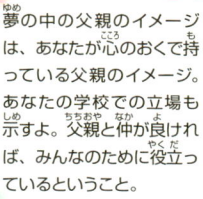

自分の体

顔

自分の顔が夢《ゆめ》に出るのは、周《まわ》りからどう思われているのかを気にしているということ。良《よ》い表情《ひょうじょう》なら良《よ》い印《いん》象《しょう》が持《も》たれていて、悪《わる》い表《ひょう》情《じょう》なら悪《わる》い印象《いんしょう》を持《も》たれている可能性《かのうせい》が。

目

夢《ゆめ》の中の目は、今のあなたの精神状態《せいしんじょうたい》や運勢《うんせい》を示《しめ》しているよ。キラキラとかがやく目は、運勢《うんせい》が上がっていて、イキイキと過《す》ごせるよ。暗《くら》い目は運勢《うんせい》が下がっていることを示《しめ》すよ。

かみの毛

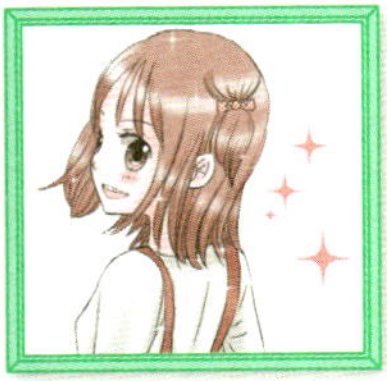

あなたの生命《せいめい》力や健康状《けんこうじょう》態《たい》を示《しめ》すよ。ツヤツヤ、ふさふさした髪《かみ》は、パワーがあって元気で過《す》ごせるということ。髪《かみ》が傷《いた》んでいたり、ぬけたりしていれば、健《けん》康《こう》に気をつけて。

手

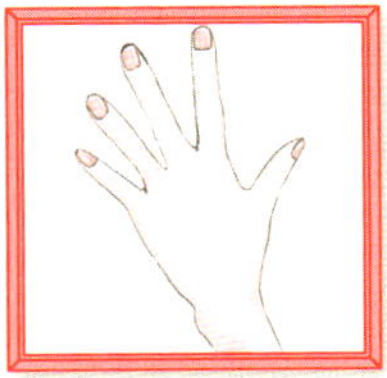

だれかと手をつなぐ夢《ゆめ》はその人と仲良《なかよ》くなれて、手を洗《あら》う夢《ゆめ》はなやみが解《かい》決《けつ》する予感《よかん》。右手が強調《きょうちょう》されていると行動的《こうどうてき》になり、左手が強調《きょうちょう》されていると消極的《しょうきょくてき》になりがち。

足

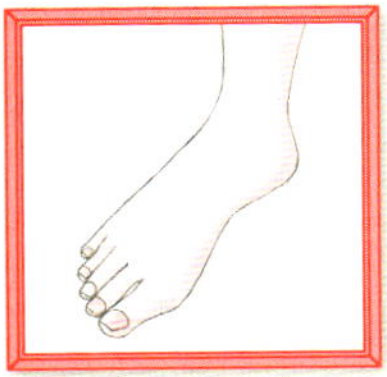

足の夢《ゆめ》は、行動《こうどう》力や自分の底力《そこぢから》の有無《うむ》を示《しめ》しているよ。しっかりした足は、行動《こうどう》力や底力《そこぢから》がある状《じょう》態《たい》。たよりない足は、行《こう》動《どう》力がなくてくじけやすいことを示《しめ》しているよ。

胸《むね》

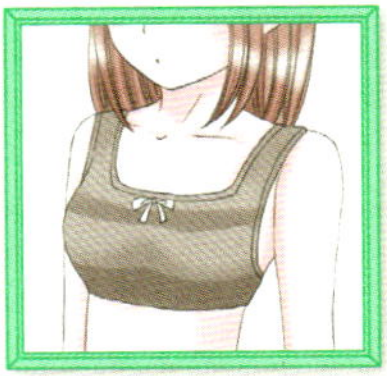

胸《むね》が強調《きょうちょう》されている夢《ゆめ》は、感情《かんじょう》が豊《ゆた》かになり、愛《あい》や幸《しあわ》せを感《かん》じやすくなること。自分の胸《むね》がふくらむのは豊《ゆた》かな愛《あい》を持《も》てて、小さくなるのは、さみしさを感《かん》じやすくなること。

心臓《しんぞう》

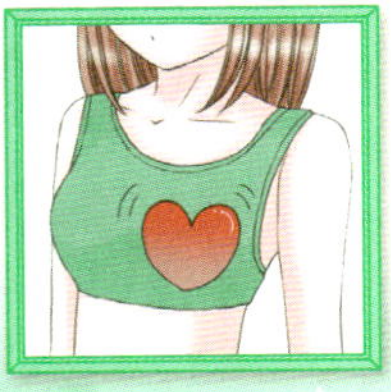

夢《ゆめ》の中の心臓《しんぞう》は、自分の原動《げんどう》力を示《しめ》しているよ。元気に脈打《みゃくう》っている心臓《しんぞう》は、パワフルに過《す》ごせるということ。心臓《しんぞう》が止まったり苦《くる》しくなったりする夢《ゆめ》は、トラブルの心配《しんぱい》が。

体が痛《いた》い

体のどこかが痛《いた》む夢《ゆめ》は、健康《けんこう》に気をつける必要《ひつよう》があるね。夢《ゆめ》の中で痛《いた》む部《ぶ》分《ぶん》を実際《じっさい》に検査《けんさ》するといいよ。胸《むね》が痛《いた》い夢《ゆめ》は、ストレスをためている可能《かのう》性《せい》があるよ。

行動《こうどう》

歩く・走る

スムーズに歩いたり走ったりできるのは、計画通りに目標《もくひょう》を達成《たっせい》できることを示《しめ》すよ。うまく歩いたり走ったりできなければ、物事《ものごと》が思い通りに進《すす》まずにあせりやすいみたい。

書く・読む

何かの文字を書くのは心を整理《せいり》していることを示《しめ》し、自分が書いた文章《ぶんしょう》の中に、本音がふくまれているよ。何かの文や文字を読むのは、書かれた内容《ないよう》に未《み》来《らい》のヒントがアリ！

洗《あら》う

何かを洗《あら》う夢《ゆめ》は、心がじょうかされて、なやみや不安《ふあん》がなくなったり、ストレスが解消《かいしょう》されることを示《しめ》しているよ。気分もじょうきょうも軽《かる》くなって、過《す》ごしやすくなるはず。

探《さが》す

夢《ゆめ》の中で何かを探《さが》しているのは、今のじょうきょうを良《よ》くしたいという気《き》持《も》ちの表《あらわ》れ。探《さが》し物《もの》が見つかる夢《ゆめ》は、なやみや不《ふ》満《まん》が消《き》えることを示《しめ》しているよ。

落《お》ちる

自分が落《お》ちていく夢《ゆめ》は、多くの人がよく見る夢《ゆめ》の１つ。能力《のうりょく》や性格《せいかく》に自信《じしん》を持《も》てずに、未来《みらい》に不安《ふあん》をかかえているみたい。やるべきことをこなして、少しずつ自信《じしん》をつけて。

勝《か》つ・負《ま》ける

スポーツやゲームでの勝《か》ち負《ま》けや、試験《しけん》の合否《ごうひ》は、実際《じっさい》には逆《ぎゃく》の結果《けっか》になることが多いみたい。勝《か》つ夢《ゆめ》や合格《ごうかく》の夢《ゆめ》は、しっかり努力《どりょく》をするようにという警告《けいこく》だよ。

ぬすむ・ぬすまれる

自分が何かをぬすむ夢《ゆめ》は、金運《きんうん》がダウンして何かを失《うしな》うことの暗示《あんじ》。だれかに何《なに》かをぬすまれる夢《ゆめ》は、金《きん》運《うん》アップのきざし。何かをプレゼントされるなど、得《とく》をすることがありそう。

死《し》ぬ

自分が死《し》ぬ夢《ゆめ》は、古い自分を捨《す》てて新しい自分になれることを告《つ》げているよ。ほかのだれかが死《し》ぬ夢《ゆめ》は、その人とあなたの今後の関係《かんけい》が、変《か》わっていく可能性《かのうせい》が。流《なが》れに任《まか》せて。

感情《かんじょう》

楽しい・笑《わら》う

夢《ゆめ》で楽しさを感《かん》じたり笑《わら》ったりしているのは、実際《じっさい》には不安《ふあん》やストレスをかかえているという警告《けいこく》。笑《わら》い声《ごえ》が大きいほど、その気《き》持《も》ちが強いよ。自分の心と向《む》き合うことが大切。

おこる・おこられる

だれかをおこっているのは、現実《げんじつ》でも不満《ふまん》をためこんでいたり、相手《あいて》にいかりを感《かん》じていたりするみたい。おこられる夢《ゆめ》は、現実《げんじつ》でも、その人があなたをおこっているかも。

悲《かな》しい・泣《な》く

夢《ゆめ》の中で悲《かな》しむのは、現実《げんじつ》では明るい気持《きも》ちになれることの暗示《あんじ》。泣《な》く夢《ゆめ》は、さらに幸運《こううん》。いやなことが流《なが》れて、運気《うんき》がアップすることを示《しめ》しているよ。感動《かんどう》して泣《な》く夢《ゆめ》は大吉《だいきち》。

苦《くる》しい・つかれる

現実《げんじつ》でも、何かでなやんで苦《くる》しい思いをしていたり、とてもつかれていたりする可能性《かのうせい》があるよ。無理《むり》をしすぎているようなので、ゆっくり過《す》ごすようにしようね。

こわがる・不安《ふあん》になる

心の中に、きょうふや不安《ふあん》があるときに見やすい夢《ゆめ》。運気《うんき》が下がっているので、何かでがんばってもイヤな思いをしたり、落《お》ちこんだりしがち。無理《むり》をせずに静《しず》かに過《す》ごそう。

さみしさ・こどくを感《かん》じる

現実《げんじつ》でも心《こころ》のおくにさみしさがあり、だれかにあまえたくなっているみたい。ついワガママになって、実際《じっさい》にさみしさやこどくを感《かん》じる状態《じょうたい》になりやすいよ。協調性《きょうちょうせい》を大切に。

愛《あい》する・愛《あい》される

夢《ゆめ》の中でだれかを愛《あい》するのは、さみしくてだれかを愛《あい》したいという願望《がんぼう》の表《あらわ》れ。だれかから愛《あい》される夢《ゆめ》は良《よ》い夢《ゆめ》。実際《じっさい》に男の子から好《す》かれたり、人気者《もの》になったりしそう。

しっとする・しっとされる

しっとする夢《ゆめ》は、自信《じしん》をなくしていることを示《しめ》すよ。好《す》きなカレのことでしっとしているのは、カレとの関係《かんけい》が順調《じゅんちょう》に進《すす》む予感《よかん》。しっとされる夢《ゆめ》は、魅力《みりょく》が高まっているとき。

動植物《どうしょくぶつ》

馬・牛

馬・牛は、人間の良《よ》き仲間《なかま》のしょうちょう。馬が出るとじょうきょうがスピーディーに動《うご》くことを示《しめ》し、牛が出るとおこづかいにめぐまれて豊《ゆた》かな生活を送《おく》れることを示《しめ》すよ。

ライオン・トラ

権力《けんりょく》など強い力を意味《いみ》するライオンやトラなどのもうじゅうと仲良《なかよ》くする夢《ゆめ》は、パワフルになれることを示《しめ》すよ。おそれている夢《ゆめ》なら、心のおくでだれかをこわがっているのかも。

リス・ウサギ

リスやウサギは、夢《ゆめ》の中ではかわいい恋人《こいびと》を示《しめ》しているよ。ステキな男の子を発《はっ》見《けん》して、新しい恋《こい》がスタートする予感《よかん》。夢《ゆめ》の中で仲良《なかよ》くすればするほど、ラブラブな恋《こい》になりそう。

ハムスター・ネズミ

かわいいハムスターや白いネズミなら、ラッキーな夢《ゆめ》。恋愛《れんあい》でうれしいことがありそうだよ。でも灰《はい》色や黒色のネズミ、こわいネズミの夢《ゆめ》は、あなたを困《こま》らせる人が現《あらわ》れる予感《よかん》。

犬

犬は、夢《ゆめ》の中では親《した》しい友だちや目下の人を示《しめ》しているよ。犬がなつく夢《ゆめ》は、自分を尊敬《そんけい》する子が現《あらわ》れる可能性《かのうせい》が。特《とく》に、年下の子とは、良《よ》い関係《かんけい》を築《きず》けるはず。

鳥

鳥は、夢《ゆめ》の中では希望《きぼう》やあこがれのしょうちょう。飛《と》ぶ鳥の夢《ゆめ》は、開放感《かいほうかん》を味《あじ》わえる出来事《できごと》がありそう。小鳥は平和《へいわ》な日々《ひび》を示《しめ》し、大きな鳥はダイナミックな日々《ひび》を表《あらわ》すよ。

ねこ

夢《ゆめ》の中のねこは、少し意《い》地悪《じわる》な女の子。あなたにしっとを感《かん》じて、意地悪《いじわる》をする子が出てくるかも。ねこがなつく夢《ゆめ》は、ライバルとうまくいく暗示《あんじ》。黒ねこの夢《ゆめ》は幸運《こううん》のしるし。

飼《か》っているペット

夢《ゆめ》の中でペットがおだやかなら、問題《もんだい》なく楽しくいっしょに暮《く》らしていけるよ。でも悲《かな》しんでいたり、おこっていたりする場合は、あなたに何か言いたいことがあるみたい。

魚

魚の夢《ゆめ》は、金運《きんうん》アップを表《あらわ》しているよ。大きな魚を見るほど、大きな利益《りえき》があるはず。魚を食べる夢《ゆめ》は、がんばりが実《みの》る暗《あん》示《じ》。スイスイと泳《およ》ぐ魚の夢《ゆめ》は才能《さいのう》が花開《はなひら》く予感《よかん》。

カエル

昔《むかし》からえんぎが良《よ》い夢《ゆめ》とされ、とくに金運《きんうん》アップが期待《きたい》できるよ。おこづかい額《がく》がアップしたり、けんしょうが当たったりするかも。カエルが大きいほど、大きな得《とく》をするはず。

クモ

明るい場所《ばしょ》にいるクモの夢《ゆめ》なら幸運《こううん》。うれしい知らせが入るかも。でも暗《くら》い場所《ばしょ》にいるクモの夢《ゆめ》は注意《ちゅうい》が必要《ひつよう》だよ。だれかにめいわくをかけられる心配《しんぱい》があるみたい。

ちょう

人生の変《か》わり目に当たっていて、新しい自分に変《へん》身《しん》できるとき。魅力的《みりょくてき》になれるので、男の子からモテる予感《よかん》も。でも、いろいろな男の子が気になって、落《お》ち着《つ》かないかも。

木

夢《ゆめ》の中の木は、あなた自《じ》身《しん》。葉《は》がしげって元気な木の夢《ゆめ》は、あなたもエネルギッシュだということ。細い木やかれている木は、パワーダウンしているので体調《たいちょう》に気をつけて。

木の実《み》

木に果物《くだもの》など、実《み》がなっている夢は、今までのがんばりが実《みの》る夢。好《す》きなカレと両想《りょうおも》いになったり、何かのコンテストで賞《しょう》を取《と》ったりしそう。木の実《み》を食べる夢《ゆめ》は、さらに良《よ》い夢《ゆめ》。

草

青々《あおあお》とした草の夢《ゆめ》は、元気で平和《へいわ》な毎日が送《おく》れる暗示《あんじ》。雑草《ざっそう》の夢《ゆめ》は、大変《たいへん》な中でもたくましく進《すす》めることを示《しめ》しているよ。草がかれている夢《ゆめ》は、パワーダウンしているとき。

お花畑《はなばたけ》

神秘的《しんぴてき》で、神《かみ》さまからのメッセージがこめられている夢《ゆめ》。でも、お花畑《はなばたけ》の夢《ゆめ》を見たら、しばらくの間は健康《けんこう》に注意《ちゅうい》。交通事《じ》故《こ》にも気をつけて。道路《どうろ》を横切《よこぎ》ったりしないでね。

気候《きこう》

晴れた空

青く晴れわたった空の夢《ゆめ》は、しばらくの間、さわやかな気持《きも》ちで過《す》ごせることを暗示《あんじ》しているよ。青空の中で太陽《たいよう》がかがやいていれば、大きな願《ねが》い事《ごと》がかなう可能性《かのうせい》が高いよ。

くもった空

今のあなたの心がくもっていたり、かかえている問《もん》題《だい》の解決《かいけつ》には時間がかかることを告《つ》げているよ。晴れていた空がくもっていく夢《ゆめ》は、新しい問題《もんだい》が出てくる可能性《かのうせい》を示《しめ》すよ。

流《なが》れる雲

ぽっかりと浮《う》かぶような白い雲が流《なが》れていくのは、物事《ものごと》が順調《じゅんちょう》に進《すす》んでいくことの暗示《あんじ》で幸運《こううん》。速《はや》く雲が流《なが》れていく夢《ゆめ》は、急《きゅう》にじょうきょうが変化《へんか》することを示《しめ》すよ。

にじ

運気《うんき》が急《きゅう》じょうしょうして、深《ふか》い感動《かんどう》を味《あじ》わえる良《よ》い夢《ゆめ》。にじが大きいほど、良《よ》い意味《いみ》が強くなるよ。ただし、にじがすぐに消《き》えてしまうように、一時的《てき》な喜《よろこ》び事《ごと》になりそう。

かみなり

ピカッとイナズマが光る夢《ゆめ》は、うれしいことがありそう。かみなりの音がする夢《ゆめ》は、あなたがおこりっぽくなっていることへの忠《ちゅう》告《こく》。かみなりが落《お》ちる夢《ゆめ》は変化《へんか》が訪《おとず》れる暗示《あんじ》。

あらし・台風《たいふう》

急《きゅう》におどろくような変化《へんか》が訪《おとず》れて、どうすればいいのかわからず、困《こま》ってしまいそう。でも、台風の後は快晴《かいせい》になるように、一時的《てき》などうようで、その後は幸運《こううん》がまいこむよ。

雨

やさしくおだやかに降《ふ》る雨の夢《ゆめ》は、幸《しあわ》せな日々《ひび》が訪《おとず》れることの暗示《あんじ》。ただし、一気に降《ふ》り出したり、たたきつける強い雨だったりすると、急《きゅう》な変化《へんか》に一時的《てき》にどうようしそう。

きり

きりで周《まわ》りがよく見えない夢《ゆめ》は、物事《ものごと》がハッキリせずに不安《ふあん》を感《かん》じることを示《しめ》すよ。むやみに動《うご》かずに、周《まわ》りを観察《かんさつ》して。きりが晴れる夢《ゆめ》は、なやみ事《ごと》が解決《かいけつ》する予感《よかん》。

Part. 10

カレとトモとの相性《あいしょう》がわかる！

月干支《つきえと》うらない

干支《えと》うらないとは

干支《えと》というと、年ごとに移《うつ》り変《か》わるものが有名《ゆうめい》だけど、それだけじゃなく、月にも干支《えと》が割りふられていて、12種類の干支が 1年で一周《いっしゅう》しているんだよ。年の干支《えと》は人前に出たときの性格を表《あらわ》すけど、月の干支《えと》は本当の自分の性格《せいかく》を示《しめ》すから、相性《あいしょう》をうらなうにはピッタリ！

月干支《つきえと》でわかる本当の自分

12/8〜1/5 子《ね》

ネズミは働《はたら》き者《もの》で子どもをたくさん産《う》むので、子孫《しそん》はんえいを示《しめ》すよ。よく働《はたら》いて、コツコツとお金を貯《た》めることが好《す》き。愛情《あいじょう》が深《ふか》く、家族《かぞく》をとても大事《だいじ》にするよ。人の好《す》きキライがハッキリしていて、好《す》きな人にはトコトンあまえるけど、キライな人には冷《つめ》たい態度《たいど》を取《と》ったりしそう。恋愛感情《れんあいかんじょう》におぼれやすいので注意《ちゅうい》。

1/6〜2/3 丑《うし》

神《かみ》さまが乗《の》るウシを示《しめ》しているよ。ウシの落《お》ち着《つ》いた性格《せいかく》から、ひかえめだけどマジメでねばり強くがんばる、努力家《どりょくか》のタイプを示《しめ》すよ。物《もの》やお金にこだわり、お金持《も》ちになることにあこがれていそう。でも優《やさ》しさがあり、人からたのまれたことは、責任《せきにん》を持《も》ってやりとげるはず。だからしんらいされるんだね。

2/4〜3/5 寅《とら》

白虎《びゃっこ》という守護神《しゅごしん》のトラで、その素《す》早《ばや》さと力強さから、頭が良《よ》くて決《けつ》断《だん》力がある性質《せいしつ》を持《も》つよ。明るく元気でよくしゃべり、リーダーシップもあって目立つタイプ。周《まわ》りの人たちを楽しませることが得意《とくい》だよ。でも、自分のことで頭がいっぱいになるようなところも。1人がニガテなさみしがり屋《や》なところもあるね。

3/6〜4/4 卯《う》

春の植物《しょくぶつ》がのびる様子《ようす》を示《しめ》していて、子だくさんのウサギは女の子らしく、あいきょうがあるよ。上品《じょうひん》でおぎょうぎもいいので、周《まわ》りから「きちんとしている子」と思われそうだね。社交的《てき》で楽しくおしゃべりができて、友だちがたくさんできそう。先生やせんぱいからも、かわいがられるタイプだよ。

4/5〜5/5 辰《たつ》

激《はげ》しくふるえて動《うご》く、ジッとしていない龍《りゅう》を示《しめ》すよ。龍《りゅう》は、実際《じっさい》には存在《そんざい》しない想像《そうぞう》上の動物《どうぶつ》。とても大きなパワーを持《も》っていて、強い存在感《そんざいかん》を持《も》っているよ。積極的《せっきょくてき》で優《すぐ》れた行動《こうどう》力を持《も》ち、感情《かんじょう》をストレートに出す、裏表《うらおもて》のないさっぱりとした性格《せいかく》だね。そして、ちょっとロマンチストな面《めん》も。

5/6〜6/5 巳《み》

初夏《しょか》のムードと似《に》て、静《しず》かだけど、心は燃《も》えているヘビの性質《せいしつ》を示《しめ》すよ。ねばり強くてがんばり屋《や》で、大《たい》変《へん》でも最後《さいご》までやりとげられるよ。でもプライドが高くて、おこらせるとこわいタイプ。好《す》きなことへのしゅうちゃくも、とても強いみたい。ジェラシーが強くて、人をこわがらせてしまうことがあるかも。

6/6〜7/7

午《うま》

太陽《たいよう》が燃《も》えさかる真夏《まなつ》の様《よう》子《す》を示《しめ》していて、活発《かっぱつ》に走り回るウマのように、パワフルで元気いっぱいな性格《せいかく》。感情《かんじょう》をストレートに出す、ハデで目立つタイプだよ。明るい未来《みらい》を目指《めざ》していて、高い目標《もくひょう》を持《も》って活動《かつどう》しているはず。プライドが高いから、自分に反対《はんたい》したりジャマしたりする人には、いかりをかくさないかも。

7/8〜8/7

未《ひつじ》

おだやかでおとなしいヒツジと同じ、ひかえめで温《あたた》かい性格《せいかく》だよ。弱そうに見えてもシンが強くてしんぼう強く、少しのことではめげない強さを持《も》っているよ。未来《みらい》の夢《ゆめ》に向《む》かって、コツコツと進《すす》むがんばり屋《や》さんでもあるね。でも、人が良《よ》すぎて、たのまれ事《ごと》を断《ことわ》れずに、苦労《くろう》を背負《せお》いこんでしまうところもありそう。

8/8〜9/7

申《さる》

実《みの》りの秋の様《よう》子《す》を示《しめ》しているよ。器用《きよう》でかしこいサルと同じく、頭が良《よ》くていろいろなことを知っていて、何でもソツなくこなせるタイプ。ユーモアがあって人を楽しませることがじょうずで、イタズラ好《す》きだね。でもキツイ言葉《ことば》をズバッと言うような、ひにく屋《や》さんのところも。ちょっとあきっぽいところもあるよ。

9/8〜10/8

酉《とり》

実《みの》りの秋と、宝《ほう》石《せき》などの美しい物《もの》を示《しめ》しているよ。夜明けに鳴いてよく動《うご》くニワトリのように、遊《あそ》び好《す》きで社交的《てき》。オシャレじょうずで、自分を魅力的《みりょくてき》に見せることが得意《とくい》だよ。こだわりが強くて、完《かん》ぺきじゃないと気が済《す》まないところも。理想《りそう》もプライドも高く、あまり自分の弱いところを出さないね。

10/9〜11/8

戌《いぬ》

家の番犬にもなり、安産《あんざん》のしょうちょうでもあるイヌと同じく、自分の役《やく》割《わり》をキチンとこなし、マジメで責任感《せきにんかん》が強く、れいぎ正しいタイプ。しっかりとした考えを持《も》っていて周《まわ》りに流《なが》されないけど、それが強すぎてガンコになることもあるね。でも、困《こま》っている人には優《やさ》しい、めんどう見が良《よ》いところもあるよ。

11/9〜12/7

亥《い》

冬の種《たね》のような、命《いのち》をぎゅっとおしこめた状《じょう》態《たい》を示《しめ》すよ。一直線に走るイノシシのように勇気《ゆうき》があり、自分がこうだと思ったら、曲《ま》げずにおし通していく強さがあるね。自分の意見《いけん》を曲《ま》げないから、人に合わせるのが苦手《にがて》で、ガンコでもあるよ。でもたよられるとイヤと言えず、トコトンめんどうを見る優《やさ》しさもアリ。

子《ね》の人

12/8〜1/5

恋愛《れんあい》の相性《あいしょう》

カレが子《ね》 ◎

おたがいに愛情《あいじょう》が深《ふか》くてあまえんぼうで、ベタベタなカップルになりそう。素《す》直《なお》に気持《きも》ちをぶつけよう。

カレが丑《うし》 ◎

ガマン強く努力《どりょく》家のカレは、あなたをサポートしてくれるよ。むじゃきなあなたをかわいく思っているね。

カレが寅《とら》 ○

堂々《どうどう》とした性格《せいかく》のカレには、あなたがつくすことに。気持《きも》ちをきちんと言葉《ことば》で伝《つた》えると、楽しい交際《こうさい》に。

カレが卯《う》 △

おしゃべりが弾《はず》むけれど、おたがいのワガママで、ケンカになることも。お姉さん役《やく》になれば仲良《なかよ》しに。

カレが辰《たつ》 ◎

ゆうかんで行動的《こうどうてき》なカレは、ちょっと気弱なあなたをリードするよ。ロマンチックなデートができるね。

カレが巳《み》 ○

おたがいに、ちがいに魅《み》力《りょく》を感《かん》じ合える仲《なか》だよ。カレは情《じょう》が深《ふか》いから、浮気《うわき》しないでいちずになって。

カレが午《うま》 △

オレさまタイプのカレに、ふり回されがち。カレの意《い》見《けん》に反発《はんぱつ》しないで、だまってついていくといいよ。

カレが未《ひつじ》 △

ひかえめなカレの本音がわからずに、困《こま》ることが。どんどんおすと引かれるので、少しずつ仲良《なかよ》くなって。

カレが申《さる》 ◎

頭の回転《かいてん》が速《はや》いカレといると、とても楽しいよ。2人でいると、ふしぎと得《とく》をすることも多い良《よ》い相性《あいしょう》。

カレが酉《とり》 ○

物《もの》知りなカレと話すと、ワクワクするよ。カレの提案《ていあん》で、毎回おもしろいデートコースが楽しめるね。

カレが戌《いぬ》 △

あまり本音を言わないカレに、不安《ふあん》を感《かん》じることが多いかも。カレの言葉《ことば》じゃなく、態度《たいど》を見ていよう。

カレが亥《い》 ○

2人とも恋愛《れんあい》が大好《す》きなので、両想《りょうおも》いになったらラブラブに。ロマンチックな言葉《ことば》で告白《こくはく》すると感激《かんげき》されるよ。

★友情《ゆうじょう》の相性《あいしょう》★

トモが子《ね》 ◎

おたがいに感情《かんじょう》を素直《すなお》に出すので、気を使《つか》わず本音で交際《こうさい》できるよ。ケンカしても、すぐ仲直りできるね。

トモが丑《うし》 ◎

努力家《どりょくか》の相手《あいて》が、あなたのワガママを受《う》け止めてくれるよ。困《こま》ったら手を差《さ》しのべてくれるステキな親友。

トモが寅《とら》 ○

彼女《かのじょ》はしっかり者《もの》に見えても、実《じつ》はあなたをたよっていそう。あなたの友情《ゆうじょう》をうれしく思っているはず。

トモが辰《たつ》 ◎

ひかえめなあなたと行動的《こうどうてき》で元気な相手《あいて》との相性《あいしょう》◎。思いつきで動《うご》くことが多い相手《あいて》にアドバイスしてね。

トモが午《うま》 △

明るいけどちょっと心が弱い彼女《かのじょ》は、あなたと正反対《せいはんたい》のタイプ。おたがいの欠点《けってん》を補《おぎな》い合える関係《かんけい》だよ。

トモが申《さる》 ◎

頭が良《よ》くてテキパキとしている相手《あいて》から、いろいろなことを学べそう。何かで困《こま》ったら彼女《かのじょ》に相談《そうだん》してみよう。

トモが戌《いぬ》 △

はじめはとっつきにくいけど、何度《なんど》も会っているうちに、だんだんとわかり合えるよ。2人で勉強《べんきょう》すると◎。

トモが卯《う》 △

ストレートなあなたと、あちこちにいい顔をする相手《あいて》とは、考え方がちがうね。彼女《かのじょ》をそくばくしないで。

トモが巳《み》 ○

心に燃《も》える夢《ゆめ》や理想《りそう》を持《も》っている彼女《かのじょ》は、尊敬《そんけい》できる相手《あいて》。彼女《かのじょ》もあなたを、たのもしく思っているよ。

トモが未《ひつじ》 △

おたがいにシャイなので、本音を出せずに誤解《ごかい》し合うことが多いみたい。勇気《ゆうき》を出して声をかけてみて。

トモが酉《とり》 ○

人を楽しませることがじょうずな彼女《かのじょ》は、あなたの心を明るくするよ。楽しい話で盛《も》り上がって仲良《なかよ》しに。

トモが亥《い》 ○

ともにシャイだけど愛情《あいじょう》が深《ふか》い者同士《ものどうし》なので、一度《いちど》友だちになったら親友に。たくさん話すことがカギ。

丑《うし》の人 1/6〜2/3

恋愛《れんあい》の相性《あいしょう》

カレが子《ね》 ◎
素直《すなお》であまえんぼうのカレは、テレ屋《や》のあなたをホッとさせてくれる男の子。交《こう》際《さい》はあなたがリードして。

カレが丑《うし》 ◎
おたがいに心を開《ひら》くまでには時間がかかるけど、一《いち》度《ど》両想《りょうおも》いになったらしんけんな交際《こうさい》ができそうだよ。

カレが寅《とら》 ○
頭のいいカレは、しっかり者《もの》のあなたを、たのもしく思うはず。カレの話をしっかり聞いてあげると◎。

カレが卯《う》 △
気弱だけど少したよりないカレを、あなたが支《ささ》える交《こう》際《さい》に。同じ趣味《しゅみ》を持《も》つと、ますます楽しめるよ。

カレが辰《たつ》 ○
気持《きも》ちをかくさないカレと、リラックスしてつき合えるよ。あなたのほうがカレのめんどうを見ることに。

カレが巳《み》 ◎
目標《もくひょう》を持《も》って何かをがんばるカレは、とっても尊敬《そんけい》できる相手《あいて》。はげましの言葉《ことば》をかけておうえんしよう。

カレが午《うま》 △
2人ともガンコなので、ケンカになると仲直《なかなお》りに時間がかかりそう。カレの言葉《ことば》にはいつでもうなづいて。

カレが未《ひつじ》 △
おたがいにちがった考えを持《も》つから、話していると「あれ？」と思うことが。話をよく聞いてみてね。

カレが申《さる》 ○
気分屋《や》のカレから見ると、落《お》ち着《つ》いたあなたはとても魅力的《みりょくてき》。カレが困《こま》っているときにアドバイスしよう。

カレが酉《とり》 ◎
遊《あそ》びや情報《じょうほう》を教えてくれて、いっしょにいると楽しいカレ。カレもあなたにたのもしさを感《かん》じるはず。

カレが戌《いぬ》 △
性格《せいかく》が似《に》ているけれど、それがケンカの原因《げんいん》に。意見《いけん》をおしつけないで、カレの自由《じゆう》にさせてあげて。

カレが亥《い》 ○
何かを1人でがんばり続《つづ》けるカレを、尊敬《そんけい》できるね。カレもあなたのマジメさに好感《こうかん》を持《も》っているよ。

★友情《ゆうじょう》の相性《あいしょう》★

トモが子《ね》 ◎

ひかえめで友情《ゆうじょう》を見せてくれる彼《かの》女《じょ》は、つき合いやすい相手《あいて》。2人で組んで新しいことにチャレンジすると◎。

トモが丑《うし》 ◎

おたがいに本音を出さないので、仲良《なかよ》くなるまで時間がかかりそう。でも、友だちになったら友情《ゆうじょう》が続《つづ》くよ。

トモが寅《とら》 ○

いつもさわやかで元気な彼女《かのじょ》を、尊敬《そんけい》できるはず。いつも笑顔《えがお》で声をかけて。話は聞き役《やく》になるといいね。

トモが卯《う》 △

相手《あいて》はおしゃべり好《す》きなので、やや無口《むくち》なあなたはいっしょにいてラクみたい。わからないことは彼女《かのじょ》に聞いて。

トモが辰《たつ》 ○

チャレンジ精神《せいしん》があって元気な彼《かの》女《じょ》は、あなたをどんどん引っ張《ぱ》ってくれる、たのもしい友だちだよ。

トモが巳《み》 ◎

2人とも友《ゆう》情《じょう》を大事《だいじ》にするから、いつでも本音を話してわかり合うことができるよ。同じ趣味《しゅみ》を持《も》つと◎。

トモが午《うま》 △

自分の話ばかりをする彼女《かのじょ》にとまどうけど、場を盛《も》り上げてくれるので、グループでつき合うと楽しい相手《あいて》。

トモが未《ひつじ》 △

ガンコなところがいっしょの2人。意見《いけん》をおしつけるとムッとされるので、おたがいの自由《じゆう》を大切にしてね。

トモが申《さる》 ○

ユーモアのある彼女《かのじょ》が、あなたの心を明るくするよ。彼女《かのじょ》は、あなたのれいぎ正しい性格《せいかく》を尊敬《そんけい》していそう。

トモが酉《とり》 ◎

明るくて社交的《てき》な彼女《かのじょ》から、友だちづき合いのノウハウを学べそう。相手《あいて》の話をしっかり聞いてあげると◎。

トモが戌《いぬ》 △

おたがいに自分から動《うご》かないので、気持《きも》ちが通い合うまでに時間がかかるかも。あなたから笑顔《えがお》で声をかけて。

トモが亥《い》 ○

マジメだけどさみしがり屋《や》の相手《あいて》は、あなたの温《あたた》かさにホッとするはず。家族《かぞく》や恋《れん》愛《あい》について話すといいね。

寅《とら》の人

2/4〜3/5

恋愛《れんあい》の相性《あいしょう》

カレが子《ね》 ○
情《じょう》が深《ふか》くて優《やさ》しいカレに、感激《かんげき》することが多いみたい。カレもあなたといると、楽しいと思っているはず。

カレが寅《とら》 ◎
おたがいに言いたいことを言うのでケンカもするけど、わかり合えるよ。いろいろなデートを楽しめるね。

カレが辰《たつ》 ○
感情《かんじょう》が豊《ゆた》かなカレに少しふり回されるけど、愛情《あいじょう》をぶつけ合ってハラハラ、ドキドキする交際《こうさい》になるよ。

カレが午《うま》 ◎
あっけらかんとしているカレは、安心《あんしん》して楽しくつき合える男の子だよ。周《まわ》りもおうえんしてくれるはず。

カレが申《さる》 △
カレのズバッとした言葉《ことば》や冷《つめ》たい態度《たいど》に困《こま》ることが。でも乗《の》りこえていければ、2人のキズナは強くなるはず。

カレが戌《いぬ》 ◎
責任感《せきにんかん》が強くてマジメなカレは、あなたが「こうしてほしい」ということを、キチンと実行《じっこう》してくれるよ。

カレが丑《うし》 △
あまり本音を話してくれないカレにさみしさを感《かん》じるけど、カレは温《あたた》かい気持《きも》ちであなたを見ているよ。

カレが卯《う》 ○
おしゃべり好《ず》きな2人なので、デートはとてもにぎやか。同じ趣味《しゅみ》を持《も》っていると、盛《も》り上がりそうだね。

カレが巳《み》 △
カレは物静《ものしず》かに見えても、おこりっぽいので要注意《ようちゅうい》。ズバッとキツイことを言わないように気をつけて。

カレが未《ひつじ》 △
努力《どりょく》家のカレを尊敬《そんけい》できるけど、マジメでつまらないと感《かん》じることも。でもカレのペースを大事《だいじ》にしてね。

カレが酉《とり》 ○
おたがいに楽しいことが好《す》きだから、いろいろな話題で盛《も》り上がるよ。あなたがカレをリードする交際《こうさい》に。

カレが亥《い》 ◎
物静《ものしず》かだけど、とても情《じょう》が深《ふか》いカレ。あなたの元気なおしゃべりがカレを元気づけて、支《ささ》えてくれるはず。

☆友情《ゆうじょう》の相性《あいしょう》☆

トモが子《ね》 ◎

深《ふか》い友情《ゆうじょう》を持《も》つ彼女《かのじょ》は、明るいあなたに好感《こうかん》を持《も》っているはず。はずかしがり屋《や》なので、声をかけてあげて。

トモが丑《うし》 ○

落《お》ち着《つ》いている彼女《かのじょ》は、あなたが困《こま》っているときに手助《だす》けしてくれる相手《あいて》。誕生日《たんじょうび》にプレゼントをするとグッド。

トモが寅《とら》 △

おたがいに負《ま》けずギライで、勉強《べんきょう》や恋愛《れんあい》でライバル関係《かんけい》になりがち。でも、相手《あいて》の気持《きも》ちは理解《りかい》し合《あ》えるよ。

トモが卯《う》 ○

社交的《てき》な彼《かの》女《じょ》といると、テンションが上がって楽しく過《す》ごせそう。友だちをしょうかいし合って輪《わ》を広げて。

トモが辰《たつ》 ○

感情《かんじょう》のアップダウンが激《はげ》しい相手《あいて》を、あなたがサポートしてあげるといいよ。2人でスポーツを楽しもう。

トモが巳《み》 △

意外《いがい》と物事《ものごと》にこだわる彼女《かのじょ》。何気なく言った言葉《ことば》で、おこらせやすい点に注意《ちゅうい》。親友になりたいと伝《つた》えて。

トモが午《うま》 ◎

大らかでカラッとしている彼女《かのじょ》は、リラックスさせてくれる相手《あいて》。せっかちな彼女《かのじょ》にアドバイスをすると◎。

トモが未《ひつじ》 ○

何でもマジメにこなす彼女《かのじょ》を、尊《そん》敬《けい》できるよ。いっしょに勉強《べんきょう》や係《かかり》の仕事《しごと》をすると、順調《じゅんちょう》に進《すす》みそうだね。

トモが申《さる》 △

相手《あいて》のズバッとしたひと言に、ショックを受《う》けることが多いかも。悪気《わるぎ》はないから、大らかな心を持《も》って。

トモが酉《とり》 △

遊《あそ》び好《ず》きで落《お》ち着《つ》きがない彼女《かのじょ》に、不満《ふまん》を感《かん》じがち。でも楽しい情報《じょうほう》を教えてくれるから、たくさん話そう。

トモが戌《いぬ》 ◎

キチンとしている相手《あいて》と、安心《あんしん》した交際《こうさい》ができるよ。いっしょに何かに取《と》り組むと彼女《かのじょ》がリードしてくれそう。

トモが亥《い》 ◎

冷《つめ》たく見えても、優《やさ》しく情《じょう》が深《ふか》い相手《あいて》は、あなたを心配《しんぱい》したり、世話《せわ》を焼《や》いたりしてくれるよ。ベストな相性《あいしょう》。

卯《う》の人 3/6〜4/4

恋愛《れんあい》の相性《あいしょう》

カレが子《ね》 △
いろいろなことを楽しみたいあなたにとって、そくばくしてくるカレは重《おも》い存在《そんざい》。浮気《うわき》っぽい態度《たいど》は禁物《きんもつ》。

カレが寅《とら》 ○
堂々《どうどう》としたカレに、たよりがいを感《かん》じそう。カレもむじゃきなあなたの世話《せわ》を焼《や》くことを、喜《よろこ》んでいるね。

カレが辰《たつ》 △
気分屋《や》でワガママになりやすいカレに、困《こま》らされることが多いかも。自分の感情《かんじょう》を話せばわかり合えるね。

カレが午《うま》 ○
情熱的《じょうねつてき》なカレにとって、あなたのアドバイスはとても役《やく》に立つみたい。いろいろなことを教えてあげて。

カレが申《さる》 △
ときどき厳《きび》しいことを言うカレにドキッとするけど、カレが言ってくれるアドバイスは、参考《さんこう》になるよ。

カレが戌《いぬ》 ◎
考えすぎて不安《ふあん》になりがちなあなたには、カレの落《お》ち着《つ》きが安心《あんしん》できるみたい。あまえるといいね。

カレが丑《うし》 ○
あなたの軽《かる》いおしゃべりを、だまって聞いてくれるカレ。いっしょにいると、ホッと軽《かる》い気分になれるよ。

カレが卯《う》 ◎
言いたいことを言い合い、友だちみたいなカップルになれそう。毎日電話でおしゃべりして楽しい交際《こうさい》に。

カレが巳《み》 ○
冷《つめ》たく見えてハートフルなカレに、心がいやされそう。カレもあなたと話していると、元気になれるよ。

カレが未《ひつじ》 ◎
がんばり屋《や》のカレでも、さわやかなあなたといるとリラックスできそう。支《ささ》え合う関係《かんけい》になれそうだね。

カレが酉《とり》 △
おたがいに楽しいことが好《す》きでモテるので、2人とも相手《あいて》の浮気《うわき》を心配《しんぱい》しがち。いちずさをアピールしよう。

カレが亥《い》 ◎
冷《つめ》たそうに見えて、実《じつ》はとっても優《やさ》しいカレ。あなたを幸《しあわ》せな気持《きも》ちにさせてくれる、ベストな相性《あいしょう》だよ。

★友情《ゆうじょう》の相性《あいしょう》★

トモが子《ね》 △

おとなしくてあまえんぼうの相手《あいて》に重《おも》さを感《かん》じることも。いろいろな人にいい顔をするとイヤがられるよ。

トモが丑《うし》 ○

話をマジメに聞いてくれる彼女《かのじょ》とは、安心《あんしん》してつき合えるよ。相手《あいて》もあなたに、魅《み》力《りょく》を感《かん》じているはず。

トモが寅《とら》 ○

いろいろな情報《じょうほう》をこうかんし合えて、メリットの多い交《こう》際《さい》に。堂々《どうどう》としている彼女《かのじょ》が、あなたを引っ張《ば》るよ。

トモが卯《う》 ◎

おしゃべり好《ず》きな2人でいると、時間があっという間に過《す》ぎていくよ。ウワサ話ばかりしないように注意《ちゅうい》。

トモが辰《たつ》 △

気分で行動《こうどう》する彼女《かのじょ》に、ふり回されることが多いみたい。ほかの子も入れてグループで交際《こうさい》したほうが◎。

トモが巳《み》 ○

夢《ゆめ》や目標《もくひょう》を持《も》ってがんばっている彼女《かのじょ》は、心から尊敬《そんけい》できる相手《あいて》。彼女《かのじょ》もあなたに助《たす》けられることが多いね。

トモが午《うま》 ○

テンションが高い彼女《かのじょ》とのおしゃべりは、とても楽しいものに。いっしょにいるとラクな気持《きも》ちになれそう。

トモが未《ひつじ》 ◎

おだやかな相手《あいて》には、安心《あんしん》して何でも打《う》ち明けられるよ。友情《ゆうじょう》が何年でも続《つづ》く、一番の親友になれる相手《あいて》。

トモが申《さる》 △

頭が良《よ》くてテキパキした彼女《かのじょ》は、迷《まよ》いがちなあなたに的《てき》確《かく》なアドバイスをくれるよ。いっしょに勉強《べんきょう》をしよう。

トモが酉《とり》 △

社交的《てき》で楽しいことが好《す》きな2人だけど、彼《かの》女《じょ》のフットワークにはついていけないと思うことがあるかも。

トモが戌《いぬ》 ◎

心がゆれ動《うご》きがちなあなたにとって、安定感《あんていかん》のある相手《あいて》はたのもしい友だち。なやみ事《ごと》を相談《そうだん》するといいね。

トモが亥《い》 ◎

優《やさ》しくて深《ふか》い友情《ゆうじょう》を持《も》つ彼女《かのじょ》といると、リラックスできるよ。おたがいに自分を出せて、親友になれそう。

辰《たつ》の人 4/5～5/5

恋愛《れんあい》の相性《あいしょう》

カレが子《ね》 ◎
感情《かんじょう》のアップダウンが激《はげ》しいあなたは、カレの愛情《あいじょう》に安心感《あんしんかん》を覚《おぼ》えそう。カレもあなたを守《まも》ってくれるよ。

カレが丑《うし》 ○
はじめはカレの気持《きも》ちがわからなくても、時間をかけて、だんだん友だちみたいなカップルになれそう。

カレが寅《とら》 ○
気持《きも》ちをストレートに出すカレには、素直《すなお》な自分を出せるよ。とてもドラマチックな恋愛《れんあい》になりそうだね。

カレが卯《う》 △
おたがいに気分屋《や》で言いたいことを言うので、ケンカしやすいよ。意見《いけん》をおしつけないように気をつけて。

カレが辰《たつ》 △
2人とも感情《かんじょう》を素直《すなお》に出すけど、それがしょうとつの原因《げんいん》にも。ケンカになったら自分からあやまって。

カレが巳《み》 ◎
シンが強いカレは、あなたのワガママを笑顔《えがお》で受《う》け止めてくれるよ。愛情《あいじょう》を伝《つた》えると、ラブラブムードに。

カレが午《うま》 ○
細《こま》かいことを気にしないカレは、安心《あんしん》して寄《よ》りかかれる相手《あいて》。カレといるだけで元気になれそうだね。

カレが未《ひつじ》 ○
あなたとタイプがちがう落《お》ち着《つ》きのあるカレは、いつもあなたの失敗《しっぱい》をそっとフォローしてくれるよ。

カレが申《さる》 ◎
ユーモラスなカレといると、いつも笑顔《えがお》でいられそう。ジョークを言い合っているうちに、自然《しぜん》とラブラブに。

カレが酉《とり》 ◎
カレの明るい性格《せいかく》や言葉《ことば》に、心がいやされるよ。グチを言うとイヤがられるので、元気な自分を見せて。

カレが戌《いぬ》 △
ポリシーを強く持《も》つカレの心に、入れないと感《かん》じるかも。なやみを打《う》ち明けると、いいムードになれそう。

カレが亥《い》 △
本心を見せないカレにとまどうことも多いけど、時間をかけてわかり合えるよ。少しずつ仲良《なかよ》しになろう。

★友情《ゆうじょう》の相性《あいしょう》★

トモが子《ね》 ◎

ひかえめだけど優《やさ》しい彼女《かのじょ》は、あなたの心の良《よ》き理解《りかい》者だよ。おたがいに情《じょう》が深《ふか》いので、一番の親友に。

トモが丑《うし》 ○

マジメでしっかり者《もの》の相手《あいて》は、あなたの欠点《けってん》をカバーしてくれそう。彼女《かのじょ》といると、グンと成長《せいちょう》できるね。

トモが寅《とら》 ○

感情的《かんじょうてき》になりがちなあなたをサポートしてくれる、たのもしい相手《あいて》。困《こま》ったときには彼女《かのじょ》に助《たす》けを求《もと》めて。

トモが卯《う》 △

おたがいに気分屋《や》のところがあるので、2人で何かに取《と》り組んでもまとまりにくいかも。グループ交際《こうさい》が◎。

トモが辰《たつ》 △

2人でいるとおたがいにワガママな部分《ぶぶん》が出そう。ケンカしたらあなたから仲直《なかなお》りの声をかけるようにして。

トモが巳《み》 ◎

考えをしっかり持《も》つ相手《あいて》に、安心《あんしん》して本音をぶつけられるよ。彼女《かのじょ》もあなたに親しみを感《かん》じているはず。

トモが午《うま》 ○

大らかな彼女《かのじょ》といると、イヤなことを忘《わす》れて元気になれそう。おしゃべりするときは明るい言葉《ことば》を使《つか》って。

トモが未《ひつじ》 △

行動好《こうどうす》きなあなたとしんちょうな相手《あいて》とは、ペースが合いにくいみたい。相手《あいて》の考えを認《みと》めて大切にして。

トモが申《さる》 ◎

するどい直感《ちょっかん》でスパッと考えや結果を出す彼女《かのじょ》を、尊敬《そんけい》できるね。彼女《かのじょ》はあなたの世話《せわ》を焼《や》いてくれるよ。

トモが酉《とり》 ◎

好奇《こうき》心がおうせいな相手《あいて》は、行動《こうどう》力のあるあなたといると、楽しいと感《かん》じるよ。さわげる場所《ばしょ》で遊ぶと◎。

トモが戌《いぬ》 △

決《き》まり事《こと》をキッチリと守《まも》るタイプの相手《あいて》に苦手意識《にがていしき》を感《かん》じるけど、彼女《かのじょ》からのアドバイスは参考《さんこう》になるよ。

トモが亥《い》 ○

おたがいに相手《あいて》の長所《ちょうしょ》がわかるので、あれこれ話さなくてもだいじょうぶ。同じ趣味《しゅみ》に取《と》り組むといいね。

巳《み》の人 5/6〜6/5

恋愛《れんあい》の相性《あいしょう》

カレが子《ね》 ○
あなたもカレも恋愛《れんあい》が大好《す》きで、両想《りょうおも》いになったらたくさんデートができそう。しぐさで愛情《あいじょう》を伝《つた》えてね。

カレが丑《うし》 ◎
あなたの情熱《じょうねつ》を受《う》け止めてくれるカレと、安心《あんしん》して交《こう》際《さい》できそう。カレも愛情《あいじょう》が深《ふか》いあなたを気に入るよ。

カレが寅《とら》 △
ズバッとストレートに意見《いけん》を言うカレにムッとすることが多いけど、いっしょにいると元気になれるよ。

カレが卯《う》 ○
カレのおもしろい話が、あなたを笑顔《えがお》にしてくれそう。カレはドライなので、あなたから情熱《じょうねつ》を見せて。

カレが辰《たつ》 △
気分屋《や》のカレにふり回されるけど、それがあなたから見るとまた魅力的《みりょくてき》。あなたがカレを助《たす》ける交際《こうさい》に。

カレが巳《み》 ◎
おたがいに燃《も》える恋心《こいごころ》を持《も》ち、いちず。恋人同士《こいびとどうし》になったら毎日ベタベタするようなアツアツカップルに。

カレが午《うま》 △
情熱的《じょうねつてき》な 2人なので、とってもドラマチックな恋愛《れんあい》になりそうだよ。カレについていくと喜《よろこ》んでくれるね。

カレが未《ひつじ》 ○
合わせてくれるカレは、リラックスできる男の子。交《こう》際《さい》が長くなるほど心が通い合う関係《かんけい》になれそうだよ。

カレが申《さる》 ◎
本音を出せないあなたにとって、ハッキリしたカレは安心感《あんしんかん》を覚《おぼ》える相手《あいて》。カレの話をじっくりと聞いて。

カレが酉《とり》 ◎
あっけらかんとしているカレは、考えすぎるあなたの心を軽《かる》くしてくれそう。カレの趣味《しゅみ》を 2人で楽しもう。

カレが戌《いぬ》 ○
決《き》まり事《ごと》をキチンと守《まも》るカレは、尊敬《そんけい》できる男の子。カレもあなたに女の子としての魅力《みりょく》を感《かん》じているはず。

カレが亥《い》 △
何をするにも、何となくテンポが合わないカレ。キチンと本音を話せば、カレの本音も見えてくるはずだよ。

友情《ゆうじょう》の相性《あいしょう》

トモが子《ね》 △
おたがいに情《じょう》は深《ふか》いけど、考え方がちがっているので、しょうとつが増《ふ》えるかも。ベッタリした交際《こうさい》はさけてね。

トモが丑《うし》 ◎
いつもおだやかな相手《あいて》は、安心《あんしん》して交際《こうさい》できる友だち。夢《ゆめ》や目標《もくひょう》をかなえるために協力《きょうりょく》し合える、良《よ》い相性《あいしょう》だね。

トモが寅《とら》 △
頭が良《よ》くてあれこれとアドバイスしてくる彼女《かのじょ》を、重《おも》く感《かん》じるかも。テレビや芸能人《げいのうじん》の話題《わだい》を持《も》ちかけると◎。

トモが卯《う》 ○
さわやかで社交的《てき》な彼《かの》女《じょ》といると、心が軽《かる》くなるよ。オシャレや恋《こい》の相談《そうだん》をすると、アドバイスをもらえそう。

トモが辰《たつ》 ○
物静《ものしず》かでしんちょうなあなたと、行動《こうどう》力のある積極的《せっきょくてき》な相手《あいて》。あなたのアイデアを彼女《かのじょ》が実行《じっこう》してくれるよ。

トモが巳《み》 ◎
性格《せいかく》が似《に》ているので、あまり話さなくても相《あい》手《て》の気《き》持《も》ちを理解《りかい》できそう。手と手を取《と》り合って前進《ぜんしん》できるね。

トモが午《うま》 ○
明るくハッキリしている彼女《かのじょ》は、ホッとできる相手《あいて》。あなたをおうえんしてくれるので、本音を打《う》ち明けて。

トモが未《ひつじ》 △
2人ともしんちょうなタイプ。本音を話せるまでは時間がかかるけど、仲良《なかよ》くなったらずっと友だちだよ。

トモが申《さる》 ◎
本音《ほんね》をハッキリ言ってくれる相手《あいて》とは、リラックスして交際《こうさい》できるよ。おそろいのグッズを持《も》つと仲良《なかよ》しに。

トモが酉《とり》 ◎
明るく物事《ものごと》にこだわらない相手《あいて》は、あなたとちがうタイプだけど、おたがいに欠点《けってん》を補《おぎな》い合える良《よ》い相性《あいしょう》だよ。

トモが戌《いぬ》 ○
れいぎ正しい彼女《かのじょ》とは、おだやかにつき合えそう。クラスや学校が変《か》わっても、細く長く交際《こうさい》していけるよ。

トモが亥《い》 △
おたがいに相手《あいて》の出方をうかがうので、少しつき合いにくいと感《かん》じるかも。相手《あいて》の考えも大切にするといいね。

午《うま》の人 6/6〜7/7

恋愛《れんあい》の相性《あいしょう》

カレが子《ね》 △

冷《さ》めた態度《たいど》を取《と》ってくるカレに不安《ふあん》を感《かん》じるけど、価《か》値観《ちかん》のちがいが原因《げんいん》だね。カレに合わせることが大切。

カレが丑《うし》 △

激《はげ》しい恋心《こいごころ》を持つあなたと、落《お》ち着《つ》いて物静《ものしず》かなカレとは、かなりちがうタイプ。カレの話を聞くようにね。

カレが寅《とら》 ◎

裏表《うらおもて》なく気持《きも》ちをまっすぐにぶつけてくるカレはつき合いやすい男の子。ケンカしてもすぐ仲直《なかなお》りできるよ。

カレが卯《う》 ◎

カレは気弱でたよりなさそうに見えるけど話すと楽しいよ。カレとおしゃべりをすると新しい発見《はっけん》も多いね。

カレが辰《たつ》 △

あなたもカレも感情《かんじょう》のアップダウンが激《はげ》しいので、ベタベタしたりケンカしたり、仲《なか》がコロコロ変《か》わりそう。

カレが巳《み》 ○

おたがいに情熱的《じょうねつてき》なので、ドキドキとトキめくドラマチックな恋愛《れんあい》ができるよ。スキンシップが効果的《こうかてき》だね。

カレが午《うま》 △

あなたもカレも、自分が上でいたいと思うタイプ。だから言い合いになることが多いみたい。カレを立ててね。

カレが未《ひつじ》 ◎

ひかえめで目立たないカレにとって、元気なあなたはとっても魅力的《みりょくてき》に見えるよ。自分から恋心《こいごころ》を出して。

カレが申《さる》 ○

友だちにはすぐになれるけど、恋愛《れんあい》に持《も》っていくには時間がかかりそう。カレを理解《りかい》することから始《はじ》めて。

カレが酉《とり》 ○

女の子の友だちが多いカレにやきもきするけど、あせっておしすぎるのは逆効果《ぎゃくこうか》。オシャレして気を引いて。

カレが戌《いぬ》 ◎

おたがいに性格《せいかく》がちがって、欠点《けってん》をカバーし合える良《よ》い相性《あいしょう》。きどらないで、ありのままの自分を見せよう。

カレが亥《い》 ○

オープンなあなたと本音を出さないカレは、かなりちがう性格《せいかく》。でも 2人とも情《じょう》熱的《ねつてき》でラブラブになるよ。

★友情《ゆうじょう》の相性《あいしょう》★

トモが子《ね》 △

ほぼ正反対《せいはんたい》の性格《せいかく》なので、理解《りかい》し合うまでに時間がかかりそう。なれなれしい態度《たいど》を取《と》るのはひかえてね。

トモが丑《うし》 △

あっけらかんとしたあなたと、しんちょうな相手《あいて》とはズレることもしばしば。意見《いけん》をおしつけたりしないこと。

トモが寅《とら》 ◎

深《ふか》く考えず動《うご》くあなたにとって、知的《ちてき》な彼女《かのじょ》のアドバイスは参考《さんこう》になるよ。彼女《かのじょ》もあなたといると楽しいはず。

トモが卯《う》 ◎

さわやかでむじゃきな彼女《かのじょ》は元気づけてくれる相手《あいて》。いっしょに行動《こうどう》をしていると、友だちの数が増《ふ》える予感《よかん》。

トモが辰《たつ》 ○

2人ともエネルギッシュなので、スポーツなどいろいろな趣味《しゅみ》をいっしょに楽しめそう。同じ夢《ゆめ》を追《お》うと◎。

トモが巳《み》 ○

おたがいに似《に》たタイプだけど、相《あい》手《て》のほうがしんちょうだね。意見《いけん》をおしつけると、イヤがられるので注意《ちゅうい》。

トモが午《うま》 △

おたがいに意見《いけん》をハッキリと言うので、意見《いけん》が合わないと大ゲンカになる心配《しんぱい》が。相手《あいて》の話もちゃんと聞こう。

トモが未《ひつじ》 ◎

ちょっと大ざっぱなあなたにとって、細《こま》かいところに気がつく優《やさ》しい相手《あいて》は、親友になれるベストな相性《あいしょう》。

トモが申《さる》 △

頭が良《よ》くてドライな相《あい》手《て》を尊敬《そんけい》できるけど、冷《つめ》たさを感《かん》じることがあるかも。落《お》ち着《つ》いて話すようにしてね。

トモが酉《とり》 ◎

むじゃきな相手《あいて》と大らかなあなたは、楽しく話せるよ。でも、気分が変《か》わりやすい相手《あいて》に不満《ふまん》を感《かん》じることも。

トモが戌《いぬ》 ◎

感情《かんじょう》に流《なが》されない冷静《れいせい》な相手《あいて》が、あなたの欠《けっ》点《てん》をサポートしてくれるよ。落《お》ちこんだときに彼女《かのじょ》と話そう。

トモが亥《い》 ○

本音を見せない相手《あいて》に不安《ふあん》を感《かん》じるけど、わかり合えるようになるよ。おたがいのペースを大事《だいじ》にしてね。

未《ひつじ》の人 7/8〜8/7

恋愛《れんあい》の相性《あいしょう》

カレが子《ね》 △
気分がコロコロと変《か》わるカレはマジメなあなたを困《こま》らせるかも。でも、さみしがり屋《や》のカレをあまえさせて。

カレが丑《うし》 △
おたがいにポリシーを強く持《も》っているから、意見《いけん》をおしつけるとムッとされがち。カレはカレと割《わ》り切って。

カレが寅《とら》 ○
堂々《どうどう》として目立つカレに、魅力《みりょく》を感《かん》じるよ。カレは、サポートしてくれるあなたに女の子らしさを感《かん》じそう。

カレが卯《う》 ◎
物静《ものしず》かなあなたは、カレの楽しいおしゃべりに心が救《すく》われるはず。カレも努力《どりょく》家のあなたを尊敬《そんけい》しているよ。

カレが辰《たつ》 △
感情的《かんじょうてき》でワガママなカレに、合わせる場面《ばめん》が多くなるかも。これはゆずれないと思うことがあれば伝《つた》えてね。

カレが巳《み》 ○
おたがいに心に燃《も》えるものを持《も》っているので、自然《しぜん》とわかり合える相手《あいて》。同じ夢《ゆめ》を持《も》っていれば仲良《なかよ》しに。

カレが午《うま》 ◎
明るくてだいたんなカレは、おくびょうなあなたにとって尊敬《そんけい》できる男の子。カレを支《ささ》えてあげるといいね。

カレが未《ひつじ》 ◎
おたがいにシャイなので、恋《こい》に発展《はってん》するには時間がかかりそう。でも両想《りょうおも》いになったら、長くつき合えるよ。

カレが申《さる》 ○
意見《いけん》をハッキリと言うカレとは、気を使《つか》わずに交際《こうさい》できるよ。カレも落《お》ち着《つ》いているあなたに、安心感《あんしんかん》を持《も》つね。

カレが酉《とり》 ○
軽《かる》いノリのカレに不安《ふあん》を感《かん》じるけど、笑顔《えがお》が絶《た》えないカップルになれそう。カレと同じ趣味《しゅみ》を持《も》つのが◎。

カレが戌《いぬ》 △
意見《いけん》を曲《ま》げないカレのガンコさに、困《こま》ってしまうことが。ベッタリするより、きょりを置《お》いたほうがいいね。

カレが亥《い》 ◎
ロコツにあまえたりはしないけど、カレの深《ふか》い情《じょう》が、気弱なあなたの心を温《あたた》めるよ。結婚《けっこん》も考えられるね。

★友情《ゆうじょう》の相性《あいしょう》★

トモが子《ね》 △

おとなしく見えて豊《ゆた》かな情《じょう》を持《も》つ彼女《かのじょ》。ドライなあなたは、相手《あいて》の情《じょう》の深《ふか》さを重《おも》く感《かん》じることがあるかも。

トモが丑《うし》 △

おたがいにガンコで自分を曲《ま》げないところがネック。深《ふか》くマジメな話をするより、楽しいことを話題《わだい》にして。

トモが寅《とら》 ○

堂々《どうどう》と考えを話す相手《あいて》は、尊敬《そんけい》できる友だちだよ。彼《かの》女《じょ》もあなたの誠実《せいじつ》さを、しんらいしてくれるはず。

トモが卯《う》 ◎

気さくにおしゃべりをしてくれる彼女《かのじょ》は、接《せっ》しやすい相手《あいて》。落《お》ちこんでいるときに話すと、元気になれるよ。

トモが辰《たつ》 ◎

おたがいにタイプはちがうけど、ふしぎとわかり合える相手《あいて》。気軽《きがる》におしゃべりをするだけで勉強《べんきょう》になるよ。

トモが巳《み》 ○

大きな野心を心に秘《ひ》めている彼女《かのじょ》を、おうえんしたくなりそう。がんばり屋《や》のところが似《に》ているんだね。

トモが午《うま》 ◎

明るくて堂々《どうどう》としている相《あい》手《て》は、あなたに元気をくれる友だち。いつでも気を使《つか》わずに、楽しく過《す》ごせるよ。

トモが未《ひつじ》 ◎

おたがいにシャイなので、心を開《ひら》くまでに時間がかかりそう。でも一度《いちど》わかり合えると、友情《ゆうじょう》が長く続《つづ》くね。

トモが申《さる》 ○

頭がいいけど細《こま》かいことを気にする相手《あいて》は、おだやかなあなたといるとホッとするはず。グチを聞いて。

トモが酉《とり》 △

おもしろい話が多い彼女《かのじょ》といると楽しいけど、速《はや》いペースについていけないと思うこともありそう。

トモが戌《いぬ》 △

おたがいに考えを持《も》っているので、しょうとつすることがあるかも。自分のことは自分でやるようにしよう。

トモが亥《い》 ◎

シンが強く温《あたた》かい心を持《も》つ彼女《かのじょ》は、しんらいできる友だちだよ。とてもつき合いやすくて親友になれるはず。

申《さる》の人 8/8～9/7

恋愛《れんあい》の相性《あいしょう》

カレが子《ね》 ◎

愛情表現《あいじょうひょうげん》が苦手《にがて》なあなたは、ストレートに気持《きも》ちを見せるカレにうれしくなるはず。あなたがリードしよう。

カレが寅《とら》 △

カレはおしゃべりだけど、行動《こうどう》力がなく見えて、疑《うたが》ってしまいそう。キツイ言葉《ことば》で傷《きず》つけないように。

カレが辰《たつ》 ◎

愛情《あいじょう》をハッキリ見せてくれるカレとは、ドラマのような感動的《かんどうてき》な恋《こい》ができそう。デートは広い公園がベスト。

カレが午《うま》 ○

プライドが高いカレを、あなたの楽しいジョークでうまく盛《も》り上げられる良《よ》い関係《かんけい》。さり気なくほめて。

カレが申《さる》 ◎

えんりょしないで言い合える、友だちみたいな楽しいカップルになるよ。2人で芸術的《げいじゅつてき》な趣味《しゅみ》を楽しむと◎。

カレが戌《いぬ》 ○

どっしりと落《お》ち着《つ》いたカレは、リラックスさせてくれる男の子。なやみ事《ごと》を話すだけで、心が軽《かる》くなるはず。

カレが丑《うし》 △

ジョークが通じないカレに物足《ものた》りなさを感《かん》じるけど、ウソをつかないマジメなカレを、しんらいできるよ。

カレが卯《う》 △

気弱なカレを、冷《つめ》たい態度《たいど》で傷《きず》つけることがあるかも。カレの欠点《けってん》にはあれこれ言わず、目をつぶってね。

カレが巳《み》 ◎

おたがいに相手《あいて》に魅力《みりょく》を感《かん》じ、ドキドキし合える良《よ》い相性《あいしょう》。カレの前で思いきりオシャレするといいよ。

カレが未《ひつじ》 ○

シャイなカレには、あなたから恋心《こいごころ》を見せるとうまくいくよ。ワガママ放題《ほうだい》にならないように気をつけてね。

カレが酉《とり》 ○

友だちから恋人《こいびと》に発展《はってん》しそう。楽しいことが大好《す》きな2人は、いろいろなパターンのデートを楽しめるね。

カレが亥《い》 △

意外《いがい》とガンコなカレは、あなたの提案《ていあん》をきょひするかも。カレの心を開《ひら》くには、時間をかけることが大切。

★友情《ゆうじょう》の相性《あいしょう》★

トモが子《ね》 ◎

素直《すなお》に友情《ゆうじょう》を見せる彼《かの》女《じょ》に、安心《あんしん》して心を許《ゆる》せるよ。相《あい》手《て》もあなたにたよりがいを感《かん》じて、相談《そうだん》してくるかも。

トモが丑《うし》 ◎

自分の道をまっすぐ進《すす》む相手《あいて》は、とても尊敬《そんけい》できる友だちだよ。あなたのアイデアを、実行《じっこう》してくれることも。

トモが寅《とら》 △

おたがいにプライドが高いので、勉強《べんきょう》やスポーツでライバル心を燃《も》やしがち。相手《あいて》の長所《ちょうしょ》をほめるといいね。

トモが卯《う》 △

気弱で気が変《か》わりやすい相手《あいて》に、お説教《せっきょう》をしたくなるかも。ズバッと言うとショックを受《う》けるので優《やさ》しくね。

トモが辰《たつ》 ◎

積極的《せっきょくてき》で行《こう》動《どう》力のある相手《あいて》は、あなたの提案《ていあん》を形にしてくれるよ。裏表《うらおもて》がなく素直《すなお》なので、親友になれそう。

トモが巳《み》 ◎

プライドが高いという共通点《きょうつうてん》があるので、理《り》解《かい》し合えるよ。特《とく》に彼女《かのじょ》のねばり強さは、見習《みなら》うべき点だね。

トモが午《うま》 ○

おたがいに明るくて元気な性格《せいかく》。目立ちたがり屋《や》の彼女《かのじょ》にライバル意識《いしき》を持《も》たれないように、注意《ちゅうい》して。

トモが未《ひつじ》 ○

ひかえめでマジメな相《あい》手《て》といるとたいくつすることもあるけど、約束《やくそく》を守《まも》ってくれるたよれる友だちだよ。

トモが申《さる》 △

性格《せいかく》が似《に》ているので、仲《なか》がいいときはすごくいいけど、ケンカをすると大ゲンカになりそう。相手《あいて》を立ててね。

トモが酉《とり》 ○

楽しい話が好きな 2人は、いっしょにいるとテンションが上がるよ。2人でアウトドアやスポーツをすると◎。

トモが戌《いぬ》 ○

しっかり者《もの》の相手《あいて》に、かた苦しさを感《かん》じるけど、欠点《けってん》を直すいいきっかけ。アドバイスには耳をかたむけて。

トモが亥《い》 △

相手《あいて》の世話《せわ》を焼《や》いても、つくすばかりで見返《みかえ》りがないと感《かん》じそう。でも相手《あいて》はあなたをたよりにしているね。

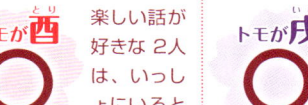

酉《とり》の人 9/8〜10/8

恋愛《れんあい》の相性《あいしょう》

カレが子《ね》 ○
あまえんぼうのカレにふり回されるけど、そこがまたかわいいところ。アネゴはだを発揮《はっき》してリードして。

カレが丑《うし》 ◎
小さなことには動《どう》じないカレに、大人の魅力《みりょく》を感《かん》じるよ。カレにグチを聞いてもらうだけで、心が楽になるね。

カレが寅《とら》 ○
いっしょにいるとテンションが上がって、たわいないおしゃべりがはずみそう。しっかりと恋心《こいごころ》を伝《つた》えてね。

カレが卯《う》 △
おたがいにしばられることが苦手《にがて》で、恋人《こいびと》になってもほかの男の子にフラフラするかも。愛情《あいじょう》を注《そそ》いで。

カレが辰《たつ》 ◎
行動《こうどう》力のあるカレがリードしてくれて、安心《あんしん》して交際《こうさい》できるよ。カレはあなたといると、笑顔《えがお》になれるはず。

カレが巳《み》 ◎
少しテレ屋《や》のあなたは、しっかり愛情《あいじょう》を見せてくれるカレにうれしさを感《かん》じそう。いちずさを見せること。

カレが午《うま》 △
カレのオレさまっぽい態度《たいど》に困《こま》ることもあるけど、いっしょにいると大らかな気《き》持《も》ちになれる相手《あいて》だよ。

カレが未《ひつじ》 ○
ひかえめでマジメなカレは、ワガママを聞いてくれる存在《そんざい》。カレはあなたといるとリラックスできるはず。

カレが申《さる》 ◎
楽しいことが好《す》きな2人なので、ジョークを言い合って友だちみたいに過《す》ごせるよ。デートコースは任《まか》せよう。

カレが酉《とり》 △
似《に》た者同士《ものどうし》なので気持《きも》ちは通い合うけど、おたがいに浮気《うわき》っぽいのが困《こま》ったところ。愛情《あいじょう》をしっかり伝《つた》えて。

カレが戌《いぬ》 △
何事《なにごと》もキチンとしているカレの前では、のびのびと過《す》ごしにくいかも。小さな約束《やくそく》もちゃんと守《まも》ってね。

カレが亥《い》 ○
シンが強いカレに、安心感《あんしんかん》を持《も》てるはず。カレは明るく楽しいあなたに、パワーをもらえると思っていそう。

★友情《ゆうじょう》の相性《あいしょう》★

トモが子《ね》 ○
考えすぎるところがある相《あい》手《て》は、あなたの軽《かる》いノリに救《すく》われた気分に。明るい声ではげましてあげてね。

トモが丑《うし》 ◎
冷静《れいせい》でしっかり者の相手《あいて》は、迷《まよ》いがちなあなたを正しい方向《ほうこう》へリードしてくれるよ。ベストフレンドだね。

トモが寅《とら》 △
2人とも明るくて行動的《こうどうてき》だけど、マイペースだから歩《ほ》調《ちょう》が合わないことが多いかも。おだやかに接《せっ》して。

トモが卯《う》 △
おしゃべりで楽しいことが好《す》きな2人。でもおたがいワガママになって、ケンカになってしまうことも。

トモが辰《たつ》 ◎
行動《こうどう》力のある相手《あいて》とは、楽しいレジャーの話が次々《つぎつぎ》とまとまるよ。ワイワイさわげるレジャーを楽しんで。

トモが巳《み》 ◎
ちょっとあきっぽいあなたにとって、何でもねばり強くがんばる彼女《かのじょ》は、とても尊敬《そんけい》できる相手《あいて》だよ。

トモが午《うま》 △
明るくごうかいな彼女《かのじょ》にあこがれを感《かん》じるけど、話はかみ合わないかも。話すときは聞き役《やく》になってあげて。

トモが未《ひつじ》 ○
いろいろな遊《あそ》びにちょうせんしたいあなたと、しんちょうな相手《あいて》とはノリがちがうけど、欠点《けってん》を補《おぎな》い合えるよ。

トモが申《さる》 ○
物知《ものし》りの相手《あいて》とおしゃべりすると、どんどん話題《わだい》が出てきてあきないはず。一歩引いて相手《あいて》を立ててあげて。

トモが酉《とり》 ○
2人とも話し好《ず》きでおしゃべりは盛《も》り上がるけど、あきっぽいところも似《に》ているよ。少し不安定《ふあんてい》な交際《こうさい》に。

トモが戌《いぬ》 △
好《す》きなように楽しく過《す》ごしたいあなたは、マジメでキチンとしている相手《あいて》に苦《にが》手意識《ていしき》を持《も》ちやすいかも。

トモが亥《い》 ◎
冷《つめ》たそうに見えて情《じょう》が深《ふか》い相手《あいて》は、あなたの明るさを尊敬《そんけい》しているよ。アドバイスすると喜《よろこ》んでくれるはず。

戌《いぬ》の人

10/9
〜11/8

恋愛《れんあい》の相性《あいしょう》

カレが子《ね》 ○
感情《かんじょう》のアップダウンが激《はげ》しいカレを、冷静《れいせい》なあなたがコントロールしてあげられそう。カレをあまえさせて。

カレが丑《うし》 △
おたがいにガンコで自分の意見《いけん》をゆずらないので、ムッとすることが多いかも。カレの自由《じゆう》を認《みと》めよう。

カレが寅《とら》 ◎
さわやかでつき合いじょうずなカレは、尊敬《そんけい》できる男の子。カレもキチンとしているあなたに好感《こうかん》を持《も》つよ。

カレが卯《う》 ◎
おしゃべりじょうずなカレといると、楽しい気分になれるはず。おたがいに相手《あいて》の欠点《けってん》を補《おぎな》い合える関係《かんけい》に。

カレが辰《たつ》 △
気分で言葉《ことば》や態度《たいど》がコロコロ変《か》わるカレに、少しストレスを感《かん》じるかも。だまって受《う》け止めてあげること。

カレが巳《み》 ○
情熱《じょうねつ》を秘《ひ》めているカレは、積極的《せっきょくてき》にあなたをリードしてくれるよ。デートもカレに任《まか》せてみて。つくすと◎。

カレが午《うま》 ◎
自信《じしん》家で堂々《どうどう》としているカレは、シャイなあなたから見て、とってもたよりがいがあるベストパートナー。

カレが未《ひつじ》 △
おたがいに自分を強く持《も》つので、意見《いけん》をおしつけるとケンカになる心配《しんぱい》が。じょうずに合わせて交際《こうさい》しよう。

カレが申《さる》 ◎
頭が良《よ》いカレは、しんちょうなあなたに良《よ》いアイデアをくれるよ。カレはあなたの正直さに安心《あんしん》するはず。

カレが酉《とり》 △
遊《あそ》び好《す》きなカレを見ると、マジメなあなたは不安《ふあん》になりがち。そくばくしないでいちずな気持《きも》ちを見せて。

カレが戌《いぬ》 ○
2人とも恋愛《れんあい》ではしんちょうで、わかり合えるには時間がかかりそう。両想《りょうおも》いになったら長く交際《こうさい》が続《つづ》くよ。

カレが亥《い》 ○
好《す》きなことをトコトンつらぬくカレは、尊敬《そんけい》できる相手《あいて》。カレもキチンとしたあなたに安心感《あんしんかん》を持《も》つはず。

☆友情《ゆうじょう》の相性《あいしょう》☆

トモが子《ね》
○
彼女《かのじょ》はさみしがり屋《や》なので、しっかり者《もの》のあなたがめんどうを見ることに。少しだけきょりを置《お》くといいね。

トモが丑《うし》
△
あなたも相《あい》手《て》もとってもガンコ。あれこれ言われることをイヤがるから、自分は自分、相手《あいて》は相手《あいて》と考えて。

トモが寅《とら》
◎
何事《なにごと》も考えすぎるあなたにとって、さわやかな相手《あいて》は心をラクにしてくれるね。話すだけで頭も良《よ》くなるかも。

トモが卯《う》
◎
話題《わだい》が豊富《ほうふ》で話し好《す》きな相手《あいて》といると、楽しくリラックスして過《す》ごせるよ。勉強《べんきょう》の話をするのがオススメ。

トモが辰《たつ》
△
あなたも相《あい》手《て》もマイペースなので、歩調《ほちょう》が合わないと感《かん》じることが多いかも。温《あたた》かい目で見守《みまも》っていよう。

トモが巳《み》
○
だまって何かをがんばっている相《あい》手《て》を、おうえんしたくなりそう。彼女《かのじょ》もマジメなあなたを尊敬《そんけい》しているはず。

トモが午《うま》
◎
物事《ものごと》にこだわらないでサバサバしている相手《あいて》とは、素直《すなお》な気持《きも》ちでおしゃべりできるよ。ベストフレンドだね。

トモが未《ひつじ》
△
意見《いけん》を曲《ま》げない者同士《ものどうし》なので、何かを決《き》めるときにしょうとつするかも。グループのほうが楽しく過《す》ごせそう。

トモが申《さる》
◎
ユーモアがあるけどあきっぽい相《あい》手《て》は、あなたの根気《こんき》強さを尊敬《そんけい》しているよ。いっしょに何かに取《と》り組むと◎。

トモが酉《とり》
△
気分や言うことがコロコロ変《か》わる相手《あいて》に、ストレスを感《かん》じることが多いかも。タイプがちがうと割《わ》り切って。

トモが戌《いぬ》
○
共通点《きょうつうてん》が多い、わかり合える相手《あいて》だよ。でもおたがいに受《う》け身《み》なので、仲良《なかよ》くなるまでに時間がかかるかも。

トモが亥《い》
○
無口《むくち》だけどシンがしっかりしている相手《あいて》は、しんらいできる友だち。同じ趣味《しゅみ》に取《と》り組むと、支《ささ》え合えるね。

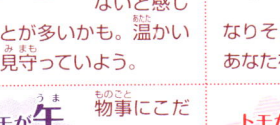

亥《い》の人 11/9〜12/7

恋愛《れんあい》の相性《あいしょう》

カレが子《ね》 ◎
あなたもカレも深《ふか》い愛情《あいじょう》を持《も》っているので、両想《りょうおも》いになったらベタベタカップルに。カレのリードに任《まか》せて。

カレが丑《うし》 ○
おたがいにあまり本音を出さないので、心が通い合うのに時間がかかりそう。だんだん仲良《なかよ》くなれるはず。

カレが寅《とら》 ◎
さっぱりしているカレは、あなたを元気にしてくれる男の子だよ。あまえれば、めんどうを見てくれるね。

カレが卯《う》 ◎
心がじゅんすいな2人なので、たわいないおしゃべりが楽しい交際《こうさい》になるよ。自然《しぜん》の中のデートが◎。

カレが辰《たつ》 ○
何かをがんばろうとしているカレを、おうえんしたくなりそう。カレもあなたの助《たす》けを必要《ひつよう》としているよ。

カレが巳《み》 △
あなたとカレは愛情《あいじょう》の示《しめ》し方がちがうので、誤解《ごかい》が増《ふ》えてしまいがち。変《へん》だな?と思ったら、素直《すなお》にたずねて。

カレが午《うま》 △
パッと目立つカレとコツコツ型《がた》のあなたは、かなりちがうタイプ。バレンタインや誕生日《たんじょうび》に気持《きも》ちを伝《つた》えて。

カレが未《ひつじ》 ◎
落《お》ち着《つ》いていて優《やさ》しいカレは、あなたを支《ささ》えてくれる相手《あいて》。カレは受《う》け身《み》だから、あなたから愛情《あいじょう》を見せて。

カレが申《さる》 △
深《ふか》い情《じょう》を持《も》つあなたは、サバサバしたカレが少し物足《ものた》りないかも。でもカレと話すと、いろいろ学べるよ。

カレが酉《とり》 ○
アバウトに見えてしっかり者《もの》のカレは、知れば知るほどたよれる相手《あいて》。おしゃべりが盛《も》り上がる予感《よかん》あり。

カレが戌《いぬ》 ○
小さな約束《やくそく》もちゃんと守《まも》るカレとは、安心《あんしん》してつき合えそう。だまってついていくだけで、ステキな交際《こうさい》に。

カレが亥《い》 △
おたがいに情《じょう》が深《ふか》いけど本音を出さないので、わかり合えるまで時間がかかりそう。あなたから声をかけて。

★友情《ゆうじょう》の相性《あいしょう》★

トモが子《ね》
○
おたがいに友だちを大《だい》事《じ》にするので、何でも話し合える関係《かんけい》に。でも、あれこれたずねすぎないように注意《ちゅうい》。

トモが丑《うし》
△
あなたも相《あい》手《て》も口数は少ないけど、自分の考えを強く持《も》っている者同士《ものどうし》だよ。困《こま》ったときには支《ささ》え合えるはず。

トモが寅《とら》
◎
軽《かる》いノリでさっぱりしている正反《せいはん》対《たい》のタイプの彼女《かのじょ》は、元気づけてくれる相手《あいて》。なやみ事《ごと》を打《う》ち明けると◎。

トモが卯《う》
◎
むじゃきな彼女《かのじょ》とおしゃべりしていると、あなたまで楽しい気分になってくるはず。恋《こい》やアイドルの話が◎。

トモが辰《たつ》
○
しんちょうなあなたにとって、行《こう》動《どう》力のある相手《あいて》はたよれる友だち。大ざっぱな彼《かの》女《じょ》をサポートしてあげて。

トモが巳《み》
△
物静《ものしず》かに見えて情熱《じょうねつ》を燃《も》やす彼女《かのじょ》は、おこらせるとこわいところがあるよ。欠点《けってん》をしてきしないように注意《ちゅうい》。

トモが午《うま》
○
元気でカラッとしている彼女《かのじょ》は正《せい》反対《はんたい》の性格《せいかく》。自分とはちがう考えを学べるよ。何かとたよれる友だちだね。

トモが未《ひつじ》
◎
ひかえめで何でも根気《こんき》強く取《と》り組む彼女《かのじょ》は、話していて落《お》ち着《つ》く相手《あいて》。一番の親友になれるはずだよ。

トモが申《さる》
△
何でもハッキリ言う裏《うら》表《おもて》のない相《あい》手《て》に、けいかい心を持《も》ってしまうかも。楽しい話をすれば、仲良《なかよ》しになれるね。

トモが酉《とり》
◎
何でも重《おも》く考えてしまうあなたを、軽《かる》い気分にしてくれる楽しい相手《あいて》。恋愛《れんあい》とオシャレの話が盛《も》り上がりそう。

トモが戌《いぬ》
○
あまり本音を話さない彼女《かのじょ》だけど、あなたを大《だい》事《じ》に思っているはず。いっしょに勉強《べんきょう》やスポーツをすると◎。

トモが亥《い》
△
同じ考えを持《も》っているからわかり合えるけど、2人とも情《じょう》が深《ふか》いぶん、ケンカをすると長引いてしまうかも。

コラム④ 今日はどんな日？

六曜うらない

六曜は、日づけに割《わ》りふられた、6種類《しゅるい》の日時・方位《ほうい》などの吉凶《きっきょう》、運勢《うんせい》などをいうよ。それぞれ、どんな意味《いみ》があるのかな？

先勝《せんしょう》

午前中の運気《うんき》は明るくて勢《いきお》いがあるけど、午後から運気《うんき》が下がっていくよ。特《とく》に午後2時から6時の間は、大事《だいじ》なことをするならしんちょうに動《うご》いてね。だから何でも早く終《お》わらせるように、心がけるといいよ。

友引《ともびき》

朝と夕方の運気《うんき》は高いけど、お昼の運気《うんき》が悪《わる》いといわれているよ。お昼休みに遊《あそ》ぶときは、転《ころ》んだりしないように気をつけて。また、何かをすると、そこに友だちを引っ張《ぱ》りこむ日なので、おそう式《しき》はさけられているよ。

先負《せんぶ》

午前中の運気《うんき》は悪《わる》いけど、午後から良《よ》くなっていくという日。大切な用事《ようじ》は、午後に取《と》り組むようにしてみて。一日中おだやかに過《す》ごすといい日なので、ハードなスポーツをするより、読書をするといいね。

仏滅《ぶつめつ》

六曜の中で、一番運気《うんき》の悪《わる》い日なので、結《けっ》婚式《こんしき》などの晴れの行事《ぎょうじ》は、さける人が多いよ。新しく何かをスタートするのはできるだけさけて、静《しず》かに過《す》ごすようにして。人に親切にすると運気《うんき》が上がり、おだやかな日になるはず。

大安《たいあん》

六曜の中で、一番運気《うんき》が良《よ》い日とされているよ。そのため結婚式《けっこんしき》や引っこしなど、この日に大事《だいじ》なことをする人が多いんだね。大事な友だちにれんらくしたり、新しい趣味《しゅみ》を始《はじ》めたりと、元気に活動《かつどう》するのがオススメ。

赤口《しゃっこう》

午前11時から午後1時までの間は、ラッキーな時間帯《たい》。でも、それ以外《いがい》は良《よ》くないとされているので、大事《だいじ》な用事《ようじ》はお昼にこなすと◎。また、ヤケドや小さなケガに注意《ちゅうい》して。おかし作りや工作をするならしんちょうにね。

Part.
11

対人運《たいじんうん》がわかる！

血液型《けつえきがた》うらない

血液型《けつえきがた》うらないとは…

日本人の血液型《けつえきがた》は、A型《がた》、B型《がた》、O型《がた》、AB型《がた》の4種類《しゅるい》がバランスよく存在《そんざい》するからか、血液型《けつえきがた》うらないは、日本で大人気のうらないだよ。特《とく》に対人《たいじん》関係《かんけい》では、血液型《けつえきがた》による性格《せいかく》や相性《あいしょう》がハッキリと出るみたい。自分の血液型《けつえきがた》の対人運《たいじんうん》はどうなっているのか、うらなってみよう。

A型《がた》

恋《こい》の相手《あいて》

感情《かんじょう》を出すことが苦手《にがて》で、なかなか気持《きも》ちを伝《つた》えられないA型《がた》のあなた。はずかしがり屋《や》なので、特《とく》に片想《かたおも》いのときには、わざと冷《つめ》たい態度《たいど》を取《と》って、「きらわれているかも」と誤解《ごかい》されやすいところがあるよ。でも、ひかえめで細《こま》かいところに気がつくので、カレを立てて支《ささ》えてあげることで、カレを感激《かんげき》させ、カレから愛《あい》されるはず。誕生日《たんじょうび》や記念日《きねんび》に、**手作りのおかし**や**小物《こもの》**をプレゼントするのがオススメ。

手作りのおかし

星型《がた》のクッキー

オススメの小物《こもの》

ハンカチやシャーペンなど使《つか》えるもの

★気持《きも》ちを伝《つた》える勇気《ゆうき》を出すおまじない

告白《こくはく》をする前の日に、メロンパンを食べよう。

★恋《こい》を成功《せいこう》させる告白《こくはく》の仕方《しかた》

シャイなあなたには、面《めん》と向《む》かっての告白《こくはく》はNG。バレンタインのチョコに手紙をそえたり、友だちに気持《きも》ちを伝《つた》えてもらったりと、ワンクッション置《お》いて告白《こくはく》すると◎！

友だち

自分の気持《きも》ちをおさえてみんなに合わせるので、仲間《なかま》のムードを丸くおさめる才《さい》能《のう》があるよ。みんながイヤがる役割《やくわり》を引き受《う》けるので、感謝《かんしゃ》されそう。あまり目立たないけど、いないとさみしいと思われるタイプ。れんらくマメになることが、友だち関係《かんけい》を良《よ》くするポイントだよ。ふだんイヤなこともガマンしているから、とつぜんばくはつすることがあるかも。イヤだなと思うことがあったら、キチンと伝《つた》えて。

家族《かぞく》

友だちには気を使《つか》うけど、そのぶん、家族《かぞく》の前ではワガママになってしまいそう。照《て》れくさくて、家族《かぞく》への愛情《あいじょう》や感謝《かんしゃ》の気持《きも》ちも出しにくいみたいだね。「ありがとう」を言うようにしたり、家族《かぞく》の誕生日《たんじょうび》や母の日、父の日にプレゼントをしたりするのがオススメ。ふだん「家族《かぞく》にはどんな態度《たいど》を取《と》ってもだいじょうぶ」と、キツイことを言ったりしがちなので、プレゼントといっしょに、温《あたた》かいメッセージを書いてわたすのもいいね。

目上の人

きちんとあいさつをするなど、れいぎ正しいあなたは、目上の人から好《す》かれて、うまく交際《こうさい》をすることができるはず。でも、相《あい》手《て》に合わせすぎて無理《むり》をしてしまうこともしばしば。ときには自分の意見《いけん》をさりげなく伝《つた》えることが大切。せんぱいなど目上の人が立派《りっぱ》な人であるほど、きんちょうしすぎてギクシャクしてしまうね。そんなときは、素直《すなお》に「きんちょうしています」と言うといいよ。

B型《がた》

恋《こい》の相手《あいて》

素直《すなお》で豊《ゆた》かな感情《かんじょう》を持《も》つあなたは、好《す》きなカレに気持《きも》ちを伝《つた》えることがじょうず。視線《しせん》や態度《たいど》で、自然《しぜん》と気持《きも》ちがバレてしまうよ。あまえじょうずな点が、あなたの恋《こい》の長所《ちょうしょ》。子犬のような目でカレを見つめたり、ボディタッチをしたりして、カレをドキドキさせて。イヤなことがあると、カレの前でもふきげんな顔をして、ムードをだいなしにしがち。ケンカになったら、素直《すなお》に謝《あやま》って。好《す》きになっても、すぐに冷《さ》めてしまうところがあるよ。

ボディタッチ

カレの心を開《ひら》きたいならかたに、カレをドキッとさせたいなら背中《せなか》にするのがいいよ。仲《なか》のいい間がらで、早く恋人《こいびと》になりたいなら、うでや手にしてみよう。

★冷《さ》めやすい気持《きも》ちをこくふくするおまじない

ねむる前にカレのことを考えながら、ミルクを飲《の》もう。

★恋《こい》を成功《せいこう》させる告白《こくはく》の仕方《しかた》

カレと、カレの友だちもいっしょにワイワイさわいでいるときに、ちょっとジョークっぽく告白《こくはく》するのがベスト。カレも重《おも》く感《かん》じずに、すんなりと受《う》け止めてくれるはず。

友だち

感情《かんじょう》をストレートに出すので、気の合う友だちと合わない友だちが、ハッキリと分かれそう。苦手《にがて》な子の前では気がつかないうちにイヤな顔をしがちなので、気をつけて。楽しい話題《わだい》やジョークでみんなを楽しませるようにすると、だれとでもじょうずに交際《こうさい》ができるはず。気分屋《や》で、約束《やくそく》をしても気が乗《の》らないとドタキャンしたり、ちこくをしたりしがち。一度決《いちどき》めたことは守《まも》るようにしよう。

家族《かぞく》

家族《かぞく》への愛情《あいじょう》を素直《すなお》に伝《つた》えられるので、親からかわいがられ、兄弟姉妹とも仲良《なかよ》くやっていけるはず。家族《かぞく》みんなで、ワイワイと遊《あそ》ぶシーンも多いよ。でも、家のお手伝《てつだ》いをするのがめんどうになりがち。自分のことは自分でやって、家族《かぞく》の負担《ふたん》を軽《かる》くして。また、家の中だと気分がだらけてしまい、部屋《へや》を散《ち》らかすことも。自分の役割分担《やくわりぶんたん》をしっかりと果《は》たして、家族《かぞく》を手助《てだす》けしてね。

目上の人

目上の人にも自分の考えをストレートに言ってしまうので、ムッとされることが多くなりそう。でも、そんなあなたを素直《すなお》でかわいいと思ってくれる目上の人も、必《かなら》ずいるはず。だれとでもうまくつき合おうとせずに、気の合う人にだけ、あまえるようにするといいよ。苦手《にがて》なせんぱいの悪口《わるぐち》を言って、それが本人の耳に入るなんてこともあるかも。たとえ苦手《にがて》でも、あいさつくらいはちゃんとして。

O型《がた》

恋《こい》の相手《あいて》

愛情深《あいじょうぶか》いO型《がた》のあなたにとって、恋愛《れんあい》はとても大切なもの。恋《こい》に落《お》ちたら一気に愛情《あいじょう》が深《ふか》くなり、カレを自分のものにしたくてたまらなくなるよ。どくせん欲《よく》が強いので、ジェラシーを燃《も》やすこともしばしば。カレに毎日あいさつをするなど、誠実《せいじつ》な態度《たいど》を見せ続《つづ》けるといいね。愛情《あいじょう》が深《ふか》すぎて、カレにひんぱんにれんらくをしたり、あれこれとたずねてしまい、しつこいと思われてしまうことが。カレをしんらいする気持《きも》ちを忘《わす》れずにね。

どんな恋愛関係《れんあいかんけい》がピッタリ?

いちずで浮気《うわき》をせず、約束《やくそく》をしっかりと守《まも》るので、カレにしんらいされるよ。恋愛《れんあい》中でも趣味《しゅみ》やスポーツ、交友関係《かんけい》を楽しんで。

★笑顔《えがお》を素敵《すてき》に見せるおまじない

あいさつをする前に、両手《りょうて》で軽《かる》く、ほっぺたを3回たたこう。

★恋《こい》を成功《せいこう》させる告白《こくはく》の仕方《しかた》

恋《こい》にマジメなあなたは、しっかりと告白《こくはく》したほうが納得《なっとく》できる結果《けっか》になるはず。カレを呼《よ》び出し、ツーショットになって、「好《す》きです、つき合ってください」とストレートに言おう。

友だち

大らかで明るいので、人気があるあなたは、友だちをとても大事《だいじ》にするよ。困《こま》っている子がいたら相談《そうだん》に乗《の》ったり、元気づけたりと、アネゴはだのところがありそう。たくさんの友だちを作るより、少ない友だちと深《ふか》い交際《こうさい》をしたほうが、じゅうじつするはず。大好《す》きな友だちがほかの子と仲良《なかよ》くしていたり、遊《あそ》びに行ったりすると、やきもちを焼《や》いてしまうかも。責《せ》めたりしないようにね。

家族《かぞく》

家族《かぞく》への愛情《あいじょう》が深《ふか》く、何よりも家族《かぞく》を一番に考えるほど。家族《かぞく》のためなら、自分をぎせいにしてでも行動《こうどう》を起《お》こすよ。でも、お金へのしゅうちゃくが強いので、おこづかいのことで親ともめるなんてことも。家族《かぞく》には、自分のじょうきょうや気持《きも》ちをかくさずに話すといいね。愛情《あいじょう》が深《ふか》いために、家族《かぞく》の行動《こうどう》にあれこれと首をつっこみがちだけど、家族《かぞく》でもちがう考えを持《も》っていることを理解《りかい》しよう。

目上の人

プライドが高いので、目上の人の言いなりになるのに、ていこうを感《かん》じるかも。相手《あいて》が目上であってもえんりょなく、自分の意見《いけん》をおしつけてしまうので、目上の人に歯向《はむ》かって、自分の立場が悪《わる》くなることも。でも、尊敬《そんけい》できる目上の人であれば、素直《すなお》にしたがえるよ。その人の長所《ちょうしょ》を探《さが》して、たくさんほめるようにすると◎。目上の人の前では一歩引くことを心がけて。

AB型《がた》

恋《こい》の相手《あいて》

ドライでさっぱりとしたあなたは、ロマンチックで美《うつく》しい恋《こい》を求《もと》めているよ。そのため、メンクイで、カッコ良《よ》くてセンスのいい男の子を好《この》むはず。あきっぽいので、うわきにもためらいを感《かん》じないかも。カレに冷《つめ》たいと思われないように、**手紙**や**メール**で気持《きも》ちを伝《つた》えて。恋《こい》への理想《りそう》が高いから、カレが音を立てて食べたり、服《ふく》がきたなかったりと、だらしないところがあると、口うるさくなってしまいがち。それがカレにとって、ストレスになるかも。

手紙やメールでオススメの記号《きごう》は？

自分とカレの名前の両《りょう》わきを、♥ではさもう。♥は愛情《あいじょう》を示《しめ》すマークなんだよ。

★出会い運《うん》がアップするおまじない

夜ねむるとき、水を入れたコップに１りんの花をさして、まくらもとにかざろう。

★恋《こい》を成功《せいこう》させる告白《こくはく》の仕方《しかた》

ロマンチックなシチュエーションでの告白《こくはく》が、あなたの感動《かんどう》を高めるよ。カレの誕生日《たんじょうび》や卒業式《そつぎょうしき》の日など記念《きねん》すべき日に、小さな花束《はなたば》をわたしながら告白《こくはく》して。

友だち

好奇《こうき》心がおうせいで、いろいろな子と仲良《なかよ》くしたいと思っているよ。あまり本音を見せないので、たわいない表面的《ひょうめんてき》な話を好《この》むよ。人に合わせてガマンするのが苦手《にがて》なところも。いろいろな趣味《しゅみ》を持《も》ったり、習《なら》い事《ごと》をしたりして、友だちを増《ふ》やしていくと◎。友だちから重《おも》いなやみを打《う》ち明けられると、にげたくなってしまいそう。「冷《つめ》たい子」と思われないように、親身《しんみ》に相談《そうだん》に乗《の》ってあげて。

家族《かぞく》

自分の世界《せかい》を大切にするので、家族《かぞく》にも本音を見せないあなた。そのため、何を考えているのか、わからないと思われることが多いかも。いっしょに食事《しょくじ》をするときは、少しでも多くおしゃべりをして、心をつなぐように心がけてね。家族《かぞく》にも高い理想《りそう》を求《もと》めるところがあり、部屋《へや》が汚《きたな》かったり、家族《かぞく》がゴロゴロとしていたりすると文句《もんく》を言いたくなりそう。家の中ではリラックスして過《す》ごそう。

目上の人

頭の回転《かいてん》が速《はや》い AB型《がた》のあなたは、目上の人に自分をじょうずに売りこむことができるよ。相手《あいて》をほめたり、相手《あいて》にあまえてみたりできるので、かわいがられるはず。でも、世話《せわ》を焼《や》かれるのは苦手《にがて》なので、きょりを置《お》きたくなるかも。自分からマメにれんらくをするといいね。力を貸《か》してほしいと思っても、自分からたのむのは苦《にが》手《て》みたい。せんぱいが手を差《さ》しのべてくれたなら、断《ことわ》らずに受《う》け取《と》ってね。

どんなことが得意《とくい》？

血液型《けつえきがた》ベスト&ワースト

得意《とくい》&不得意《ふとくい》なことは何？

●人を思いやるやさしさ　誠実《せいじつ》さ

ベスト……A型《がた》

相手《あいて》の細《こま》かい気持《きも》ちを気にして、不快《ふかい》にしないように気を使《つか》っているよ。

ワースト……B型《がた》

自分《じぶん》の気持《きも》ちに正直《しょうじき》なので、相手《あいて》がどう思《おも》っているかは気にしないみたい。

●ユニークな発想《はっそう》　ひらめき力

ベスト……B型《がた》

へいぼんがキライ。いつもおもしろいことを探《さが》しているよ。

ワースト……A型《がた》

わくにはまって考えたり動《うご》いたりすることで、失敗《しっぱい》しないという安心感《あんしんかん》を感《かん》じているよ。

●感性《かんせい》が豊《ゆた》かな芸術家《げいじゅつか》　想像《そうぞう》力

ベスト……AB型《がた》

ロマンチストで、芸術的《げいじゅつてき》な感覚《かんかく》が優《すぐ》れているね。いつもロマンを求《もと》めているみたい。

ワースト……O型《がた》

ふだんから物《もの》やお金にこだわるなど、現実的《げんじつてき》。ロマンだけではダメだと思っているよ。

●愛《あい》きょうや人たらし度《ど》　コミュニケーション力

ベスト……O型《がた》

人情《にんじょう》にあふれていて、心を開《ひら》いて積極的《せっきょくてき》に好《こう》意《い》を示《しめ》していくタイプ。

ワースト……AB型《がた》

情《じょう》に関《かん》してはドライで、人ときょりを開《あ》けて接《せっ》するため、親しみを感《かん》じてもらいにくいところが。

Part. 12

人気者《もの》になるヒミツがわかる！

守護神《しゅごしん》うらない

守護神《しゅごしん》うらないとは…

だれにでも、自分を守《まも》ってくれている守護神《しゅごしん》がいるよ。その守護神《しゅごしん》は、人から好《す》かれ、仲良《なかよ》く楽しく生きることを、サポートしてくれているんだ。自分の生まれた曜日によって、どんな守護神《しゅごしん》がついているかが決《き》まるので、自分の守護神《しゅごしん》を知り、人気者《もの》になれるヒミツを探《さぐ》ってみよう。

あなたの守護神《しゅごしん》を知ろう！

生まれた曜日は何曜日？

守護神《しゅごしん》を知るためには、まずは自分が生まれた曜日を知ることが必要《ひつよう》だよ。次《つぎ》のステップで、曜日と守護神《しゅごしん》を知ることができるよ。

1 下の表《ひょう》から、生まれた年の列《れつ》にある赤い数字にシルシをつけて。

1995年	1996年	1997年	1998年	1999年	2000年	2001年	2002年	2003年	2004年	2005年
0	2	3	4	5	0	1	2	3	5	6

2006年	2007年	2008年	2009年	2010年	2011年	2012年	2013年	2014年	2015年	2016年
0	1	3	4	5	6	1	2	3	4	6

2 生まれた月の下にある、赤い数字にもシルシをしよう。

1月	2月	3月	4月	5月	6月	7月	8月	9月	10月	11月	12月
1	4	3	6	1	4	6	2	5	0	3	5

3 生まれた日の下にある、赤い数字にもシルシをつけてね。

1日	2日	3日	4日	5日	6日	7日	8日	9日	10日	11日
1	2	3	4	5	6	0	1	2	3	4

12日	13日	14日	15日	16日	17日	18日	19日	20日	21日
5	6	0	1	2	3	4	5	6	0

22日	23日	24日	25日	26日	27日	28日	29日	30日	31日
1	2	3	4	5	6	0	1	2	3

4 3つの数字を足して、その合計で生まれた曜日がわかるよ。

- 合計が 1, 8, 15 ……→ 日曜日
- 合計が 2, 9, 16 ……→ 月曜日
- 合計が 3, 10, 17 ……→ 火曜日
- 合計が 4, 11, 18 ……→ 水曜日
- 合計が 5, 12 ……→ 木曜日
- 合計が 6, 13 ……→ 金曜日
- 合計が 0, 7, 14 ……→ 土曜日

あなたの曜日の守護神《しゅごしん》は？

アポロン ［日曜日］

ラッキーアイテム

金色のアクセサリー

ラッキーナンバー 1

ラッキーデイ

1日、11日、21日、31日

ラッキースポット

太陽《たいよう》の光が当たる場所《ばしょ》

人気者《もの》になれるヒミツ

アポロンは、スポーツや芸術《げいじゅつ》、音楽など、楽しいことに関《かか》わる、ゆうかんで明るい美《び》青年《せいねん》。そんなアポロンに守《まも》られているあなたは、積極的《せっきょくてき》に遊《あそ》ぶことで、みんなの人気者《もの》になれそうだよ。お休《やす》みの日《ひ》は友《とも》だちをさそって、動物《どうぶつ》園や広い公園に行ってさわいでみよう。それ以外《いがい》にも、家に友だちをさそって、お絵かきやゲームを楽しんでみて。楽しい時間をたくさん持《も》つことで、あなたの明るさもアップして、人気者《もの》になれるよ。

アルテミス ［月曜日］

ラッキーアイテム

銀《ぎん》色のアクセサリー

ラッキーナンバー 2

ラッキーデイ

2日、12日、22日

ラッキースポット

ホームセンター

人気者《もの》になれるヒミツ

アルテミスは、月と狩《か》りに関《かか》わる女神《めがみ》。ドライでそっけない性格《せいかく》だけど、実《じつ》は母親みたいな優《やさ》しさをかくし持《も》っているよ。そんなアルテミスに守《まも》られているあなたが人気者《もの》になるには、困《こま》っている人や弱い立場にいる人に、できるだけ親切にすることが大切。だれかがなやみを打《う》ち明けてきたら、しっかりと話を聞いてあげよう。困っている人がいたら、積極的《せっきょくてき》に手助《てだす》けをして。そんな親切なあなたに、周《まわ》りも感激《かんげき》するはず。

アレス

［火曜日］

ラッキーアイテム

赤いペンダント

ラッキーナンバー **9**

ラッキーデイ

9日、19日、29日

ラッキースポット

学校の体育館《たいいくかん》

人気者《もの》になれるヒミツ

アレスは軍神《ぐんしん》という戦《たたか》いの神《かみ》さまで、とてもゆうかんでチャレンジ精神《せいしん》にあふれているよ。そんなアレスに守《まも》られているあなたは、積極的《せっきょくてき》にスポーツを楽しむことで、人気者《もの》になれるみたい。好《す》きなスポーツの部活《ぶかつ》に入ってうでをみがいたり、家では腹筋運動《ふっきんうんどう》で体をきたえてみて。体《たい》育《いく》でかつやくしたり、スポーツの試合《しあい》で勝《か》ったりしているあなたに、みんながあこがれのまなざしを向《む》けそうだね。ゲームにくわしくなるのもオススメだよ。

ヘルメス

［水曜日］

ラッキーアイテム
かわいいボールペン

ラッキーナンバー 5

ラッキーデイ
5日、15日、25日

ラッキースポット
学校の図書室

人気者《もの》になれるヒミツ

ヘルメスは、勉強《べんきょう》や旅人《たびびと》を守《まも》る、頭が良《よ》くて軽《かる》いフットワークを持《も》つ神《かみ》さま。そんなヘルメスに守《まも》られているあなたは、ふだんからしっかりと勉強《べんきょう》をがんばることが、人気者《もの》になれるポイントだね。全《ぜん》部《ぶ》の教科《きょうか》をがんばらなくてもいいから、得意《とくい》な教科《きょうか》に集中《しゅうちゅう》してみて。授業《じゅぎょう》中に積《せっ》極的《きょくてき》に発言《はつげん》したり、テストで良《よ》い点を取《と》ったりすることで、みんなから尊敬《そんけい》されるはず。わからなくて困《こま》っている子に、勉《べん》強《きょう》を教えてあげるのもいいね。

ゼウス

［木曜日］

ラッキーアイテム

タオルハンカチ

ラッキーナンバー **3**

ラッキーデイ

3日、13日、23日

ラッキースポット

自然《しぜん》公園

人気者《もの》になれるヒミツ

ゼウスは、カリスマ性《せい》と大らかな性格《せいかく》を持《も》つ、神《かみ》さまのまとめ役《やく》という偉大《いだい》な存《そん》在《ざい》だよ。そんなゼウスに守《まも》られているあなたが好《す》かれるには、大らかでいることがカギ。特《とく》に、ユーモアセンスをみがいて人を笑《わら》わせることで、みんなの人気者《もの》になれそう。テレビのお笑《わら》い芸人《げいにん》を見てジョークを覚《おぼ》えたり、笑《わら》わせるコツをつかんだりしてみよう。いつも人を笑《わら》わせるように心がけていれば、ふと気がつくと、かなりの人気者《もの》になっているはず。

アフロディテ［金曜日］

ラッキーアイテム

ブレスレット

ラッキーナンバー 6

ラッキーデイ

6日、16日、26日

ラッキースポット

アクセサリーショップ

人気者《もの》になれるヒミツ

アフロディテは、恋愛《れんあい》と楽しいことが大《だい》好《す》きな、とっても美《うつく》しい女神《めがみ》。そんなアフロディテに守《まも》られているあなたが人気者《もの》になるには、オシャレのセンスをみがいて、少しでも自分を美《うつく》しく見せることがポイントだね。いろいろなヘアアレンジを覚《おぼ》えたり、オシャレなアクセサリーを集《あつ》めたりしてみよう。ふだんからファッション誌《し》を読むのもいいね。みんなにオシャレのアドバイスをしてあげると、もっと人気度《ど》がアップするよ。

クロノス ［土曜日］

ラッキーアイテム

陶器《とうき》か木製《もくせい》のアクセサリー

ラッキーナンバー 8

ラッキーデイ

8日、18日、28日

ラッキースポット

郵便局《ゆうびんきょく》

人気者《もの》になれるヒミツ

クロノスは大地と農業《のうぎょう》に関《かか》わり、とてもマジメで仕事熱心《しごとねっしん》な性質《せいしつ》を持《も》つよ。そんなクロノスに守《まも》られているあなたは、年《ねん》令《れい》を重《かさ》ねるほど人気度《ど》が上がっていくみたい。今から人気者《もの》になるためには、学《がっ》級委員《きゅういいん》や班長《はんちょう》など、責任《せきにん》のある役割《やくわり》を自分から引き受《う》けて、がんばることがオススメ。みんなのためにいっしょうけんめいがんばるあなたを、多くの子がおうえんしてくれるはず。その上しっかり者《もの》になれて、ますます人気がアップするよ。

Part. 13

使命《しめい》・宿命《しゅくめい》がわかる!

前世《ぜんせ》うらない

前世《ぜんせ》うらないとは

自分が生まれるずっと前に、別《べつ》の人間としてこの世《せ》界《かい》に生きていた——その遠い昔《むかし》の人生のことを、「前世《ぜんせ》」と呼《よ》ぶよ。前世《ぜんせ》のあなたは、どんな生き方をしていたのかしら？　前世《ぜんせ》の自分がわかれば、今の人生でどんな生き方をしていけばいいのか、使命《しめい》や宿命《しゅくめい》がうらなえるよ。

あなたの前世《ぜんせ》は？

質問《しつもん》にイエスかノーかで答えてね。導《みち》き出された答えで
前世《ぜんせ》を 5タイプに分け、あなたの使命《しめい》・宿命《しゅくめい》をうらなっちゃうよ。

スタート

イエス → ノー →

運動会《うんどうかい》では、はりきっちゃう

赤と青では、赤のほうが好《す》き

カレーとシチューでは、シチューのほうが好《す》き

みんなの前で目立ちたいと思う

妹か弟がいる

とても好《す》きな教科がある

ゲームでは、勝《か》つことが多い

オシャレをするのが好《す》き

カッコよくて勇気《ゆうき》がある
戦士《せんし》タイプ
244ページ

お金持《も》ちでゴージャス
おひめさまタイプ
245ページ

欲《ほ》しい物《もの》は迷《まよ》わず買っちゃう

UFOや超能力《ちょうのうりょく》など、ふしぎなことが好《す》き

えいきょう力のある権力者《けんりょくしゃ》
うらないしタイプ
246ページ

自分は、やればできるタイプだと思う

テストの点が楽しみなほう

頭が良《よ》くて知性的《ちせいてき》
聖職者《せいしょくしゃ》タイプ
247ページ

心の優《やさ》しい働《はたら》き者《もの》
奉職者《ほうしょくしゃ》タイプ
248ページ

カッコよくて勇気《ゆうき》がある

戦《せん》士《し》タイプ

使命《しめい》・宿命《しゅくめい》は？

前世《ぜんせ》は軍隊《ぐんたい》のリーダーとして、ゆうかんに戦《たたか》っていたあなた。イヤなことからにげずに、しっかりと立ち向《む》かっていく生き方だったみたい。前世《ぜんせ》で、自分の味方《みかた》のために、敵《てき》をたおしてきたあなた――今の人生の使命《しめい》と宿命《しゅくめい》は、「大切な人たちを守《まも》る」こと。もう敵《てき》と戦《たたか》う必要《ひつよう》はないけど、今の世界《せかい》でも、あなたをたよりにする人たちが、たくさん出てくるはずだよ。

今の世界《せかい》に生かすには？

あなたのその強いパワーは、周《まわ》りにいる人たちのために使《つか》うといいね。家族《かぞく》や友だちが何かで困《こま》っていたら、しっかりと話を聞いてあげて。だれかがケンカをしていたら、その間に入って仲《なか》を取《と》り持《も》つこともできるよ。特《とく》に下級生《かきゅうせい》にはいろいろな手助《てだす》けをして、親切にしてみよう。

お金持《も》ちでゴージャス

おひめさまタイプ

使命《しめい》・宿命《しゅくめい》は？

お金持《も》ちの王《おう》さまの家で生まれ育《そだ》った前世《ぜんせ》のあなたは、いつもおいしいものをたくさん食べて、ステキなドレスを着《き》て、とてもぜいたくに過《す》ごしていたよ。周《まわ》りの家来が、何でもやってくれていたみたい。そんなあなたの今の人生の使《し》命《めい》と宿命《しゅくめい》は、「自分の身《み》の周《まわ》りのことを、自分できちんとこなす」こと。前世《ぜんせ》であまりやらなかったことを、この人生で学ぶ必要《ひつよう》があるんだね。

今の世界《せかい》に生かすには？

まずは、自分の部屋《へや》の片《かた》づけやそうじをちゃんとするようにしよう。出した物《もの》は、決《き》まった位置《いち》に片《かた》づけるクセをつけて。もっと大人になったら、料理《りょうり》やお金を節約《せつやく》する方法《ほうほう》を学ぶといいね。身《み》の周《まわ》りのことを、全部《ぜんぶ》自分でできるようになることが大切だよ。

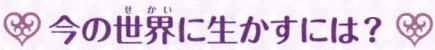

えいきょう力のある権力者《けんりょくしゃ》

うらないしタイプ

使命《しめい》・宿命《しゅくめい》は？

前世《ぜんせ》ではうらないで予言《よげん》をしたり、神《かみ》さまへの儀式《ぎしき》をしたりして、人々《ひとびと》から尊敬《そんけい》され、たよられていたあなた。そんなに目立つ動《うご》きはなくても、国や人々《ひとびと》に大きなえいきょうをあたえていたのね。そんなあなたの今の人生の使命《しめい》と宿命《しゅくめい》は、「何かを研究《けんきゅう》して、新しい発見《はっけん》をしたり、何かを開発《かいはつ》したりする」こと。コツコツとがんばることが得意《とくい》だから、前世《ぜんせ》のように社会や人々《ひとびと》の役《やく》に立てるはずだよ。

今の世界《せかい》に生かすには？

大人になったら、いろいろなことに手を出すより、好《す》きなことにトコトン集中《しゅうちゅう》してみるといいね。そして研究《けんきゅう》の仕事《しごと》について、今までだれも見つけていないことを発見《はっけん》することを目指《めざ》してみよう。ハデに目立たなくても、その地道ながんばりが、多くの人の役《やく》に立つんだね。

頭が良《よ》くて知性的《ちせいてき》

聖職者《せいしょくしゃ》タイプ

使命《しめい》・宿命《しゅくめい》は？

教会で信仰《しんこう》を伝《つた》え、たくさんの人にいろいろなことを教えていた、前世《ぜんせ》のあなた。あなたの教えは、みんなの心を明るくしたはず。それだけ、いろいろな修行《しゅぎょう》をしてきたんだね。そんなあなたの今の人生の使命《しめい》と宿命《しゅくめい》は、「たくさん勉強《べんきょう》をして、多くの人に知識《ちしき》を伝《つた》える」こと。前世《ぜんせ》と同じように、人に何かを教えることが、あなたの使命《しめい》だよ。好《す》きなジャンルの知《ち》識《しき》をしっかりと身《み》につけよう。

今の世界《せかい》に生かすには？

子どものころから、頭を使《つか》うと人の役《やく》に立てるので、学校の勉強《べんきょう》をしっかりとがんばることが大切。そして少しずつ、自分の好《す》きなジャンルをしぼっていくといいね。そのジャンルでは、ほかのだれにも負《ま》けないくらいの知識《ちしき》を身《み》に着《つ》けて、多くの人に教えることを目指《めざ》してみて。

心の優《やさ》しい働《はたら》き者《もの》

奉職者《ほうしょくしゃ》タイプ

使命《しめい》・宿命《しゅくめい》は？

家族《かぞく》や国のことを考えて、いっしょうけんめいに働《はたら》き続《つづ》けた前世《ぜんせ》のあなた。自分をぎせいにしてでもがんばる、とても心の優《やさ》しい人だったんだね。苦労《くろう》はしたけど、だからこそ、周《まわ》りの人たちを幸《しあわ》せにできたんだよ。そんなあなたの今の人生の使命《しめい》と宿命《しゅくめい》は、「できるだけ自分を楽しませる」こと。前世《ぜんせ》で好《す》きなことができなかったぶん、今の人生は自分のためにいろいろなことをしてみよう。

今の世界《せかい》に生かすには？

周《まわ》りの人に合わせたり、気を使《つか》ったりするよりも、自分が本当にやりたいと思うことを、やるようにしてみて。勉強《べんきょう》をがんばることも大切だけど、楽しいと思える趣味《しゅみ》や習《なら》い事《ごと》にチャレンジするといいね。お休みの日はゴロゴロしていないで、「楽しいこと探《さが》し」をしてみるのが◎。

Part. 14

今日の運勢《うんせい》がわかる!

トランプうらない

トランプうらないとは…

トランプは、ダイヤ、クラブ、スペード、ハートの4種類《しゅるい》が13枚《まい》ずつセットになっていて、ジョーカーが1枚《まい》足されているゲーム用のカードのことをいうよ。それぞれのカードには意味《いみ》があるから、うらないにぴったり。トランプで今日の運勢《うんせい》をうらなって、毎日を楽しく過《す》ごそう!

トランプうらないの前に

カードの混《ま》ぜ方

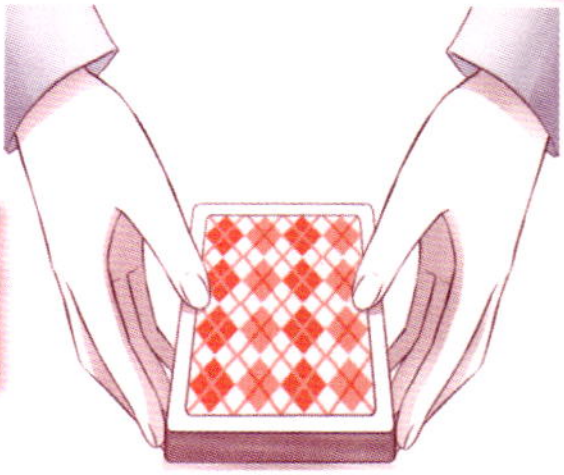

うらなう前に、カードの順番《じゅんばん》をまんべんなく、バラバラにするよ。下のどちらの方法で混《ま》ぜる場合も、質《しつ》問《もん》を頭の中で、しっかりと念《ねん》じながら行ってね。最《さい》後《ご》には、カードを1つの山にまとめるよ。

シャッフル

布《ぬの》をしいたテーブルの上で行うよ。トランプをすべて裏《うら》向《む》きにして、テーブルの上で両《りょう》手《て》でぐるぐると回しながら混《ま》ぜるよ。時計の動《うご》きとは反対《はんたい》に混《ま》ぜてね。しっかり混《ま》ざったと思ったら手を止めて。

カット

片《かた》手《て》でトランプを裏《うら》向《む》きにしてまとめて持《も》って、もう片方《かたほう》の手でその中から少しずつカードをぬき取《と》り、カードの山の一番上に乗《の》せるよ。それを何《なん》度《ど》もくり返《かえ》すと、しっかりとカードが混《ま》ざるよ。よく混《ま》ざったと思ったら、手を止めてね。

カードの読み方とパワー

Aはエースと読み、数字の1を表《あらわ》すよ。Jはジャックで数字の11を、Qはクイーンで数字の12を、Kはキングで数字の13を表《あらわ》すよ。13枚《まい》の中でAがもっともパワーが強くて、次《つぎ》にK、Q、J、10、9……2と、数字が小さくなるほどパワーが弱くなっていくよ。

ジョーカーの意《い》味《み》

ジョーカーは後からトランプに加《くわ》えられた、もっとも強力なパワーを持《も》つ特別《とくべつ》なカード。うらないの内容《ないよう》によって役割《やくわり》が変《か》わる、自由《じゆう》なカードだよ。

今日の恋愛運《れんあいうん》は？

❶トランプの中から、ハートのカード13枚《まい》だけを取《と》り出して使《つか》うよ。13枚《まい》のカードを手に持《も》ち、今日の日にちの回数だけカットして。

❷カードの山の一番上が何のカードなのか、表《おもて》に開《ひら》いて見てみよう。そのカードが何かで、今日の恋《れん》愛運《あいうん》がわかるよ。

Aが出た場合

最高《さいこう》の恋愛運《れんあいうん》！
好《す》きなカレがいるなら、
カレが優《やさ》しくしてくれたり、
デートにさそってくれたりして、
幸《しあわ》せいっぱいな一日。勇気《ゆうき》を出して、
告白《こくはく》してみてもいいね。
好《す》きなカレがいないなら、
今日話したり、見かけたりした
男の子をチェックして。
未来《みらい》の恋人《こいびと》かもしれないよ。

J、Q、Kが出た場合

とても高い恋愛運《れんあいうん》。
好《す》きなカレと楽しくおしゃべりできたり、
目が合ってドキッとしたりしそう。
カレもあなたに良《よ》いイメージを
持《も》つはずだよ。今あなたに
好《す》きなカレがいないなら、
カッコいい男の子とおしゃべりできて、
トキメくなんていう、
うれしいできごとがありそう！

10、9、8、7、6が出た場合

まずまずふつうの恋愛運《れんあいうん》。
あまりドキドキする場面《ばめん》はないけど、
好《す》きなカレともケンカしたり、
気まずくなったりせずに、
おだやかに過《す》ごせるよ。
好《す》きなカレがいない子は、
周《まわ》りの男の子とそれなりに
楽しく過《す》ごせるはず。
男の子を入れたグループで
ワイワイ話すといいね。

5、4、3、2が出た場合

残念《ざんねん》ながら、
恋愛運《れんあいうん》はイマイチみたい。
好《す》きなカレとまったく話せなかったり、
顔を見ることもできなかったりしそう。
好きなカレがいないなら、
ちょっとイヤだなと思う男の子に
ムッとさせられることがあるかも。
友だちと仲良《なかよ》くして、
恋愛《れんあい》以外《いがい》のことを考えたほうが
いいみたい。

今日ツイていることは何？

❶ 全部《ぜんぶ》のトランプのカードを手に持《も》ち、今日の日にちの回数だけカットして。
❷上から1枚《まい》1枚《まい》、表《おもて》にめくっていき、テーブルの上などに、どんどん重《かさ》ねて置《お》いていこう。ダイヤ、クラブ、スペード、ハートのどのA（エース）が一番早く出たかをチェックして。最初《さいしょ》に出たAの種類《しゅるい》によって、今日ツイている出来事《できごと》がわかるよ。

ダイヤのAが出た場合

今日一番ツイているのは、
ズバリ、金運《きんうん》！
おこづかいアップの話が入ったり、
欲《ほ》しい物《もの》を買ってもらえたりと、
ホクホクすることがありそう。
ずっとほしいと思っていた物《もの》が
値《ね》下がりして安《やす》く買えちゃった……
なんてことも。
ショッピングを
楽しむといいね。

クラブのAが出た場合

今日一番ツイているのは、
ズバリ、友情運《ゆうじょううん》！
友だちがおもしろい話を教えてくれて、
みんなで大笑《わら》いしたり、
あなたの長所《ちょうしょ》をほめられたり、
楽しくてうれしいことが
たくさんありそう。
気まずくなっている友だちがいるなら
さり気なく
声をかけてみるといいよ。

スペードのAが出た場合

今日一番ツイているのは、
ズバリ、勉強運《べんきょううん》！
おどろくほど集中《しゅうちゅう》力があって、
いつもは難《むずか》しいと思う授業《じゅぎょう》が
よくわかるかも。
テストの点数がすごく高くて、
自分でもビックリするなんてことも。
遊《あそ》びの時間を少し減《へ》らして、
今日は勉強《べんきょう》を
がんばってみては？

ハートのAが出た場合

今日一番ツイているのは、
ズバリ、恋愛運《れんあいうん》！
好《す》きなカレから優《やさ》しく声をかけられて
ドキッとしたり、
ステキな男の子を発見《はっけん》して、
新しい恋《こい》がスタートしたりするかも。
いつもより魅力《みりょく》が
高まっているのかもしれないね。
ちょっとオシャレに力を入れて、
出かけてみよう！

今日のラッキータイムは？

❶恋愛運《れんあいうん》、友情運《ゆうじょううん》、勉強運《べんきょううん》、金運《きんうん》のうちの、どのラッキータイムをうらないたいかを決《き》めて、ジョーカーをのぞいた52枚《まい》のトランプを、よくシャッフル、もしくはカットして。

❷混《ま》ぜたカードを1つの山にまとめて、山の一番上のカードを9時の位置《いち》に置《お》き、時計回りに10時、11時……と続《つづ》けてカードを置《お》いていって。8時のところまで置《お》いたら、残《のこ》ったカードの山はわきに置《お》いてね。

友情運《ゆうじょううん》のラッキータイムを知りたいならクラブ、金運《きんうん》のラッキータイムを知りたいならダイヤ、勉強運《べんきょううん》のラッキータイムを知りたいならスペード、恋愛運《れんあいうん》のラッキータイムを知りたいならハートが出ている時間帯《たい》をチェックして（下の図は見本）。それが、あなたが知りたい運勢《うんせい》のラッキータイムだよ。AやK、Q、Jなど、パワーがある数字であればあるほど、その時間帯《たい》のラッキー度《ど》は高いと判断《はんだん》できるんだ。

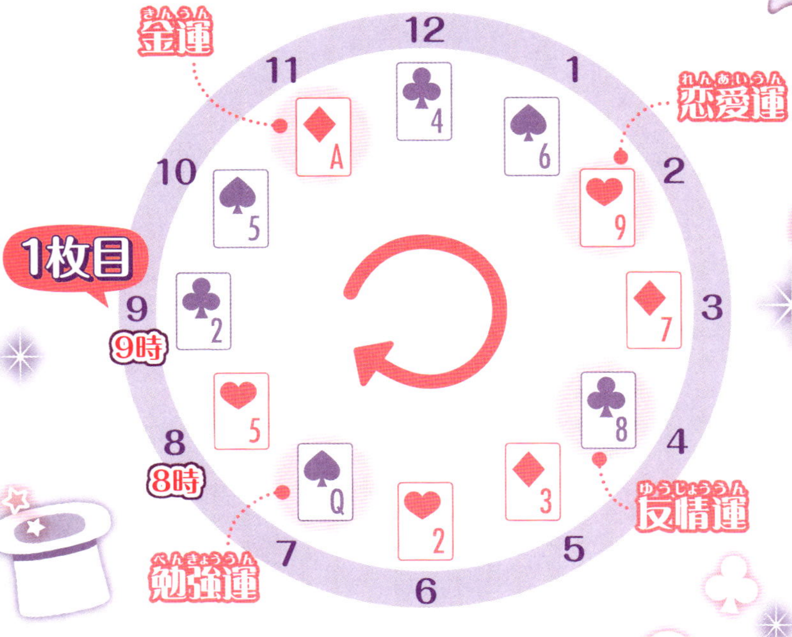

今日はどのように過《す》ごすのが吉《きち》？

❶ ジョーカーも入れた53枚《まい》のトランプを、よくシャッフルもしくはカットしてね。
❷ カードを1つの山にまとめたら、一番上のカードから、表《おもて》にめくりながら4か所《しょ》にカードを置《お》いていくよ。カードを置《お》くのは、火→地→風→水の順番《じゅんばん》に。
❸ジョーカーが出たらストップ。火、地、風、水のどの位置《いち》にジョーカーが出たかで、今日はどのように過《す》ごせばいいのかをうらなえるよ。

火	地
水	風

火に出た場合

今日は、できるだけ元気いっぱいに
体を動《うご》かすといいよ。
体育《たいいく》の時間はもちろん、休み時間は
友だちと校庭《こうてい》に出て、走ったりボールで
ゲームを楽しんだりしてみよう。
未来《みらい》のことを考えて
ワクワクしてみるのもいいね。
友だちと将来《しょうらい》の夢《ゆめ》について話し合うと、
元気になれるよ。

地に出た場合

今日は、できるだけ自分の
やるべきことをしっかりとこなし、
マジメに過《す》ごしたほうがいいみたい。
学校では、部活《ぶかつ》や係《かかり》の仕事《しごと》に
ていねいに取《と》り組んで。もちろん
ちこくもしないように心がけよう。
家ではゴロゴロしたり
遊《あそ》んでばかりいないで、
家のお手伝《てつだ》いをがんばって。

水に出た場合

今日は、周《まわ》りの人たちとわかりあえる日だよ。
友だちとたくさんおしゃべりをしたり、
遠くにいる友だちや親せきに
手紙を書いたりしてみよう。
友だちを家に呼《よ》んで、
楽しく過《す》ごすのもいいかも。家族《かぞく》とも
楽しく過《す》ごしたい日だから、
家族《かぞく》にも優《やさ》しい言葉《ことば》をかけてみてよう。

風に出た場合

今日はいつもよりも頭がさえているから、
勉強《べんきょう》をしっかりとがんばってみよう。
授業《じゅぎょう》中に集中《しゅうちゅう》して先生の話を聞くのは
もちろん、家に帰ってから復習《ふくしゅう》や予習《よしゅう》に
取《と》り組んでみて。おどろくほど授業《じゅぎょう》の
内容《ないよう》がわかるはず。
ちょっと難《むずか》しい本を読んで、
新しい知識《ちしき》を増《ふ》やすのも◎！

今日のあなたの魅力《みりょく》は？

❶トランプの中から、クイーンだけを4枚《まい》取《と》り出してうらなうよ。4枚《まい》のクイーンを裏向《うらむ》きにしてシャッフルして。
❷ クイーンを裏向《うらむ》きのまま、テーブルの上で横一列《れつ》に並《なら》べよう。
❸「今日の私《わたし》の魅力《みりょく》は？」と頭の中で念《ねん》じながら、ピンとくるカードを１枚《まい》選《えら》んで。4種類《しゅるい》のどのクイーンを選《えら》んだかで、今日のあなたの魅力《みりょく》がわかるよ。

ダイヤのクイーンが出た場合

今日のあなたの魅力《みりょく》は、
自分の役割《やくわり》にしっかりと取《と》り組む、
責任感《せきにんかん》の強さにあるよ。
ほかの子がイヤがる用事《ようじ》も
積極的《せっきょくてき》にこなして、
みんなからありがたいと思われるはず。
かがやく笑顔《えがお》など、外見も
ステキに見える日なので、
オシャレにちょっと力を入れてみて。

クラブのクイーンが出た場合

今日のあなたの魅力《みりょく》は、
自分のやりたいことを
どんどんやっていく行動《こうどう》力と、
自信《じしん》にあふれる態度《たいど》。男の子の前でも
考えをハッキリと言う強気なところが、
みんなから「ステキだな」と思われるはず。
体育《たいいく》や部活《ぶかつ》などのスポーツでも
かつやくできて、
注目《ちゅうもく》されそうだね。

スペードのクイーンが出た場合

今日のあなたの魅力《みりょく》は、
頭がさえていて観察《かんさつ》力が
優《すぐ》れているところ。
周《まわ》りでもめごとがあっても、
あなたのアドバイスで
みんなを落《お》ち着《つ》かせることができるはず。
勉強《べんきょう》もよくできる日なので、
授業《じゅぎょう》中に手をあげてどんどん発言《はつげん》をすれば、
みんなから尊敬《そんけい》されるよ。

ハートのクイーンが出た場合

今日のあなたの魅力《みりょく》は、
愛情深《あいじょうぶか》くなっていて、
だれにでもとっても
優《やさ》しくできるところだよ。
何かで困《こま》っている人に親切にしたり、
動物《どうぶつ》や小さな子どもにも優《やさ》しくできるので、
それを見た男の子が、
あなたにトキめいてしまうかも。
モテモテになれそう!?

著者《ちょしゃ》 藤森緑《ふじもりみどり》

1992年からプロ活動を開始。うらない館や電話かんてい、イベント等で1万5000人以上をかんていし、どこでも常に指名客でいっぱいの状態に。現在はキャリアカレッジジャパンで、タロットうらないの通信講座の講師を務める。テレビや雑誌など、各メディアへのうらない提供は多数。使用占術は西洋占星術、タロット、ルーン、九星気学、四柱推命、数秘術ほか。著書は『夢と恋を叶える!ティーンズ星占い』(つちや書店)、『めちゃカワ!!誕生日うらない366』(新星出版社) など15冊以上。

公式サイト http://www.d3.dion.ne.jp/~fujimido/

イラストレーター/あいはらせと(夢うらない)、青空瑞希(誕生日うらない)、あまねみこ(易うらない・風水)、おうせめい(前世うらない・六曜うらない)、沖野れん(名前うらない・トランプうらない)、かわぐちけい(星座うらない・手相うらない・守護神うらない・カラーうらない)、こいち(運命数うらない)、紫月あざみ (タロットうらない)、ななお(人相うらない)、まなもこ(血液型うらない)、柚月もなか(月干支うらない)

デザイン/フラミンゴスタジオ　　編集/大西史恵

めちゃカワ!!

うらないパーフェクトBOOK《ブック》 スペシャルコレクション

著　者　藤　森　　緑

発行者　富　永　靖　弘

印刷所　株式会社高山

発行所　東京都台東区 台東2丁目24　株式会社 新星出版社

〒110-0016 ☎03(3831)0743

ISBN978-4-405-07236-7